Martina Meuth
Bernd Neuner-Duttenhofer

Kochen für Gäste

das Begleitbuch zur

ServiceZeit
Essen und Trinken

Redaktion:
Rainer Nohn

Fotos:
Martina Meuth

KOCHEN FÜR GÄSTE
Martina Meuth und
Bernd Neuner-Duttenhofer
ServiceZeit Essen und Trinken
© 1999 by Walter Rau Verlag, Düsseldorf
Alle Rechte der Verbreitung in deutscher Sprache, auch durch Film,
Funk, Fernsehen, fotomechanische Wiedergabe, Tonträger jeder Art
und auszugsweisen Nachdruck, sind vorbehalten.

Fotos: Martina Meuth
Videograbs: Produktion ServiceZeit Essen und Trinken, Arno Imhoff, Realisation
Gesamtgestaltung: Kirsten Mehnert, Düsseldorf
Gesamtherstellung: Walter Rau Verlag, Düsseldorf

ISBN 3-7919-0598-8

Gedruckt auf umweltfreundlichem, chlorfrei gebleichtem Papier

Inhalt

**Zauberkünstler Hackfleisch –
auf russische Art**

**Der große Festtagsbraten oder:
Roastbeef auf die
feine englische Art**

Rheinisches Muschelessen

Kasseler im Brotteig

Vorwort

Was – es klingelt schon?
Na, dann aber nix wie runter mit
der Schürze!

Klar – es ist alles bereit!
Tür auf – und es kann losgehen ...

Es ist nun mal so: Wenn Gäste
kommen, ist immer eine Menge zu
tun

Aber die Vorbereitungen machen
doch Spaß, vor allem, wenn ...

... man die Arbeit nicht alleine
macht, sondern zu zweit ist!

Übrigens – das A und O ist stets:
zu Beginn eine aufgeräumte
Küche!

Immer praktisch sind Desserts,
die sich gut vorbereiten lassen

Salate und Kräuter sollten
geputzt und gewaschen bereit
stehen

Viele Zutaten können schon richtig abgemessen und zerkleinert sein

Mein Trick: Mit einem feuchten Tuch zugedeckt bleibt alles frisch

Im Winter ein herrliches Gäste-essen: Käsefondue auf Schweizer Art

Gehört natürlich auch dazu: probieren, abschmecken und gut finden!

Denken Sie unbedingt daran, die Getränke vorzukühlen!

Paßt Rotwein tatsächlich zum Käsefondue – oder ist Weißwein besser?

Muscheln schmecken auf rheinische, aber auch auf asiatische Art!

Jetzt können sie kommen! Wir freuen uns auf unsere Gäste.

Wir wünschen Ihnen viel Freude am Kochen, am Essen und Genießen

GELEGTES KRAUT

Gelegtes Kraut – eine ungarische Spezialität

Ein Gästemenü, das die Lebensgeister weckt!

Gute Vorbereitung sorgt für entspannte Gastgeber

Stellen Sie sich vor, es ist Winter. Ein knackig kalter, aber sonniger Wintertag. Sie haben sich mit Ihren Freunden zu einem ausgiebigen Spaziergang verabredet. „Und anschließend kommt Ihr noch mit zu uns zum Aufwärmen!" Und dann ist es Ihre Aufgabe, die Lebensgeister Ihrer Gäste wieder zu wecken. Denn die kalte Winterluft (es müssen ja nicht die eisigen Winde der Puszta sein) macht hungrig.

Natürlich müssen Sie etwas anbieten können, was Sie längst vorbereitet haben. Ein Gericht, das ohne Aufsicht im Backofen zur Vollendung reift. Wir empfehlen Ihnen eine ungarische Spezialität: Gelegtes Kraut. Das ist ein herzhaftes Gericht aus gefüllten Kohlblättern, die mit Sauerkraut und würziger Paprikawurst in einen Topf geschichtet („gelegt")

und ganz langsam geschmort werden. Es wird zuvor schön kräftig „papriziert", das macht den Eintopf wunderbar feurig, und mit saurer Sahne gekrönt! Um das Menü komplett zu machen, gibt es davor eine Hühnersuppe mit Nudeln – die wärmt sofort von innen! Und selbstverständlich darf auch ein Dessert nicht fehlen: Wir servieren mit Mohn gefüllte Bratäpfel.

Und außerdem zeigen wir noch ein würziges ungarisches Paprikasch, das am anderen Tag dann aus dem Huhn entsteht, aus dem die Suppe gekocht wurde.

Wie Sie alles vorbereiten, damit alles fix und fertig ist, wenn Sie mit Ihren Gästen heimkommen, sehen Sie auf den folgenden Seiten:

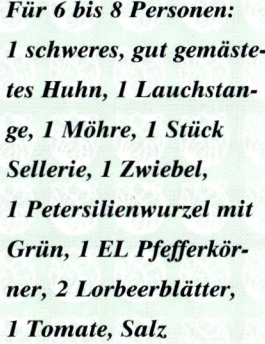

DIE REZEPTE

Hühnersuppe mit feinen Nudeln

Für 6 bis 8 Personen:
1 schweres, gut gemäste-
tes Huhn, 1 Lauchstan-
ge, 1 Möhre, 1 Stück
Sellerie, 1 Zwiebel,
1 Petersilienwurzel mit
Grün, 1 EL Pfefferkör-
ner, 2 Lorbeerblätter,
1 Tomate, Salz

Außerdem:
200 g feine Suppen-
nudeln (ungarische),
Schnittlauch

Wir kaufen lieber ein ganzes Huhn für unsere Suppe, weil wir damit gleich die Zutaten für ein weiteres Essen haben: Aus den Knochen, dem Rückgrat, Hals, der Haut, den Abschnitten wird eine fabelhafte kräftige Brühe; das zart gekochte Fleisch, das sich davon ablösen läßt, ergibt die Einlage für unsere Suppe. Und aus den fleischigen Teilen des Huhns, vor allem der zarten Brust, bereiten wir später noch ein herrliches Gulasch zu. Zunächst aber die Suppe:

❶ Das Huhn oder die Hähnchen mit einem schweren Küchenmesser entlang des Rückgrats halbieren, jede Hälfte in ihre Einzelteile zerlegen: die Schenkel abtrennen und im Gelenk in Ober- und Unterschenkel teilen.

❷ Das Bruststück auslösen, die Flügel abtrennen. Und nicht die zarten Stücke am unteren Teil des Rückgrats vergessen – das sogenannte Kaiserfleisch. Es ist das zarteste Stück, das ein Huhn haben kann. (Übrigens auch alle anderen Tiere, bei denen es leider üblicherweise nicht ausgelöst

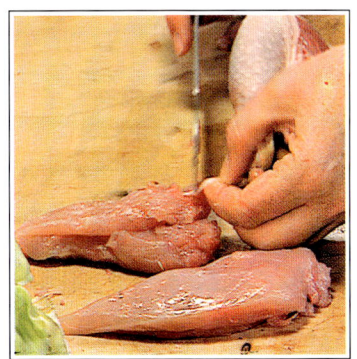

Ungarische Suppennudeln

Achtung! Den Schaum nicht abnehmen, denn der klärt die Brühe

wird. Ausnahme: beim Rind, wenn es von einem österreichischen Metzger zerlegt wurde. In der Wiener Rindfleischküche heißt dieses Stück Fledermaus und ist besonders begehrt.)

❸ Die minderwertigen Hühnerstücke, wie Rückgrat, Flügel, nach Belieben auch Unterschenkel, auf alle Fälle die Haut, Hals, Magen usw., in einen Suppentopf füllen. Das geputzte, grob gewürfelte und gewaschene Wurzelwerk hinzufügen, ebenso die Gewürze, die zerdrückte Tomate, auch das Salz. Mit kaltem Wasser auffüllen, bis alles bedeckt ist.

❹ Ohne Deckel einmal zum Kochen bringen, nach etwa zwei Minuten, wenn sich der Schaum auflöst, der sich an der Oberfläche gebildet hat, (Achtung! Den Schaum nicht abnehmen, der klärt die Brühe), die Hitze auf kleinste Flamme zurückstellen, die Brühe nunmehr zugedeckt insgesamt zwei bis drei Stunden leise ziehen lassen.

❺ Allerdings – und das ist wichtig! – bereits nach einer knappen Stunde die fleischigen Stücke herausnehmen, zum Beispiel Flügel und Keulen.

❻ Das Fleisch ablösen, in kleine Würfel schneiden und in einer

Schüssel mit Folie zugedeckt beiseite stellen. Haut und Knochen jedoch zurück in den Topf geben und weiter auskochen.

❼ Die restlichen Hühnerteile mit Klarsichtfolie gut zugedeckt für ein weiteres Gericht kalt stellen.

❽ Die Brühe schließlich durch ein Sieb filtern und abschmecken. Zum Servieren die Nudeln in Salzwasser bißfest kochen – auch das kann bereits lange vor dem Essen geschehen. Die Suppe aufkochen, die gekochten Nudeln darin erwärmen und mit reichlich Schnittlauch bestreut servieren.

Tip: Hübsch anzusehen und gut für den Geschmack sind streichholzfeine Streifen von buntem Wurzelwerk, das zusammen mit den Nudeln in der klaren Brühe serviert wird.

Gelegtes Kraut

Es gibt eine ganze Menge der verschiedensten Rezepte für dieses herzhafte Gericht. Wir haben uns für die Version mit gesäuertem Kohl entschieden. Das ist Weißkraut, das wie unser Sauerkraut eingesalzen und dadurch milchsauer vergoren wurde, aber im Gegensatz zu dem uns vertrauten Kraut im Ganzen eingesäuert und nicht zuvor in feine Streifen gehobelt wurde. Das Säuern macht die Struktur des Krauts mürbe, es bekommt eine ganz eigene Konsistenz.

Den Sauerkohl kann man überall da kaufen, wo Ungarn sind. Und häufig dort, wo Sauerkraut hergestellt wird. Man muß nur nachfragen! Wer aber Pech hat und kein solches Kraut findet, der kann das Rezept auch ebenso gut mit normalem, also ungesäuertem, frischen Weißkraut zubereiten. Es schmeckt dann anders, aber garantiert auch wunderbar!

❶ Den gesäuerten Kohlkopf vorsichtig in Blätter teilen – so viele Blätter ablösen, wie Röllchen angefertigt werden sollen.

Dies ist ein ganzer gesäuerter Weißkohl

Man kann auch einen Spitzkohl nehmen

❷ Wer einen ungesäuerten Kohlkopf verarbeitet, dessen Blätter noch fest geschlossen und sperrig sind, der muß den gesamten Kopf immer wieder minutenlang in kochendes Salzwasser tauchen, bis die äußeren Blattschichten weich geworden sind und sich ablösen lassen, ohne daß sie reißen.

Für 6 bis 8 Personen:
1 großer gesäuerter Kohlkopf, notfalls auch ein ungesäuerter, ca. 1,5 kg, in diesem Fall zusätzlich 800 g Sauerkraut

Füllung:
2 altbackene Semmeln, ca. 1/8 l Milch, 100 g durchwachsener Speck in dünnen Scheiben, 2 Zwiebeln, 1 EL Butter, 1 Bund Petersilie, 2-4 Knoblauchzehen, 800 g Schweinehack, Salz, Pfeffer, 1 TL Delikateßpaprika, 1 EL getrockneter Majoran, 1 EL scharfer Senf

Außerdem:
50 g durchwachsener, 50 g fetter Speck, 2 große Zwiebeln, 4 Knoblauchzehen, 2 Becher saure Sahne, 1-2 EL Paprika, ca. 1/2 l Fleischbrühe, 2-3 Paprikawürste (Kolbasz)

13

Pfeffer, Paprika, Majoran und Senf sehr kräftig abschmecken. Jeweils einen Löffel Teig in ein Kohlblatt wickeln, daumendicke Röllchen daraus formen. Die Röllchen sollten nicht zu dick und zu lang sein – man sollte drei bis vier davon gut essen können! Also keine dikken, großen, deutschen Kohlrouladen zubereiten, sondern elegante, zierliche Röllchen.

❸ Die Blätter in eiskaltem Wasser abschrecken, damit sie sich besser verarbeiten lassen. In jedem Fall dicke Blattrippen flach schneiden oder sogar ganz herausschneiden.

❹ Zunächst die Füllung zubereiten: Dafür die Brötchen in dünne Scheiben schneiden, in einer Schüssel mit der lauwarmen Milch benetzten. Eine Viertelstunde einweichen.

❺ Inzwischen den Speck in feine Würfel schneiden und in einer Pfanne sanft ausbraten. Bevor er jedoch bräunt, die fein gewürfelten Zwiebeln hinzufügen. Sollte der Speck zu mager sein und zu wenig Fett in der Pfanne, einen Löffel Butter hinzugeben.

❻ Die feingehackte Petersilie hinzufügen, ebenso den durch die Presse gedrückten Knoblauch. Mit dem eingeweichten Brot und dem Hackfleisch gründlich mischen. Den Hackfleischteig mit Salz,

❼ In einem großen Schmortopf oder Bräter den Speck – beide Sorten gemischt und möglichst klein gewürfelt – auslassen, feingehackte Zwiebel darin andünsten. Durch die Presse gedrückten Knoblauch dazu, alles schön durchschmurgeln. Inzwischen das Innerste des Kohlkopfes in sauer-

krautfeine Streifen schneiden und ein Drittel davon mitdünsten. Oder gleich Sauerkraut verwenden und ebenfalls nur ein Drittel davon hinzufügen. Alles schön durchmischen, dabei sogleich mit Salz und Pfeffer würzen. Ganze Pfefferkörner und 3-4 Wacholderbeeren dazwischen streuen.

❽ Auf dieses Bett die Hälfte der Röllchen schichten, dicht nebeneinander. Sie mit Paprikapulver bestreuen, mit einer Schicht Sauerrahm bestreichen. Darauf ein weiteres Drittel Kraut verteilen, die restlichen Röllchen, die wiederum mit Paprika und Sauerrahm bedeckt werden. Dazwischen die Paprikawürste in Scheiben geschnitten verteilen.

❾ Zum Schluß das restliche Kraut darauf verteilen, auch dieses mit Paprika und ein letztes Mal mit Sauerrahm würzen. Die Brühe seitlich angießen. Den Bräter mit einem Deckel verschließen und für eine Stunde in den 200 Grad vorgeheizten Backofen stellen. Wenn sie länger spazieren gehen, 3 bis 4 Stunden bei 120 Grad oder bei 180 Grad 1 1/2 Stunden.

❿ Das Gelegte Kraut wird direkt aus dem Ofen in seinem Schmortopf zu Tisch gebracht.
Wem ein Stück krumiges Brot dazu nicht reicht, der kann auch eine Schüssel Pellkartoffeln dazu geben, die sich jeder Gast selber schälen muß!

*8 möglichst gleich große,
schöne, säuerliche Äpfel
(Goldparmäne oder
Elstar, Boskop oder
Delicious), 1 Zitrone,
4 Biskuitplätzchen,
3-4 EL Butter*

*Füllung:
100 g Mohn, 1/8 l Sahne,
50 g grob gehackte
Mandeln, 50 g Rosinen
(möglichst in Madeira
oder Vinsanto, das ist
toskanischer Süßwein,
eingeweicht),
3 EL Zucker*

Bratäpfel mit Mohnfüllung

Ein wunderbares herbstliches, sogar schon winterliches Dessert.

Auch die Bratäpfel lassen sich vorbereiten – man kann sie fix und fertig füllen und in der Bratform im Kühlschrank bereithalten. Eine halbe Stunde, bevor serviert werden soll, schiebt man die Form in den heißen Backofen.

❶ Die Äpfel mit einem Tuch sauber reiben, dann mit einem Ausstecher das Kerngehäuse herausbohren. Die Schnittflächen sofort

mit Zitronensaft einpinseln, damit sie sich nicht unschön verfärben.

❷ Die untere Öffnung der Äpfel mit einem Stückchen Keks, einer Haselnuß oder Aprikose verschließen, damit die Füllung nicht ausläuft. Nebeneinander in eine passende, feuerfeste, flache Form setzen, die dick ausgebuttert ist.

❸ Für die Füllung den Mohn frisch mahlen; verwenden Sie Mohn im-

mer frisch gemahlen, denn er wird schnell ranzig. Gemahlenen Mohn können Sie übrigens gut einfrieren – das Mahlen geht am besten im elektrischen Zerhacker.
Die Sahne aufkochen, Mohn, die Mandeln, eingeweichte Rosinen und Zucker hinzufügen.

Plastikbeutel füllen und eine Ecke abschneiden. Dadurch läßt sie sich ganz bequem in die Äpfel praktizieren. Auf jeden Apfel ein kleines Butterflöckchen setzen. Im 220 Grad heißen Ofen knapp 20 Minuten backen.

❻ Die Äpfel heiß servieren und dazu eiskalte Crème fraîche reichen.

❹ Kurz köcheln, bis die Masse dicklich wird, dann neben dem Feuer einige Minuten ausquellen lassen.

❺ In die Äpfel füllen – falls das mit dem Löffel nicht gut gelingt, einen Spritzbeutel zu Hilfe nehmen. Oder sich selber einen basteln: die Masse in einen kleinen

Hühnerpaprikasch

Für 3 bis 4 Personen:
Brustfilets, eventuell
sogar die ausgelösten
Oberschenkel eines
großen Huhns,
1 TL Speisestärke,
2 EL Butter, 1 EL Öl,
2 Zwiebeln, 2 Knob-
lauchzehen, Salz,
Pfeffer, Paprika, 1/4 l
Weißwein, ca. 1/4 l
Brühe, 2-3 hellgrüne,
ungarische Paprika-
schoten, 1 rote Paprika-
schote, 200 g saure
Sahne

❶ Das Hühnerfleisch in dreizentimetergroße Würfel schneiden, Schenkel durch die Knochen quer in mundgerechte Stücke hacken. Die Brustwürfel mit Stärke einpudern, bis sie rundum davon umge

ben sind – das bewirkt einen Schutzfilm, der das Fleisch saftig hält.

❷ Das Fleisch in einem flachen, möglichst breiten Topf in heißer Butter kräftig anbraten – damit die Butter auch wirklich ausreichend erhitzt werden kann, einen Schuß Öl hinzufügen. Sofort mit Salz und Pfeffer würzen.

❸ Die Zwiebeln sehr fein hacken und zum Fleisch geben, auf nunmehr sanfterer Hitze andünsten. Ganz zum Schluß den durch die Presse gedrückten Knoblauch hinzufügen. Wenn alles leichte Farbe angenommen hat, mit Paprika bestäuben, den Topf vom Feuer zie

hen, damit der Paprika nicht bitter wird, und gut durchmischen, bis alles rot überzogen ist. Crème fraîche oder saure Sahne hinzufügen.

❹ Mit Wein ablöschen, den Topf zurück auf den Herd setzen. Schließlich die Brühe angießen, sofern nur Brustfleisch verwendet wurde, nur zwei bis drei Minuten leise köcheln.

❺ Wurden auch Schenkelstücke verwendet, das Brustfleisch herausheben, das Ragout auf sanftem Feuer etwa eine halbe Stunde leise köcheln. Erst dann wieder das Brustfleisch hinzufügen und nur noch kurz erwärmen.

❻ Unterdessen die Paprikaschoten putzen und entkernen. Den hellgrünen in feine Streifen schneiden.

❼ Den roten mit einem Sparschäler schälen oder über einer Gasflamme rösten, bis die Schale schwarz geworden ist und sich leicht abziehen läßt. Den roten Paprika dann in akkurate Würfel schneiden. Den Paprika zehn Minuten mitköcheln. Ganz zum Schluß den sauren Rahm einrühren, noch einmal abschmecken und nach Gusto schärfen.

Ungarische Nockerln

Sie sind unseren schwäbischen,
oder besser allgäuer Spätzle gar
nicht unähnlich. Allerdings wird
der Teig etwas fester gehalten, so
daß man ihn zwischen Daumen
und Zeigefinger zerzupfen kann.
Man zupft dann tatsächlich kleine
Bröckchen ab, die man sofort ins
kochende Wasser wirft. Sobald sie
oben schwimmen, sind sie gar.
Wem das zu mühsam ist, der fügt
einfach etwas mehr Flüssigkeit
hinzu und streicht den Teig durch
einen Spätzlehobel – aber es wird
nicht dasselbe sein!

❶ Das Mehl in einer Schüssel mit
dem Salz mischen, die Eier hinzufügen und mit dem Rührlöffel zu
einem glatten Teig schlagen, dabei nur soviel Flüssigkeit hinzugeben, daß der Teig die gewünschte Festigkeit bekommt.

❷ In einem breiten Topf Wasser
aufkochen und salzen. Nur soviel
Teig zwischen Daumen- und Fin-

gerspitze fassen, daß ein etwa
bohnenkerngroßes Stück abge-
knipst wird.

❸ Sofort ins Wasser schubsen.
Natürlich sollte das einigermaßen
schnell gehen, damit die Teignok-
kerln etwa die gleiche Garzeit haben. Stellen Sie sich ein zweites
Schüsselchen Wasser bereit, wo
sie ihre Finger eintunken können.

❹ Fertige Nockerln schwimmen
oben. Man fischt sie mit einer
Schaumkelle heraus und läßt sie
gut abtropfen. Sie werden in einer

Schüssel im warmen Backofen warmgehalten.

Oder man schwenkt sie vor dem Servieren rasch in etwas Butter.

❺ Dazu gibt es einen ungarischen Gurkensalat. Eine Salatgurke wird geschält, entkernt und in dünne Gurkenscheiben gehobelt. Dann gut salzen, damit das Wasser aus der Gurke herauszieht, anschließend gut auspressen, mit Essig und Öl anmachen. In eine Portionsschüssel füllen, die eine Hälfte mit Pfeffer und die andere Seite mit Paprika würzen.

Tip: Nockerln kann man auch auf Vorrat machen und gut abgetropft einfrieren: dafür auf einem Tablett möglichst flach auseinanderbreiten und erst einmal vorgefrieren. Dann kann man sie wunderbar auseinanderbröseln und in einem Gefrierbeutel einfrieren.

So lassen sich die Nockerln sozusagen portionsweise entnehmen – immer nur so viel, wie Sie gerade brauchen.

ZUSATZREZEPTE

Überhaupt sind Schmorgerichte wunderbar für solche Gästebewirtungen geeignet: Sie nehmen auch eine längere Wartezeit nicht übel und schmecken nach dem Aufwärmen häufig noch einmal so gut, weil ihre Aromen sich dann gegenseitig mitteilen und verstärken. Eine hübsche und originelle Idee sind stets:

Gefüllte Schmorgemüse

Grundsätzlich kann man eigentlich alle größeren Gemüsesorten füllen. Aber natürlich paßt nicht jede Füllung zu jedem Gemüse. Da kommt es auf die Aromen an und vor allem auf die Garzeiten. Es hat keinen Sinn, etwa eine Tomate mit einer Füllung zu versehen, die sehr lange braucht, um gar zu werden – die Tomate wäre dann ja zusammengefallen. Und es ist natürlich Unsinn, eine zarte Füllung in ein Gemüse zu stopfen, das sehr lange gegart werden muß. So kocht man im allgemeinen Sellerieknollen vor, ebenso Kartoffeln, weil sonst die Füllung viel zu trocken würde. Im Sommer sind die klassischen Füllgemüse eher die Gurken (unbedingt Gemüsegurken oder große, fast ausgereifte Einlegegurken nehmen; denn Salatgurken ziehen viel Wasser und geben auch beim Garen viel zu viel Wasser ab), auch Zucchini (hier können Sie größere Exemplare vorteilhaft verwenden), Auberginen, Paprikaschoten, Tomaten, Gemüsezwiebeln (vorzugsweise die großen, milden aus Spanien) und schließlich größere Pilzköpfe. Im Herbst und Winter füllt man auch gern die Blätter der verschiedenen Kohlarten, Lauch und Spinat (die harten Blätter des Winterspinats sind besonders gut hierfür geeignet). Die Vorbereitung ist im allgemeinen einfach, das Garen selbst auch.

Hier einige Tips:

Sellerieknolle putzen, waschen und kochen. Dann erst häuten. Am Wurzelende eine Standfläche abschneiden. Den Strunk abschneiden und die Knolle aushöhlen, einen etwa 2 cm dicken Rand stehen lassen. Das Innere und das verwertbare Fleisch des Deckels fein hacken und zur Füllung geben.

Kartoffeln – nur sehr große Exemplare eignen sich – waschen, in Alufolie packen und im Ofen ga-

ren. Man kann sie auch kochen, doch platzen sie dann häufig auf, und das Innere wird eher wäßrig als mehlig. Nach Belieben schälen oder in der Schale weiterverwenden. Auf einer flachen Längsseite eine Kappe abschneiden. Aushöhlen, einen möglichst dünnen Rand, der aber noch Halt haben muß (mit Schale geht das besser) stehen lassen. Das ausgehöhlte Kartoffelmark mit dem Deckel zerdrücken und an die Füllung geben.

Gurken längs halbieren und die Kerne mit dem umgebenden wäßrigen Gelee herauskratzen. Nach Belieben die Haut stehen lassen, eventuell ganz schälen, am besten aber nur Streifen herausschneiden. Kerne natürlich wegwerfen.

Zucchini wie Gurken vorbereiten, wenn die Kerne noch nicht ausgebildet sind mit dem herausgekratzten Fruchtmark hacken und zur Füllung geben. Ebenso können junge Kürbisse verwendet werden.

Auberginen längs halbieren, auskratzen und das Fruchtmark hacken. Zur Füllung geben. Auf keinen Fall schälen, weil die Früchte sonst in sich zusammenfallen.

Paprikaschoten entweder längs halbieren und die Kerne und Zwischenwände herauslösen. Oder

mit dem Stielansatz eine Kappe abschneiden und die Früchte von dieser Seite aus füllen. Nach Belieben die Kappe zum Garen wieder auf die gefüllten, senkrecht in die Form gestellten Früchte setzen.

Tomaten nach Belieben auf der Seite mit dem Stielansatz oder auf der gegenüberliegenden Seite anschneiden und eine Kappe abheben. In ersterem Falle hat man bereits die harten Teile entfernt, im zweiten steht die gefüllte Frucht besser. Kerne und Fruchtwasser entfernen, die Zwischenwände von gut reifen Fleischtomaten zur Füllung geben.

Gemüsezwiebeln nach Belieben vorher eine halbe Stunde blanchieren. Schälen, den Wurzelstrunk aber intakt lassen, weil dieser die Schalenschicht zusammenhält. Oben eine Kappe abschneiden. Mit einem spitzen Messer in mehreren Richtungen häufig einstechen, auf keinen Fall aber die äußere Schale durchbohren. Dann kann man nach und nach das Zwiebelfleisch herauslösen – die Innenwände brauchen nicht glatt zu sein! Das ausgelöste Zwiebelgehäcksel unter die Füllung mischen. Nach Belieben vorher anbraten! In diesem Falle die ausgehöhlte Zwiebel 15 Minuten in den auf 220 Grad vorgeheizten Ofen stellen – das bringt die feinsten Ergebnisse.

Pilzköpfe von Blättern oder Röhren befreien, den Stiel in die Füllung hacken.

Bei allen **Kohlarten** folgendermaßen vorgehen, um die Blätter, ohne sie zu zerreißen, abzulösen: Die äußeren, nicht so schönen Blätter entfernen. Dann den Strunk großzügig ausschneiden. Den ganzen Kohlkopf nun in einen großen Topf mit sprudelnd kochendem Salzwasser geben und die Blätter nach und nach ablösen und in kaltes Wasser legen. Es dauert jeweils nur etwa eine Minute, bis das nachfolgende Blatt so weich geworden ist, daß man es abziehen kann. Nun die dicken Blattrippen dünner schneiden. Dazu die Blätter flach auf eine Unterlage legen und mit einem langen, scharfen Messer die hochstehende Rippe abschneiden. Das

Herz des Kohlkopfs, bestehend aus kleinen, zarten Blättern, noch einige Minuten kochen, dann auch abschrecken, auspressen und fein hacken. Dieses Gehackte unter die Füllung mischen. Die Blätter ausbreiten und mit ein wenig Füllung auf dem dickeren, unteren Drittel versehen. Eine Umdrehung rollen, dann die seitlichen Teile nach innen auf Füllung und Blatt schlagen, zu Ende einrollen. So gefertigt gehen die Rollen nicht auf, wenn sie dicht an dicht in eine passende Form gelegt werden.

Lauch: Nur große, dicke Lauchstangen eignen sich. Das Grüne oben abschneiden, auch den Wurzelstrunk entfernen. Dann die Stangen in kochendes Salzwasser legen und so rasch wie möglich die weich werdenden Lauchblät-

ter abziehen und sofort abschrekken. Kontinuierlich arbeiten, eine Gurken- oder Servierzange leistet gute Dienste, damit man sich die Finger nicht verbrennt. Mehrere Blätter dachziegelartig nebeneinander legen, Füllung daraufgeben – man hackt die inneren Lauchblätter, das Herz, hinein – zusammenrollen und mit Küchengarn zubinden.

Spinat waschen, verlesen und die großen, schönen und festen Blätter aussuchen – es versteht sich von selbst, daß nur Freilandspinat geeignet ist. Gehackte Blätter zur Füllung geben. Mehrere Blätter, sich immer überlagernd, zu einer Fläche ausbreiten und eine Portion Füllung in die Mitte setzen. Wie ein Briefcouvert zusammenfalten und nach Belieben mit etwas Garn umwickeln. Wer geschickt ist, legt die Wickel, auch Laubfrösche genannt, so nebeneinander in die Form, daß sie nicht aufgehen. Wer nicht ganz so geschickt ist, blanchiert die Blätter zunächst, schreckt sie ab und verfährt dann wie angegeben. So behalten sie auch bei entsprechend kurzer weiterer Garzeit eine schöne grüne Farbe.

Die gefüllten Gemüse in jedem Fall in eine feuerfeste Form betten, die ausreichend mit Butter oder Öl gefettet wurde. Im auf 220 Grad vorgeheizten Ofen zunächst etwa 10 Minuten anbra-

ten. Jetzt sehen Sie nach, ob das Gemüse auf der Unterseite anbrät. Wenn ja, etwas Flüssigkeit (Wasser, Wein oder Fleischbrühe) angießen. Wenn nicht, tritt so viel Flüssigkeit aus dem Gemüse aus, daß ein Angießen noch nicht nötig ist. Kontrollieren Sie diesen Stand in der Folge mehrmals, und schmoren Sie das Gemüse etwa 30 Minuten – sehr große etwas länger, kleinere Portionen etwas kürzer.

Zum Schluß sollte ein wenig Sauce vorhanden sein, die entweder aus dem Gemüse und der Füllung selbst stammt oder mit der angegossenen Flüssigkeit zustande kam. Die Sauce unbedingt vor dem Servieren abschmecken, denn meistens fehlt ihr Würze (außer, Sie verwenden konzentrierte Fleischbrühe). Man kann die Sauce auch mit etwas Sahne oder Crème fraîche anreichern, eventuell, das schmeckt besonders gut zu den Krautwickeln, auf die fertig angerichteten Gemüse saure Sahne gießen. Mit frischen Kräutern bestreuen.

Als **Beilage** paßt in erster Linie Salat, die gefüllten Gemüse sind ja im allgemeinen Gemüse und Hauptgericht in einem. Bei Krautwickeln mögen Kartoffeln oder Reis eine Ergänzung für hungrige Gäste sein.

Als **Getränk** paßt in die Jahreszeit ein Bier genauso gut wie ein Wein, zu den hellen Füllungen ein weißer, zu den dunklen ein kräftiger Rosé (Weißherbst) oder ein leichter Rotwein.

VORSCHLÄGE FÜR FÜLLUNGEN

Das Prinzip ist immer gleich, deshalb ist es kinderleicht, ganz neue eigene Füllungsideen zu entwickeln. Manchmal kann man geradezu eine Resteverwertung veranstalten!

Rindfleischfüllung mit Käse

Für alle Kohlarten (Wirsing, Rotkohl, Weißkohl, Chinakohl), alle Gemüse und Pilzköpfe

❶ Das Hackfleisch in eine Schüssel geben. Die Möhre, Zwiebeln und Knoblauchzehen schälen. Mit der Petersilie im elektrischen Zerhacker sehr fein zermahlen.

❷ Das Brötchen in heißem Wasser einweichen. Gut ausdrücken, mit dem Ei und dem Käse sowie mit den übrigen Zutaten zum Hackfleisch geben und alles gut vermischen.

❸ Den Fleischteig mit Paprika, Worcestershire Sauce, Rotweinessig, Salz, Pfeffer, Thymian und Muskatnuß würzen.

Für ca. 4 bis 5 Personen:
350 g Rinderhack,
1 Möhre, 2 Zwiebeln,
2 Knoblauchzehen,
1 Bund Petersilie, 1 altbackenes Brötchen, 1 Ei,
100 g grob geraspelter Schweizer Emmentaler,
1 TL Delikateßpaprika,
1 EL Worcestershiresauce, 1 El Rotweinessig, Salz, Pfeffer aus der Mühle, 1 TL Thymian, frisch geriebene Muskatnuß

Geflügelfüllung mit Champignons

Paßt gut für Gurken, Wirsingblätter und Rotkohlblätter.

❶ Das Fleisch mit den geputzten Champignons und den von den Stielen gezupften Kerbelblättchen entweder zweimal durch die feinste Scheibe des Fleischwolfs

drehen oder im elektrischen Zerhacker fein zerkleinern.

❷ Die Weißbrotscheiben entrinden, mit der Milch befeuchten und einweichen. Die Zwiebel schälen, fein hacken, in der heißen Butter weich dünsten, ohne Farbe nehmen zu lassen.

❸ Das pürierte Fleisch, das Weißbrot und die etwas ausgekühlten Zwiebeln mit dem Ei und den Nüssen zu einem Fleischteig mischen. Mit Salz, Pfeffer, Beau Monde, Cayennepfeffer und Worcestershiresauce kräftig abschmecken.

Für 4 Personen:
300 g schieres Hähnchenfleisch, 250 g frische Champignons, 50 g Kerbel, 2 Weißbrotscheiben, 3 EL Milch, 1 Zwiebel, 1 El Butter, 1 Ei, 2 EL Pistazienkerne, Salz, Pfeffer aus der Mühle, 1 TL Beau Monde (Pastetengewürz), 1 TL Worcestershiresauce, eine Messerspitze Cayennepfeffer

Für 4 Personen:
300 g Lammfleisch aus der Schulter, 100 g Schafskäse, 1 große Zwiebel, 100 g schwarze Oliven, 1 El Butter, 1 Ei, 1 Scheibe Bauernbrot, 3 EL kräftiger Rotwein (am besten von dem, den Sie später dazu trinken werden), 4 Zweige frisches Basilikum, Salz, Pfeffer aus der Mühle

Lammfleischfüllung mit Schafskäse

Paßt gut zu Zwiebeln, Zucchini und Auberginen.

❶ Das Fleisch zweimal durch die feinste Scheibe des Fleischwolfs drehen.

❷ Den Schafskäse zerbröseln, dabei dürfen ruhig noch größere Bröckchen bleiben. Die Oliven entkernen und grob hacken. Die Zwiebel schälen, fein schneiden und in der heißen Butter weich

dünsten. Alles in eine Schüssel füllen und mit dem Ei zu einem geschmeidigen Teig mischen.

❸ Die Brotscheibe entrinden, auf einem Teller mit dem Rotwein tränken, bis sie völlig aufgeweicht ist, ebenfalls unter den Teig kneten.

❹ Das Basilikum fein schneiden und hinzufügen. Alles mit Salz und Pfeffer kräftig abschmecken.

Schweinefleischfüllung

Für Kartoffeln, Weißkohlblätter und Lauchblätter.

❶ Das Fleisch, den Speck und die geschälten Zwiebeln zweimal durch die feinste Scheibe des Fleischwolfs drehen.

❷ Das Brötchen in warmem Wasser einweichen. Gut ausgedrückt mit dem Ei, der feingehackten Petersilie und den Pinienkernen unter das Fleisch mischen.

❸ Alles gründlich zu einem geschmeidigen Fleischteig kneten.

❹ Mit Salz, Pfeffer, Kümmel, Thymian und Macis kräftig abschmecken.

Für 4 Personen:
300 g Schweinefleisch
(Schulter oder Hals),
200 g grüner (ungeräu-
cherter) Speck, 2 Zwie-
beln, 1 Brötchen, 1 Ei,
1 Bund Petersilie,
100 g Pinienkerne, Salz,
Pfeffer aus der Mühle,
1 TL Kümmel, 1/2 TL
Thymian, Macisblüte

Shrimpsfüllung

Für Paprikaschoten, Wirsingblätter und Gurken.

❶ Die Shrimps aus ihrer Schale pellen, den schwarzen Darm entfernen. Mit einem großen Messer fein hacken (nicht in die elektrischen Hackmaschine geben, sie würden sofort zu Matsch).

❷ Den Speck hingegen in der Zerkleinerungsmaschine pürieren oder durch die feinste Scheibe des Fleischwolfs drehen. Dabei die Wasserkastanien ebenfalls zerkleinern.

❸ Shrimps, Speck und Wasserkastanien in einer Schüssel gründlich mischen. Am besten mit den Händen arbeiten, damit sich alles zu einer Paste verbindet.

❹ Mit Sherry oder Reiswein, Sesamöl, Sojasauce und Salz abschmecken.

Für 4 Personen:
300 g rohe Shrimps,
200 g grüner (ungeräu-
cherter) Speck, 4 Was-
serkastanien, 1 EL
trockener Sherry oder
Reiswein, 1 TL Sesamöl,
1 TL Sojasauce, Salz

Käsefondue – das kulinarische Gesellschaftsspiel aus der Schweiz

Fondue

Die oder das Fondue – darüber streiten sich schon ganze Generationen von Feinschmeckern. In der Schweiz heißt es „die", auch die Franzosen sprechen von „la" Fondue; und nur bei uns hat der kulinarisch eigentlich ganz und

gar nicht informierte Duden festgelegt, es müsse „das" heißen, weil es sich ja um „das Geschmolzene" handelt. Nun wird ja in der Tat beim Käsefondue der Käse geschmolzen (fondre = französisch für schmelzen). Allerdings haben sich mittlerweile unendlich viele Variationen von Fondues entwickelt, bei denen keineswegs auch nur das Mindeste geschmolzen wird. Sie haben allesamt nur eines gemeinsam: Man ißt aus demselben Topf.

Das kam so: Die Bergbauern in der Westschweiz waren in den langen Wintern oft bis zu einem halben Jahr von der übrigen Welt abgeschnitten. Natürlich brachte man zu Beginn des Winters Lebensmittel und Vorräte hinauf. Aber das einzige, was davon lange im Keller einigermaßen hielt, war Käse. Doch wenigstens eine warme Mahlzeit am Tage mußte man haben. Und so kamen die Bauern eines Tages auf die gute Idee, den Käse zu schmelzen und Brotbröckchen hineinzutunken.

Da man alles aus einem Topf verspeiste, aß man natürlich auch das Fondue aus einem Geschirr. Auf dem Weg von den hohen Bergen hat das Fondue einige luxuriöse Zutaten bekommen, von denen die Bergbauern niemals zu träumen gewagt hätten – man mischte ein bißchen Kirschwasser und Wein hinzu, rieb die Schüssel mit Knoblauch aus, damit ein zarter Duft davon den Käse würze, und machte daraus ein gemütliches, geselliges Essen, das in einer Runde bis zu sechs Personen am meisten Spaß macht.

So viele können, ohne sich einzuengen, um den Rechaud sitzen

und ihre Brotwürfel an langen Gabeln in die duftende Käsecreme tauchen. „Sieger" ist natürlich, wer möglichst viel Käse mit möglichst wenig Brot aufstippt. Und wer sein Brot im Caquelon (so nennt man den feuerfesten Topf mit Deckel aus Keramik, Steingut, Glas oder Gußeisen) verliert, der muß für alle eine Runde Kirschwasser ausgeben.

Käsefondue ist ein Essen, das die Geister sofort in zwei Lager teilt: Die einen schwärmen dafür und freuen sich schon auf die Skiferien, in denen mindestens ein Fondue-Abend auf alle Fälle fest eingeplant ist. Die anderen können dem warmen Käse nichts abgewinnen, behaupten, daß er ihnen nur schwer im Magen liegt.

Wir haben eine neue Art entwickelt, Käsefondue zu genießen, die vielleicht ein paar Gegner auf die Liebhaberseite ziehen wird, und die Liebhaber, da sind wir sicher, werden ohnehin begeistert sein!

Käsefondue ist ja in der Tat ein richtiges Gesellschaftsspiel. Man sitzt gemütlich um einen Tisch herum, stippt immer wieder sein Brot in die leise brodelnde Käsemasse, schnabuliert so den ganzen Abend.

Kein Wunder, daß es in Berg- und Skihütten ein besonders beliebtes Essen ist. Auf jeden Fall paßt Käsefondue gut in die kalte Jahreszeit, wenn es herzhaft zugehen kann. Man sollte nicht mehr als sechs sein – sonst können nicht mehr alle bequem den Topf erreichen.

Käsefondue – dafür braucht man ein paar Gerätschaften

Der Topf selbst ist klassischerweise aus Keramik, ein sogenannter Caquelon; er darf aber auch aus Gußeisen sein (einen solchen verwenden wir). Ein solcher Topf ist flach, aber bauchig und hat einen Griff an einer Seite.

Als Rechaud benötigt man einen kleinen, mit Spiritus betriebenen Brenner; eine Wärmeplatte mit Teelicht genügt nicht. Außerdem braucht man Fonduegabeln – sie haben drei lange Zinken mit Widerhaken, die verhindern, daß die Brotwürfel zu schnell abrutschen. Und einen langen Stiel, damit man bequem in den Topf in der Tischmitte hineinreicht.

Im Topf, der in der Tischmitte auf einem Rechaud steht, wird die Käsemasse leise am Kochen gehalten – kalter Käse erstarrt nämlich,

und dann funktioniert alles nicht mehr so, wie es soll.

Wer mit einem gußeisernen Topf arbeitet, kann gleich die Masse darin in der Küche zubereiten: Es wird der Weißwein darin erhitzt und der zerkleinerte Käse darin aufgelöst. Wer einen irdenen Caquelon hat, den er auf seiner Herdplatte nicht verwenden kann, muß die in der Küche hergestellte Käsecreme dann umfüllen. Aber Vorsicht: Auf keinen Fall die Käsecreme zu heiß werden lassen. Es trennen sich dann nämlich Fett- und Eiweißbestandteile und lassen sich durch nichts mehr verbinden.

Wein und Gewürze

Wichtig ist übrigens, daß der Wein kräftig ist – auch sollte er über eine gewisse Säure verfügen, die dafür sorgt, daß der Käse nicht so schwer wird. Notfalls hilft man mit etwas Zitronensaft nach! In der Schweiz nimmt man klassischerweise zum Fondue einen Fendant – so heißt der Gutedel im Wallis. Im Waadtland übrigens nennt man ihn Chasselas!

Oder – eine originelle Variante: Man nimmt Apfelwein statt Wein – das gibt dem Fondue einen ganz eigenen, frischen Geschmack! Die Käsecreme wird schließlich gewürzt. Wir nehmen natürlich eine gehörige Dosis Chili – schon we-

gen der Bekömmlichkeit! –, viel Muskat und reichlich Pfeffer.

Der Käse

Angeblich ist es die Nationalspeise der Schweizer. Aber es sind viele Kantone, die für sich beanspruchen, Fondue erfunden zu haben. Ursprünglich soll es aus Neuenburg stammen, einem Kanton in der Westschweiz. Die Waadtländer behaupten aber, es sei ihre Spezialität und die Walliser ebenso – sicher ist, daß es ein Sennengericht ist –, die ja oftmals nichts anderes als Käse hatten

und ein Fläschchen Wein hoffentlich auch immer. Und so gibt es auch kein einziges, wirklich wahres Käsefonduerezept, sondern viele; schließlich gibt es auch viele verschiedene Käsesorten in der Schweiz.

Und eine Binsenwahrheit stimmt natürlich auf jeden Fall: Fondue

ist stets so gut wie der Käse, den man dafür verwendet. Und: Der Käse bestimmt den Geschmack. Es sollte ein Schnittkäse sein, nicht zu jung, weil er dann krümelig wird, und nicht zu alt, weil sich dabei leicht das Fett der Masse absetzt. Das beste ist ohnehin immer eine Mischung, weil man dann die Geschmacksrichtung und die Konsistenz ganz nach Lust und Gusto beeinflussen kann.

Die klassische Zusammenstellung: Gruyère (Greyerzer), Emmentaler und ein milder Bergkäse. Man kann einen Freiburger Vacharin verwenden, einen milden Raclettekäse, kraftvollen Tilsiter. Da jeder Käse seinen eigenen ausgeprägten Geschmack hat, ist es dem persönlichen Gusto überlassen, welche man nimmt. Wir haben heute zur Auswahl: Freiburger Vacherin, Gruyère, Emmentaler und ein Raclettekäse.

Was den Einkauf angeht

Möglichst keinen vakuumverpackten Käse kaufen, sondern immer lieber an der Käsetheke auswählen. Und dann richtig aufbewahren: mit dem Pergamentpapier vom Einkauf nur lose abgedeckt und nicht zu kalt (Gemüsefach im Kühlschrank).

Und: Nur, wenn man sich auf seinen Käsehändler verlassen kann, kann man schon geriebenen Käse kaufen – der muß natürlich unverzüglich verbraucht werden. Auf keinen Fall fertig in Folie verpackten Reibkäse kaufen.

Verschiedene Salatsorten:

Das ist Radicchio, der hauptsächlich in Deutschland angeboten wird, er enthält kaum Bitterstoffe. Für unseren Salat verwenden wir Salate mit Bitterstoffen, denn die sind gesund, regen die Gallenfunktion an und machen dadurch fette Speisen gut verträglich.

Radicchio di Verona

Radicchio di Treviso

DIE REZEPTE

Bunter Salat mit Anchovissauce

Für 4 bis 6 Personen:
Sauce: 10 Anchovisfilets,
ca. 1/4 l Olivenöl, 3-4
Knoblauchzehen, Pfeffer,
Saft einer Zitrone
Außerdem: Je eine gute
Handvoll geputzter
Salatblätter bitterer
Sorten: Radicchio (wenn
möglich grüner, vom
weißen Castel Franco
und vom länglichen
Treviso), Chicorée,
Frisée, Löwenzahn,
normaler Endiviensalat,
Brunnenkresse
Knoblauchcroûtons:
2-3 Scheiben Weißbrot,
2 EL Olivenöl, 4 Knob-
lauchzehen

❶ Die entgräteten Anchovis in einem flachen Topf knapp einen

Finger hoch mit Olivenöl bedecken. Langsam erhitzen, dabei rühren; die Anchovis behutsam schmelzen.

❷ Schließlich den Knoblauch durch eine Presse hinzufügen, alles mit reichlich Pfeffer und Zitronensaft würzen.

Tip: Der Saft löst sich besser aus der Zitrone, wenn Sie sie vor dem Gebrauch auf einem Brett hin- und herrollen. Die Zitrone wird mit einem Keil ausgedrückt. Legen Sie ein Sieb über den Topf, damit Sie die Kerne auffangen können.

Frisée: Der dunkelgrüne ist hart, wir bevorzugen einen Kopf mit hellgelben, fest weißen Blättern, die mit einer Plastikhaube zugedeckt wurden. Diese Blätter sind sehr zart.

Radicchio di Castell Franco – der ist besonders zart

Der typisch gebleichte Chicorée: schneeweiß mit gelben Rändern

Die besonders praktische „Salatwaschmaschine"

❸ Die Sauce mit dem Schneebesen aufschlagen, besser noch mit dem Mixstab, weil der eine homogene Bindung zustande bringt, die sich nicht so schnell wieder trennt. Langsam, wie für eine Mayonnaise, das restliche Öl hinzufügen.

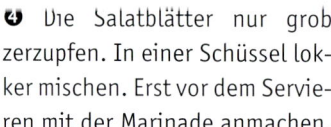

Tip: Die Sauce kann man luftdicht in einem Schraubglas verschlossen gut im Kühlschrank einige Tage frisch halten.

❹ Die Salatblätter nur grob zerzupfen. In einer Schüssel locker mischen. Erst vor dem Servieren mit der Marinade anmachen.

❺ Zum Schluß die Croûtons darüberstreuen. Auch sie kann man wunderbar schon vorher fertigstellen: Das Brot in zentimeterkleine Würfel schneiden. Im heißen Öl sanft golden rösten. Erst ganz zum Schluß den Knoblauch durch die Presse hinzudrücken

und gut mischen. Er darf nicht verbrennen!

Sardellenkunde:

Diese heringsartigen Fischchen heißen im Norden Sardellen, in den Mittelmeerländern Anchovis, und so werden sie für den Gebrauch fertig gemacht: Die Fischchen werden geköpft, ausgenommen und in Salzwasser eingelegt. Wenn sich das Salz aufgelöst hat, werden die Fische filetiert, und die Filets werden in gutes Olivenöl eingelegt. Dann schmekken sie weich, sanft und würzig.

Ganze Sardellen in Salzlake

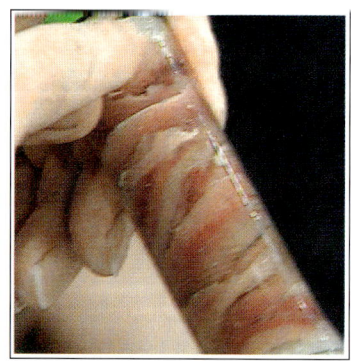

Das sind in Salz eingelegte Anchovisfilets. Sie müssen vor Gebrauch gewässert werden.

Käsefondue:
Die Käsecreme (Grundrezept)

Für 6 Personen:
2 Knoblauchzehen,
1 Chilischote, 3/4 l
trockener Weißwein,
insgesamt 900 g Käse
(verschiedene Sorten zu
gleichen Teilen, z.B.:
Gruyère, Emmentaler
und ein junger Berg-
käse), 2 TL Speisestärke,
3 EL Kirschwasser,
Pfeffer aus der Mühle,
Muskat, eventuell
Chilipulver

❶ Die Knoblauchzehen schälen, zusammen mit der Chilischote in den Caquelon geben und mit Wein auffüllen. Aufkochen, dabei den Knoblauch mit einer Gabel zerquetschen, damit der Duft besser austreten kann, die Knoblauchzehen sich jedoch bequem aus dem Topf fischen lassen, bevor der Käse eingerührt wird.

❷ Den Käse grob raffeln oder in kleine Würfel schneiden und nach und nach in den leise siedenden Wein geben. Auf mildem Feuer

schmelzen, dabei immer wieder rühren und aufpassen, daß die Käsemasse nicht zu heiß wird!

❸ Sobald sie nämlich zu heiß wird, trennen sich Eiweiß und Fettbestandteile – das leichtere Fett setzt sich an der Oberfläche ab und läßt sich nie wieder vermischen. Die Käsecreme ist unrettbar ruiniert. Sobald der Käse eine homogene Creme zu bilden beginnt, die Stärke mit dem Kirschwasser verquirlen – es dürfen keine Klümpchen entstehen! – und in die Masse rühren. Jetzt noch so lange sanft köcheln und immer wieder rühren, bis die Creme absolut glatt geworden ist.

❹ Mit Pfeffer und Muskat, nach Belieben auch mit Cayenne- oder Chilipulver würzen.

Tip: Früher hat man den Caquelon vorsichtig mit einer halbierten Knoblauchzehe ausgerieben, um dem Käse einen Hauch davon zu vermitteln. Aber das war noch zu den Zeiten, da man dem Koch empfahl, in eine Knoblauchzehe zu beißen und die Schüssel zu behauchen – zuviel Knoblauch galt als ordinär.

Heute haben wir keine Angst mehr vor kräftigen Düften, heute gehen wir damit großzügiger um. Übrigens: Wer mag, kann natürlich den Knoblauch durch die Presse in die Käsecreme drücken und ihr so ein kraftvolles Parfum verleihen!

Was man zum Käsefondue serviert

Üblich ist Weißbrot, natürlich krustiges Baguette, mit dem sich die Käsecreme besser auftunken läßt als mit krumigem Brot, das nur zu leicht von der Gabel rutscht. Und ein verlorener Brotbrocken in der Schüssel bedeutet Strafzinsen: im Restaurant entweder eine Runde Kirsch oder eine Flasche Wein, zu Hause vielleicht Mithilfe beim Geschirrspülen oder Aufräumen ...

Das Weißbrot wird in mundgerechte Würfel geschnitten – man soll sie mitsamt der Käsecreme auf einmal verspeisen können. Aber nur Weißbrot, so finden wir, ist auf die Dauer langweilig. Wir empfehlen deshalb noch weitere Beilagen auf den Tisch zu stellen: verschiedene Mixed Pick-

les, also sauer eingelegtes Gemüse, Gürkchen, Senfgurken, Feuergurken, Peperoncini (gibt es mild und scharf), es passen sogar Oliven, süßsaurer Kürbis – kurz alles, was man auch gern zum Fleischfondue serviert. Außerdem schmecken dazu frische Gemüse, zum Beispiel Frühlingszwiebeln, die nur geputzt und gewaschen auf den Tisch kommen, auch Stangensellerie, längs in zentimeterbreite Stäbchen geschnitten, oder Paprika in bunten Farben, natürlich ebenfalls längs in Streifen zerteilt und entkernt.

Und dann passen, statt Brot, Kartoffeln dazu. Das können Pellkartoffeln sein, „Gschwellti", wie die Schweizer dazu sagen. Oder:

Gebackene Kümmelkartoffeln

Für 6 Personen:
15 längliche, möglichst
gleichmäßige, mittelgro-
ße Kartoffeln, je 2 EL
Kümmel und grobes
Meersalz, Olivenöl zum
Bepinseln

❶ Die Kartoffeln sorgfältig unter fließendem Wasser bürsten – sie werden mit ihrer Schale gebakken, müssen deshalb wirklich sauber sein – und längs halbieren.

❷ Ein Backblech mit Öl einpinseln, gleichmäßig mit Kümmel und Salz bestreuen. Die Kartoffeln mit ihrer Schnittfläche nach unten daraufsetzen, dabei immer zuerst mit der Kartoffel eine Menge Gewürze aufnehmen.

Die Kartoffeln immer erst im letzten Moment aufschneiden, sonst laufen sie an. Mehlige Kartoffeln sollten nicht zu lange backen, weil sie sonst zerfallen.

❸ Die Kartoffeln schließlich mit Öl einpinseln. Bei 200 bis 220 Grad im Heißluftofen und etwa 250 Grad im normalen Ofen etwa eine halbe Stunde backen, bis sie weich sind.

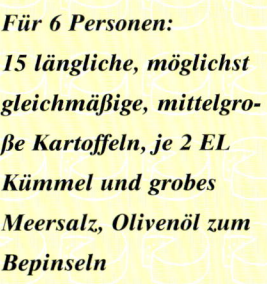

Was man zum Käsefondue trinkt

Natürlich paßt immer der Wein, mit dem gekocht wurde. Klassischerweise ist es ein Schweizer Wein, und zwar ein Weißwein, damit der Käse seine eigene Farbe behält, ein Fendant also oder ein Chasselas. Wer mag, trinkt jedoch auch gern einen Rotwein zum geschmolzenen Käse – warum nicht? – oder einen Süßdruck, wie man in der Ostschweiz einen Rosé nennt, der eine besonders ausgeprägte Säure aufweist. Weil man angeblich in der Schweiz nicht gern ein kaltes Getränk zum warmen Käse nimmt, hört und liest man immer wieder, daß auch ungesüßter Tee dazu getrunken wird. Gesehen haben wir das noch nie. Aber vielleicht empfiehlt sich Tee, damit man besser die vielen Kirschwässer verträgt, die man allein schon deshalb braucht, um die schwere Käsemasse im Magen wieder aufzulösen. Was wirklich gut dazu paßt – haben wir jedenfalls herausgefunden – ist ein zitronenduftender

Zitronengrastee

Zitronengras ist das typische Gewürz, das in der Thaiküche eine wichtige Rolle spielt. Es handelt sich um eine schilfgrasähnliche Pflanze mit intensivem Zitronenduft. Man verwendet nicht das Blattgrün, sondern die hellen unteren zehn Zentimeter. Roh in hauchfeine Streifen geschnitten für Salate und Saucendips, in Suppen oder Saucengerichten läßt man größere Stücke mitkochen. Getrocknetes Zitronengras, manchmal auch französisch citronelle oder fälschlich Zitronenmelisse genannt, ist ein leider nur unzulänglicher Ersatz, läßt sich aber für unseren Tee noch ganz gut verwenden, sollte man kein frisches Zitronengras bekommen. Es dürfte jedoch keine Schwierigkeit sein, denn mittlerweile gibt es auch in allen mittleren Städten einen Asienladen, der regelmäßig aus Thailand frische Kräuter und Gewürze bekommt. Für den Tee schneidet man den Zitronengrasstengel in zentimeterbreite Stücke und brüht sie in der Teekanne mit kochendem Wasser auf. Nach Belieben kürzer – für zarten Zitronenduft – oder länger, wenn's kräftiger sein darf, ziehen lassen. Am besten schmeckt Zitronengrastee ungesüßt; wer ihn lieber süß haben möchte, sollte Kandis nehmen, dessen Melassegeschmack gut mit dem Zitronengras harmoniert.

Blutorangengelee
auf Orangensalat

Für 6 Personen:
1 kg gute Blutorangen
(Moro aus Sizilien!),
120 g Zucker, 4 Blatt
Gelatine, 2-3 EL Oran-
genlikör, Pistazien-
krümel, Minzeblätter

❶ Etwa vier bis fünf Früchte entsaften – das läßt sich mit der Saftpresse bewerkstelligen; mehr Geschmack bekommt unser Gelee jedoch, wenn man die geschälten Liter Flüssigkeit beziehungsweise Fruchtmus entstehen.

❷ Die Gelatine in kaltem Wasser einweichen, dann in wenig Oran-

gensaft oder Fruchtmus erwärmen und vollkommen in der Microwelle schmelzen. Unter die übrige Flüssigkeit mischen, gut verrühren und noch einmal abschmecken, ob die Süße stimmt. Die Masse in kleine Becherförmchen verteilen und über Nacht kalt stellen, damit das Gelee schön fest wird.

Früchte einfach im Mixer zu feinem Mus verarbeitet. Dabei sogleich etwa 3-4 EL Zucker hinzufügen, damit er sich auflösen kann, und so lange mixen, daß sich Kerne und Fasern absolut auflösen. Es sollte ein halber ❸ Zum Servieren einen Orangensalat herstellen. Dafür die restlichen Orangen filieren: Zunächst oben und unten eine Kappe abschneiden, dann der Wölbung der Früchte folgend die Schale von Nord- nach Südpol so abschnei-

den, daß auch die weiße Innen-
haut entfernt wird und das
Fruchtfleisch bloß liegt.

❹ Jetzt mit dem Messer die einzelnen Filets aus ihren Kammern
lösen. Dabei über einer Schüssel
arbeiten, damit der Saft aufgefangen wird. Die Orangenfilets mit
Zucker bestreuen. In feine Streifen geschnittene Minze darüberstreuen.

❺ Die Orangengeleetürmchen
werden aus den Förmchen gelöst
und auf Dessertteller gestürzt.
Zuvor mit einem spitzen Messer
vorsichtig vom Rand lösen, dann
kurz in heißes Wasser tauchen –
so rutschen sie ganz leicht aus
ihrer Form.
Rundherum den Orangensalat
anrichten und mit Minzeblättchen
oder mit Pistazienkrümeln dekorieren.

ZUSATZREZEPTE

Piemonteser Käsesauce zum Spargelflan

Fonduta heißt diese Art des geschmolzenen Käses, wie man ihn
in den Bergen des Piemont liebt.
Der Käse, den man dafür verwendet, ist mild, ein Schnittkäse, der
sich sehr vielseitig verwenden
läßt.
Man serviert diese cremige, sanft-
würzige Sauce gern zur Polenta,

zum milden Risotto, aber auch –
und dann wirkt sie frischer und
leichter – zu einem zarten Spar-
gelflan:

❶ Den Spargel putzen, in Stücke
schneiden und in Salzwasser
weich kochen. Abgießen, im Mixer pürieren und durch ein Sieb

streichen. Das Spargelpüree mit
Eiern und Käse verquirlen, dabei
mit Salz, Pfeffer und Muskat würzen. Ist diese Masse zu fest, mit
einem Schuß Milch verdünnen.

❷ In gebutterte Soufflé- oder
Portionsförmchen füllen, diese in
eine Bratenform setzen und hei-

Für 4 bis 6 Personen:
1 kg grüner Spargel,
Salz, 3 Eier, 150 g frisch
geriebener Parmesan,
Pfeffer, Muskat, eventu-
ell ein Schuß Milch,
etwas Butter für die
Förmchen
Käsesauce (Fonduta):
250 g Fontinakäse,
1/4 l Milch, 2 EL Butter,
4 Eigelb, Salz, Pfeffer
und eventuell Muskat

Eine Art Pie: außen Blätterteig, innen Kartoffeln, Lauch und Käse, gewürzt mit etwas Speck. Es ist eine Spezialität aus Saviése, einem Tal oberhalb von Sion – also einer Gegend in der Schweiz, die für ihren guten Käse berühmt ist.

Für eine flache Kuchen-
form von 21 cm Durch-
messer:
250 g Halbblätterteig,
200 g Kartoffeln, 150 g
Lauch, 30 g durchwach-
sener Speck, 150 g Rac-
lettekäse in Scheiben,
Muskat, Salz, 1 mit
etwas Sahne verquirltes
Eigelb

ßes Wasser angießen, bis die Förmchen bis knapp unterhalb des Randes darin stehen. In diesem Wasserbad im 200 Grad heißen Backofen etwa 20 Minuten stocken lassen.

❸ Für die Sauce den Käse in Scheiben schneiden oder raspeln, in der heißen Milch auf mildem Feuer langsam schmelzen lassen, dabei die Butter einrühren. Einzeln die Eigelb einarbeiten. Es sollte eine sanfte Käsecreme entstehen, die nicht zu heiß werden darf, weil sie sonst gerinnt.

❹ Mit Salz (sparsam), Pfeffer (mutig) und Muskat (nach Belieben) würzen. Die Flans aus ihren Förmchen stürzen, mit Käsesauce umgießen und heiß servieren.

Kartoffeltarte mit Bergkäse

Der goldbraune Kuchen sieht bildschön aus und schmeckt umwerfend gut. Man kann ein Tortenstück davon als Amuse bouche zum Aperitif servieren, im Grunde ist es aber natürlich eine ganze Mahlzeit, vor allem, wenn man noch einen grünen Salat dazu ißt.

❶ Den Teig auf bemehlter Arbeitsfläche dünn ausrollen, zwei Kreise ausschneiden: einen vom Durchmesser der Kuchenform, den anderen 10 cm größer. Mit dem größeren Kreis die Form ausschlagen, den Rand dabei überstehen lassen. Kreisförmig die in sehr dünne Scheiben geschnittenen Kartoffeln darauf anordnen.

❷ Darüber eine Mischung aus feinen Lauchstreifen und winzigen, sanft ausgebratenen Speckwürfelchen verteilen. Obendrauf die Käsescheiben legen.

❸ Mit dem zweiten Teigkreis abdecken, rundum die Teigstücke gut zusammenkniffen. Mit einem runden Ausstechförmchen ein Kaminloch hineinstechen, damit Dampf entweichen kann. Die Oberfläche schließlich mit Eigelb einpinseln.

❹ Wer mag, zieht mit einer Gabel noch hübsche Muster. Die Tarte im 180 Grad heißen Ofen etwa 35 Minuten backen, bis sie goldbraun geworden ist.

Endiviensalat mit Knoblauchcroûtons

❶ Die Salatblätter zerpflücken und waschen. Für die Sauce Salz auf einem Arbeitsbrett aufhäufen, den grob zerschnittenen Knoblauch daraufgeben, mit einer stabilen Gabel zu einer Paste zerreiben.

❷ Erst jetzt in eine Schüssel geben, mit Senf, Pfeffer, Essig und Öl zu einer cremigen Marinade rühren. Den Salat damit anmachen. Reichlich in mit viel Knoblauch gewürztem Öl gebratene Weißbrotwürfel darüberstreuen.

Für 4 bis 6 Personen:
1 schöner Friséekopf,
Salz, 3-5 Knoblauch-
zehen, 1 EL Dijonsenf,
Pfeffer, 1 EL Essig, 5 EL
Olivenöl, Knoblauch-
croûtons

Luftiger Käseauflauf zum frischen Salat

Sozusagen eine absolut sichere Version des delikaten Käse-soufflées. Sie gelingt garantiert, schmeckt wunderbar und ist ein herrliches kleines Abendessen. Man braucht nur noch einen frischen Salat dazu und ganz nach Belieben einen säurebetonten, leichten Weißwein oder – an einem kalten Winterabend – einen kräftigen Rotwein. Vielleicht richten Sie sich bei der Wahl des Weins nach dem Käse, den Sie verwendet haben: zu einem Emmentaler oder Greyerzer einen Rotwein aus der Schweiz; zum Grana oder Parmesan einen Chianti; und zu einem alten Gouda vielleicht einen Riesling.

Für 4 Personen:
4 El Mehl, 120 g Butter,
4 Tassen Milch, 4 Ei-
gelb, 200 g geriebenen
Käse, Pfeffer, Muskat,
Paprika, 4 Eiweiß

❶ Das Mehl in der eben aufschäumenden Butter glattrühren. Die Milch hinzufügen. Unter stetem Rühren köcheln, bis eine glatte, cremeartige Sauce entstanden ist.

❷ Neben dem Feuer die Eigelb hineinquirlen. Den Käse unterrühren. Mit Pfeffer, Muskat und Paprika würzen. Den Eischnee behutsam unterziehen. Die Masse in eine gefettete Auflaufform füllen.

❸ Bei 175 Grad (Gas Stufe 2) etwa 20 Minuten backen, bis der Auflauf hochgegangen und appetitlich gebräunt ist.

Die große bunte Salatschüssel

Eine riesige Schüssel voll kunterbunter guter Zutaten ist immer die passende Vorspeise: knackige Salate, viele Kräuter, herzhafter Käse, Schinken, Eier – kurz alles, was der Kühlschrank hergibt. Angemacht mit einer klaren Vinaigrette, damit die einzelnen Zutaten nicht überdeckt werden. Wer Gäste hat, stellt die Marinade am besten in einem Krug daneben aufs Partybüfett. So kann sich jeder seine Portion selber anmachen. Und die Salatblätter und -zutaten bleiben den ganzen Abend über frisch. Statt eines genauen Rezeptes hier eine Liste mit Vorschlägen, was sich alles in der Salatschüssel mischen läßt:

- schmale Streifen von gekochtem Schinken oder Roastbeef, hauchdünne Salamistreifen

- gekochte Tiefseekrabben, ausgelöste Garnelenschwänze

- Würfel von gekochten Eiern oder halbe Wachteleier

- in Zitronensaft gewendete hauchdünne Scheibchen von Champignons

- verschiedene Salate: Kopfsalatherzen, Feldsalatrosetten, Chicoréeblätter, Frisée- oder Endivienstreifen, Radicchioblätter, Brunnen- oder Gartenkresse, glatte Petersilie

- frisches Gemüse: Salatgurke in Würfel geschnitten, in

hauchfeine Ringe geschnittener Fenchel, Radieschenscheiben, gelber Paprika in Ringen, kleine Tomaten in Scheiben, Frühlingszwiebeln, fein gestiftete Zucchini, Stangensellerie in Scheiben

- gekochte Gemüse: Kartoffelwürfel, in Streifen geschnittene Herzblätter von Wirsing – kurz blanchiert oder gedünstet, sehr fein gewürfelte, gekochte rote Bete aus dem Glas, feinste Prinzeßböhnchen oder Zuckererbsenschoten – beide kurz blanchiert, ausgelöste Kerne von dicken Bohnen

- und natürlich Schnittkäse, zuerst in dünne Scheiben, dann in Streifen geschnitten.

Marinade zum Salat

Zutaten für 1/2 Liter:
2 EL scharfer Senf,
knapp 1/4 l sanfter
Obstessig, gut 1/4 l
erstklassiges Öl (Trau-
benkernöl oder Olivenöl
aus erster Pressung),
2-3 Bund Schnittlauch,
Salz, Pfeffer

❶ Senf, Essig und Öl im Schüttelbecher oder im Mixer so lange mixen, bis die Sauce cremig ist. Schnittlauchröllchen hinzufügen, mit Salz und Pfeffer würzen.

❷ Der Obstessig ist mit 3 bis 5 % Säure vergleichsweise mild. Sollten Sie einen Essig mit höherem Säuregehalt nehmen, einen Sherryessig (mit 7-10 %) oder französischen Weißwein- oder Rotweinessig (7 %), verändern Sie besser das Mischungsverhältnis.

Ein *Tip* dazu: Damit die Marinade nicht zu fett wird, nicht einfach die Ölmenge erhöhen, sondern lieber mit etwas Weißwein oder kräftiger Fleischbrühe auffüllen.

Allgäuer Kässpätzle

Für 4 bis 6 Personen:
Spätzle: 350 g Mehl,
1 TL Salz, 7 Eier, ein
paar Tropfen Wasser

Außerdem:
350 g frisch geriebener
Allgäuer Emmentaler,
5 EL Butter, Pfeffer aus
der Mühle, ca. 1/8 l
Fleischbrühe, 400 g
Zwiebeln, Schnittlauch

Aus den Allgäuer Bergen stammt diese Rezeptidee mit Käse – wo die Bauern auf der Alm eben nicht viel mehr hatten als das, was ihr Land lieferte: Milch und Käse, Eier und Mehl. Und wenn der Hof nicht allzu unwirtlich hoch gelegen war, wurden auch die Zwiebeln reif. Die Kässpätzle hängen natürlich von der Qualität der verwendeten Spätzle ab. Und da läßt sich nun einmal nicht leugnen: Selbstgemacht sind sie immer noch am besten!

❶ Die Spätzle kann man bereits am Vortag zubereiten: Mehl, Salz und Eier mit dem Handrührer oder mit einem hölzernen Rührlöffel zu einem fließenden Teig schlagen. Er muß Blasen werfen, erst dann ist er richtig!

❷ Portionsweise jeweils einen guten Eßlöffel davon auf ein angefeuchtetes Holzbrett streichen.

Das Brett über einen großen Topf mit leise siedendem Wasser halten. Mit einem Messer mit langer Klinge in möglichst dünnen Streifen von dem Brett direkt in den Topf schaben.

❸ Sobald alle Teigstreifen oben schwimmen, sind sie gar. Mit einer Schaumkelle herausheben, kurz in eine bereitstehende Schüssel mit heißem Wasser tauchen, um noch anhaftenden Kleber abzuspülen, und beiseite stellen. Wenn alle Spätzle fertig sind, kann man mit der Zubereitung der Kässpätzle beginnen.

❹ Emmentaler frisch reiben. Eine feuerfeste Auflaufform mit Butter einpinseln. Schichtweise Spätzle einfüllen, dabei jede Schicht mit Käse bestreuen, pfeffern und mit etwas Brühe anfeuchten. Die Spätzle dürfen nicht in Brühe liegen, sondern sollen nur davon benetzt sein! Die oberste Schicht besteht aus Käse. Die Form in den 200 Grad heißen Ofen (Gas Stufe 3) stellen.

❺ Die Kässpätzle backen, bis der gesamte Käse geschmolzen ist. Zum Schluß die Zwiebeln in feine Ringe hobeln. Nun in eine große Pfanne in die soeben aufschäumende restliche Butter geben und »schmälzen«, wie man das im Schwabenland nennt: Die Zwiebelringe werden nicht ganz knusprig gebraten, aber auch nicht so langsam gedünstet, daß sie hell bleiben. Goldbraun sollten sie aussehen und schon deutlich Röstgeschmack entwickelt haben. Mitsamt der Butter über die Kässpätzle verteilen.

❻ Schließlich den Schnittlauch in Röllchen schneiden und darüberstreuen. Am besten schmeckt dazu ein Feldsalat, der mit viel Zwiebel angemacht ist und reichlich Salatsauce mit sich bringt. Davon träufelt man sich über seine Spätzleportion. Das macht sie frischer und noch besser bekömmlich.

Käsesuppe mit Brot

❶ Den Wirsing in Blätter teilen, dicke Rippen entfernen und in Salzwasser fünf Minuten vorkochen. Wer die schöne Farbe erhalten möchte, schreckt die Blätter danach eiskalt ab.

❷ Eine feuerfeste Form dick mit Butter ausstreichen, Wirsingblätter, Weißbrot in Scheiben und Käse abwechselnd einschichten, oberste Schicht sollte Brot sein, dick mit Butter bestrichen.

❸ Mit der Brühe auffüllen und für 20 Minuten in den auf 180 Grad vorgeheizten Ofen stellen. Brodelnd heiß servieren!

Für 6 Personen:
1 Wirsingkopf (ca.
800 g), Salz, 75 g Butter,
500 g Fontinakäse in
halbzentimeterdicken
Scheiben, 1 Baguette
(auch altbackene Schei-
ben), 1 l Fleischbrühe

Kleine Käsekunde zum Einkaufen

Es gibt kaum ein Lebensmittel, das sich so schwer vom Aussehen her beurteilen läßt wie Käse: Die häßlichste Rinde kann ein makelloses Herz verbergen und die schönste Schale einen geschmacklosen Kern. Aber es gibt schon Möglichkeiten, sich vom Äußeren her ein Bild zu machen, wobei man sich darüber im klaren sein muß, daß es grundsätzlich zweierlei Käse gibt: die handwerklich hergestellten und die Industriekäse. Erstere können, müssen aber nicht besser sein als gute Industrieprodukte.

Die allerbesten Käse indessen stammen immer aus handwerklicher Produktion, von kleinen Käsereien, von Alm- oder Sennhütten, von Bauernhöfen mit ein paar Kühen, Ziegen oder Schafen. Sie sind deshalb so gut, weil sie individuell hergestellt werden, mit größter Kenntnis um alle Prozesse, mit unendlich viel Erfahrung, und weil jeder Käse sich *persönlich* entwickeln kann und soll. In der industriellen Produktion hingegen muß ein Käse wie der andere schmecken – das Ziel ist ja eine gleichbleibende, den Wert der Marke bestimmende Qualität.

Wie erkennt man Qualität?

Am ersten Eindruck kann man einiges erkennen, aber wenn irgend möglich, sollte man den Käse probieren, um ganz sicher zu gehen. Nie abgepackten Käse kaufen, denn nur vom ganzen Stück her kann ein Käse richtig reifen, atmen und sich entwickeln.

Bei **Schimmelkäse** wie Camembert muß der Schimmel den Käse gleichmäßig »überziehen«, appetitlich aussehen und einen zarten rötlichbraunen Schimmer aufweisen. Ist die Färbung aber schon sehr stark ausgeprägt, ist das ein Zeichen von hoher oder Überreife, der Käse könnte nach Ammoniak schmecken.

Die besten, aus der Rohmilch hergestellten **Weichkäse** aus Frankreich zeichnen sich durch geradezu auffällig ungeschliffenes Äußeres, unregelmäßig geformte und gefärbte Ränder aus.

Käse mit gewaschener Rinde, sogenannter **Rotschmierkäse**, soll nicht wirklich schmierig sein, sondern die Rinde fast trocken. Eine rötlichbraune Farbe verspricht

perfekte Reife und einen milden Geschmack, eine gelbliche Tönung hohe Reife und kräftig-scharfen Geschmack.

Ziegenkäse muß eine feste, glatte Rinde haben, gleichgültig, ob der Käse *nature* angeboten oder mit Asche konserviert ist. Die Schnittfläche soll glatt sein, dann ist der Käse ausgereift. Ist sie hingegen krümelig, so deutet das auf eine ungenügende Reife und unharmonische, jugendliche Säure hin. Das Nußaroma ist noch nicht entwickelt.

Blauschimmelkäse ist ausgereift, wenn er bis zur Rinde hin mit blauen Adern durchzogen ist. Er reift von innen nach außen.

Hartkäse ist gut abgelagert, wenn sich in seinem Teig weiße Pünktchen gebildet haben – aus kristallisiertem Salz.

Emmentaler soll runde, etwa kirsch- bis walnußgroße Löcher haben. Sind die Löcher oval, so ist der Teig bei der Gärung zu hoch aufgegangen und dann wieder zusammengefallen – der Käse kann zu mild oder zu scharf sein, möglicherweise auch bitter. Bei ausgereiftem Emmentaler bilden sich in den Löchern winzige Salzwassertröpfchen – nicht zu verwechseln mit Schwitzwasser, das sich bei falscher Aufbewahrung auf der gesamten Fläche absetzt.

Bei Käse ohne Löcher setzt sich besagtes Salzwasser in den kleinen Rissen in der Rinde ab – etwa bei **Beaufort**, **Comté** oder altem **Edamer.**

Wie bewahrt man Käse auf?

Nur im Kühlschrank! Und zwar in einer Plastikdose mit Deckel oder in einem irdenen Topf mit echter Salzglasur, mit einem Teller zugedeckt. Und zwar jeder Käse einzeln verpackt:

- Blauschimmelkäse in Alufolie

- Weichkäse in Wachs- oder Pergamentpapier

- Hartkäse und Schnittkäse in Frischhaltefolie

Kauft man die Käse nicht ganz reif, so läßt man sie unter eben diesen Bedingungen nachreifen. Bei wärmerer Temperatur geht die Reifung zu schnell vor sich, und die Käse schmecken rasch streng. Und das berühmte nasse Tuch? Unpraktisch, denn es darf einerseits den Käse nicht berühren, aber auch nicht austrocknen – trocknet ein Käse aus, verliert er sein Aroma.

Wichtig: Käse eine halbe Stunde vor dem Essen aus dem Kühlschrank holen.

45

Dämpfen oder: Wirsingpäckchen mit Putenfleisch – Kohlrouladen auf moderne Art

Dämpfen

Häufig spricht man bei uns vom Dämpfen und meint dabei jedoch eigentlich das Dünsten: Meist sind die „gedämpften" Zwiebeln oder Gemüse, von denen jemand erzählt, ganz einfach nur gedünstet, also in etwas Butter oder Öl sanft angeschwitzt und dann im eigenen Saft oder mit etwas fremder Flüssigkeit behutsam gegart.

Das Dämpfen hingegen ist etwas völlig anderes: Die Zutaten garen dabei weder in Flüssigkeit, noch in Fett oder im eigenen Saft, sie werden vielmehr umströmt von heißem Dampf, wobei der Dampf durchaus nicht nur aus klarem Wasser erzeugt werden muß, sondern eine würzige Flüssigkeit sein kann, die dem Gargut zusätzlich Geschmack verleiht. Brühe, Wein oder ein Kräutersud – diese Dämpflüssigkeiten dienen dann nachher gleichzeitig als Basis für eine passende Sauce.

Die Zutaten liegen dabei entweder auf einem Sieb oder, wenn man ihren Saft nicht verlieren will, auf einem Teller oder einem anderen geschlossenen Untersatz.

Der heiße Dampf bewirkt, daß sich die Poren schnell schließen, ohne daß sich eine Kruste bildet. So bleiben die Säfte und Inhaltsstoffe erhalten, die Farbe (zum Beispiel von Gemüse) wird leuchtend, und die Struktur behält ihren Biß. Deshalb gilt das Dämpfen als eine der schonendsten und sanftesten aller Garmethoden.

Und noch ein Vorteil: Man kann auf Fett weitgehend verzichten, es genügen ein paar Tropfen würziges Öl, ein winziges Stück Butter als Aromaträger. Deshalb ist das Dämpfen für alle ideal, die Kalorien sparen wollen.

Zum Dämpfen braucht man keineswegs unbedingt spezielle Geräte: ein Topf, der einen auf einen Untersatz gestellten Teller oder einen Siebeinsatz aufnehmen kann, reicht völlig aus. Trotzdem kann man sich das Dämpfen mit dem richtigen Handwerkzeug ein wenig leichter machen:

- In Haushaltsgeschäften findet man einfache Siebkörbchen aus Metall, die sich zusammenfalten lassen und sich so der Topfgröße stufenlos anpassen.

- In Asien-Shops kann man für wenig Geld praktische chinesische Bambuskörbchen kaufen, die man aufeinanderstapeln und so auf wenig Raum viele Portionen dämpfen kann.

- In Ihrem eigenen Haushalt verfügen Sie vielleicht schon über einen höchst praktischen Dämpftopf:
Der Schnellkochtopf ist im Prinzip nichts anderes, allerdings darf er in diesem Fall nicht unter Druck gesetzt werden

- Ideal ist der chinesische Wok, der hier beweist wie universell er einzusetzen ist. Er ist ausreichend weit geschwungen, so daß er darin auch eine große Platte mit einem ganzen Fisch Platz findet, und er ist richtig geformt, um Bambuskörbchen ohne jeden Untersatz aufnehmen zu können.

UNSER MENÜ

Es ist besonders praktisch für Gäste: Man kann nämlich weitgehend alles in Ruhe vorbereiten, den Nachtisch sogar bereits am Tage zuvor, und sobald die Gäste am Tisch sitzen sind für die einzelnen Gänge nur noch wenige Handgriffe zu tun.

Außerdem ist es ein Menü, das man sich auch gönnen darf, wenn man sonst streng auf die Linie achtet. Wer alle Gänge brav aufißt, hat nicht mehr als 700 Kalorien zu sich genommen. Das kann man sich immer mal leisten, selbst wenn man gerade Figurpro-

bleme hat. Übrigens lassen sich mühelos Kalorien sparen, wenn man auf Wein zum Essen ganz verzichtet – aber, sagt da ein Diätfachmann, (und dem glauben wir gern!), ein Viertel Liter pro Tag ist sogar ausdrücklich gestattet, weil der Alkohol beim Verbrennen hilft und den Stoffwechsel anfeuert.

Vorspeise: Würziger Kräuterflan

Die beiden Champignonköpfe zweigt man einfach von dem halben Pfund Pilze ab, die fürs Hauptgericht eingekauft wurden.

Alle Zutaten für den Flan kann man fertig in die Förmchen verteilt vorrichten; sie können ohne Qualitätsverlust im Dämpftopf eine Stunde warten, bis sie gegart werden. (Sollte es länger dauern, die Förmchen besser im Kühlschrank aufbewahren.)

Apropos Eier: Sie wissen ja, sie sind wegen Salmonellen ins Gerede gekommen. Dabei braucht man durchaus nicht auf Eier zu verzichten, wenn man sicher sein kann, daß sie frisch sind! Denn die ersten vierzehn Tage, werden sie gekühlt, sogar bis zu drei Wochen, sorgt in ihnen ein natürlicher Immunschutz dafür, daß sich

Salmonellen nicht vermehren können. Deshalb sollten Sie darauf achten daß Sie nur Eier kaufen, auf deren Packung der Legetag vermerkt ist. Je aufmerksamer wir Verbraucher darauf achten desto eher müssen sich die Vermarktungsbetriebe darauf einstellen.

Sie selbst können die Frische eines Eis folgendermaßen überprüfen: Bleibt es von Wasser bedeckt am Boden des Gefäßes liegen, ist es höchstens eine Woche alt, also ausreichend frisch. Je steiler es nach oben zeigt, desto älter ist das Ei. Nach sechs Wochen etwa ist soviel Luft eingedrungen, daß es sogar schwimmen kann.

❶ Die Brühe mit den Eigelb und dem ganzen Ei gründlich verkleppern: das ganze Ei zuvor

Für 4 Personen (pro Portion 90 Kcal.): 1/4 l kräftige Hühnerbrühe, 1 Ei, 2 Eigelb (bleiben bei unserem Menü ohnehin bei der Zubereitung der Nachspeise übrig), 1 TL Sojasauce, ein paar Tropfen Sesamöl, etwas abgeriebene Zitronenschale, eine Messerspitze Cayennepfeffer, 2 Champignonhüte, 2 EL Erbsen (tiefgekühlt), 50 g Tiefseegarnelen (eingelegt im Glas), frisches Koriandergrün

durch ein Sieb passieren, um die Hagelstränge aufzufangen. Hagelstränge nennt man die dicken

weißen Fäden, die den Dotter an der richtigen Stelle im Ei festhalten.

❷ Die Eiermasse mit Sojasauce, Sesamöl, Zitronenschale und einer Spur Cayennepfeffer würzen.

❸ Die Pilzhüte kleinwürfeln, mit den Erbsen und den abgetropften Garnelen mischen und in vier Portionsschälchen oder (Suppen-) Tassen verteilen.

❹ Mit der Eiermasse auffüllen. Feingehacktes Koriandergrün einrühren.

❺ Den Kräuterflan über Wasserdampf etwa 15 bis 20 Minuten garen, bis die Masse sanft gestockt ist.

❻ Den Kräuterflan in den Förmchen servieren, aus denen man ihn löffeln kann.

Hauptgericht: Gedämpfte Wirsingpäckchen mit Pilzsauce

❶ Die äußeren, unschönen Blätter des Kohlkopfes ablösen und wegwerfen. Die schönen, inneren Blätter abtrennen und in reichlich kochendem, sehr stark gesalzenem Wasser etwa zwei Minuten blanchieren. Das ist wichtig, weil in der kurzen Blanchierzeit sonst die Blätter nicht genügend Salz aufnehmen können!

Für 4 Personen (pro Portion 300 Kcal.):
1 mittelgroßer Wirsingkohl (ca. 1 kg), Salz, 250 g ausgelöstes Hähnchen- oder Putenfleisch, 250 g gekochte Kartoffeln (vom Vortag), 2 Frühlingszwiebeln, 1 Knoblauchzehe, 200 g Champignons, 1 Ei, Pfeffer, Muskat

Für die Sauce:
1 Schalotte oder 1 Zwiebel, 1 EL Butter, 1 kleine Kartoffel, 2 EL Crème fraîche, Cayennepfeffer, Worcestershiresauce

❷ Mindestens 12 bis 15 Blätter sollten es sein, soviel, wie man Päckchen packen möchte. Mit einer Schaumkelle herausfischen und mit kaltem Wasser abschrecken. Das gelbe Herz des Wirsings in feine Streifen schneiden, ebenfalls ins kochende Wasser werfen und nach zwei Minuten abgießen und eiskalt abschrecken. Die dicken Blattrippen der ganzen Blätter herausschneiden. Die Wirsingstreifen mit einem großen Messer hacken.

❸ Für die Füllung das Geflügelfleisch mit einem scharfen Messer zuerst in dünne Scheiben, diese dann in Streifen schneiden, schließlich quer zu winzig kleinen Würfeln teilen. Auf keinen Fall sollte man das zarte Geflügelfleisch mit dem elektrischen Zerhacker zerkleinern, sonst wird die Struktur des Fleisches zerstört, die Füllung wird dadurch zu weich, ist nach dem Dämpfen wattig und behält keinen Biß.

❹ Die Frühlingszwiebeln in feine Ringe schneiden, die Knoblauchzehe schälen und durch die Presse hineindrücken. Die Kartoffeln reiben oder mit einer Gabel zerdrücken. Die Champignons putzen und im elektrischen Zerhacker oder von Hand fein hacken. Die Hälfte davon in einer Schüssel mit dem Geflügelfleisch, einem Drittel des feingehackten Wirsings und dem Ei mischen.

❺ Diese Farce mit Salz, Pfeffer und reichlich Muskat würzig abschmecken.

❻ Die Wirsingblätter auf einen Tisch nebeneinanderbreiten, damit sie ein wenig abtrocknen und eventuell mit ein wenig Salz, Pfeffer und Muskat würzen. Jeweils einen guten Eßlöffel Füllung in ein Wirsingblatt wickeln, so daß nirgendwo etwas herausquellen kann. Die Päckchen aufrollen, mit der Nahtstelle nach unten setzen, damit sie in Form bleiben, oder sie – wie Krautwickel – mit einem Bindfaden zuschnüren.

❼ Die Päckchen nebeneinander auf ein Dämpfsieb betten, über zweifingerhohem Wasser in einen ausreichend großen Topf stellen und zugedeckt etwa 10 Minuten dämpfen.

Tip: Die Wirsingpäckchen sind gar, wenn sie auf Fingerdruck leichten Widerstand bieten.

❽ Für die Sauce die Schalotte oder Zwiebel fein würfeln und in der heißen Butter andünsten. Die restlichen gehackten Champignons hinzufügen, die rohe Kartoffel schälen und feingehackt oder feingerieben hinzugeben.

Tip: Übrigens, ein diätetischer Vorzug von Dampfkartoffeln: Weil die Inhaltsstoffe, vor allem die Mineralien der Kartoffeln, nicht im Kochwasser herausgezogen und dann weggekippt werden, braucht man Dampfkartoffeln nicht zu salzen – sie schmecken von Natur aus würzig genug!

Tip: Eine roh mitgekochte Kartoffel gibt der Sauce eine schöne sämige Bindung; eine auf solche Weise angedickte Sauce schmeckt einfach besser als mit Mehl gebunden!

❾ Die Wirsingpäckchen warm stellen, etwa 1/4 Liter vom Dämpfsud abmessen und in den Saucentopf gießen. Die Crème fraîche hinzufügen, alles zehn Minuten leise köcheln, bis Zwiebeln, Pilze und Kartoffelstückchen wirklich weich sind. Salzen und pfeffern. Die Sauce schließlich mit dem Pürierstab aufmixen, mit Worcestershiresauce und Cayennepfeffer oder Chilipulver abschmecken.

❿ Den restlichen Wirsing in etwas Butter schwenken, mit Pfeffer und Muskat würzen. Salz wird nicht nötig sein, wenn das Blanchierwasser ausreichend gesalzen war. Die Wirsingpäckchen auf einer Platte anrichten. Die Pilzsauce und das Wirsinggemüse getrennt dazu servieren. Dazu schmecken Dampfkartoffeln.

Beilage: Dampfkartoffeln

Für 4 Personen
(pro Portion 90 Kcal.):
600 g Kartoffeln,
Petersilie

Sie sind ein bißchen aus der Mode gekommen, heute kocht man Kartoffeln meist als Pellkartoffeln in der Schale oder als Salzkartoffeln – in beiden Fällen in Wasser. Früher zog man Dampfkartoffeln vor, die mehr Vitamine und Mineralstoffe behalten, weil sie nicht im Wasser liegend auslaugen, sondern sie, im Dampf gegart, vielmehr in sich einschließen. Den typischen Kartoffeldämpfer findet man wahrscheinlich noch in älteren Haushalten, jener meist

schwarz emaillierte, zweistöckige Topf, in dessen unteren Teil man das Wasser gab, das den Dampf erzeugen sollte, und dessen oberer Teil einen grob gelochten Topfboden hat, auf dem die geschälten Kartoffeln über Dampf gegart werden. Natürlich kann man aber auch jedes andere Dämpfsieb oder jeden anderen Dämpfkorb dafür verwenden.

❶ Möglichst kleine, gleich große Kartoffeln nehmen, die man nicht

zerteilen muß – so behalten die Kartoffeln noch besser Struktur und Inhaltsstoffe. Sie schälen und in den Dämpftopf füllen.

❷ Zugedeckt im heißen Dampf etwa 20 bis 30 Minuten garen. Mit sehr feingehackter Petersilie bestreuen und servieren.

Dessert: Quarkspeise mit Rhabarberkompott

❶ Den Quark mit der Sahne glattrühren. Die Vanillestange aufschlitzen, mit einem spitzen Messer das Mark aus einer Hälfte kratzen und in den Quark rühren. Die Eiweiß mit einem Löffel Puderzuk-

ker langsam cremig steifschlagen und gleichmäßig unter den Quark ziehen. Die Masse in ein mit einem Tuch ausgelegtes Sieb füllen. Im Kühlschrank über Nacht abtropfen lassen.

❷ Für das Kompott den Rhabarber putzen, wenn nötig die Fäden abziehen. Die Stangen schräg in nicht zu große Stücke gleicher Größe schneiden. Mit dem Zucker vermischen und zunächst einmal ein bis zwei Stunden lang Saft ziehen lassen.

❸ Den Rhabarber aufkochen, Zitronenschale, Lorbeerblatt und Vanillestange hinzufügen. Zugedeckt auf kleinem Feuer ein paar Minuten dünsten, bis die Stücke weich sind, aber noch nicht zerfallen.

Für 4 Personen (pro Portion 235 Kcal.):
Quarkspeise: 500 g Magerquark, 1 EL süße Sahne,
1 Vanillestange, 2 Eiweiß, 1 EL Puderzucker

Rharbarberkompott:
ca. 1 kg Rhabarber, 60 g Zucker, Schale einer halber
Zitrone, 1 Lorbeerblatt

❹ Die Rhabarberstücke mit einer Schaumkelle herausheben und beiseitestellen. Den Sud ohne Deckel rasch um die Hälfte einkochen. Den Rhabarber wieder hinzufügen.

❺ Die Gewürze herausfischen. Die Vanillestange aufschlitzen, das Mark herauskratzen und in den Sud rühren. Zitronenschale und Lorbeerblatt wegwerfen. Das Kompott abkühlen lassen.

❻ Zum Servieren die Quarkspeise auf eine große Platte stürzen, das Tuch abziehen, das jetzt ein Muster auf der Oberfläche hinterläßt.
Das Kompott drumherum anrichten oder getrennt dazu in einer Schüssel reichen.

Getränke

Wir servieren auf jeden Fall wie immer ein sprudelndes Mineralwasser, das den Durst löscht.

Zur Vorspeise haben wir, weil das würzige Sesamöl und die aromatischen, ein wenig süßlich abgerundeten Garnelen eine kräftige Ergänzung benötigen, ausnahmsweise nicht einen leichten Weißwein (Kabinett) vorneweg gewählt, sondern gleich eine kraftvolle Spätlese: Einen Riesling den wir auch zum Hauptgang trinken. Wir haben uns für einen Rheingauer entschieden, von dem kleinen Weingut Troitzsch in Lorch am Rhein, aus der Lage Bodental-Steinberg, eine selbstverständlich trockene Spätlese aus dem hervorragenden Jahr 1990, aber mit viel Extrakt und hoher Reife, ausgeprägter Frucht und mächtigem Körper. Ein Maul voll Wein! Freilich könnte man aus allen Gegenden Deutschlands einen ausgezeichneten Begleiter zu unserem Essen finden, einen mit einem guten Gehalt an reifer Säure und hohen Extraktwerten.

Vorzugsweise sollten Sie zu unseren Gerichten diesmal nicht eine eher neutrale Rebsorte wählen, wie Silvaner, Weiß- oder Grauburgunder, sondern eine mit aromatisch ausgeprägter Frucht, also Riesling, Traminer oder Scheurebe. Und unbedingt säurefrisch und trocken, eventuell – bei besonders hoher Säure – auch halbtrocken, auf keinen Fall mild (also gelbes oder grünes Weinsiegel, nicht rotes).

Zum Dessert gehört dann freilich eine vollkommen andere Begleitung, nämlich jetzt unbedingt ein Wein mit einem gewissen Maß an Restsüße, also eine nicht trockene Spät- oder Auslese. Die kann aus jedem Weinbaugebiet kommen, sollte aber auch über eine gewisse Säure verfügen, um mit dem Rhabarber zu harmonieren. Es wäre auch wünschenswert, daß der Wein nicht zu jung und damit noch zurückhaltend, sondern ausgereift ist und sein volles Aroma entfaltet. Wir haben eine Riesling-Auslese von der Mosel gewählt, und zwar eine Brauneberger Juffer Sonnenuhr vom Weingut Fritz Haag. Ein goldgelber Wein, voller Kraft und mit einem ausgeprägten, typischen Moselcharakter.

Marinierte Goldbarschfilets in asienwürzigem Zwiebeldampf

❶ Goldbarschfilets waschen und mit Küchenkrepp gut abtupfen. Aus Sojasauce, Sherry, Sesamöl, ein wenig Pfeffer sowie Zucker eine Marinade rühren. Fischfilets in zwei Zentimeter breite Streifen schneiden. In diese Marinade geben und darin umwenden.

❷ Im Kühlschrank 30 Minuten ziehen lassen. Dabei einige Male wenden, damit alle Stücke gut davon durchdrungen werden. Für den Zwiebelsud die Zwiebeln mitsamt der Schale nicht zu grob hacken. Mit dem Wasser in einen Topf geben und zugedeckt 30 Minuten köcheln.

Für 4 Personen:
600 g Goldbarschfilet,
2 EL Sojasauce, 2 EL
trockener Sherry oder
Reiswein, ein paar
Tropfen Sesamöl, Pfeffer
aus der Mühe, 1/2 TL
Zucker, 350 g Zwiebeln,
1/2 l Wasser, Salz,
1 Stück frische Ingwerwurzel (ca. 4 Zentimeter
lang), 1 rote Chilischote
(frisch oder getrocknet),
1 EL fein geschnittener
Schnittlauch

❸ Die Goldbarschstreifen auf einem Teller, der genau in den Dämpftopf paßt, nebeneinander ausbreiten. Ingwerwurzel schälen, sehr klein hacken und gleichmäßig darüberstreuen.

❹ Die rote Chilischote mit Sorgfalt entkernen und sehr fein hacken oder (falls Sie getrocknete verwenden) zerkrümeln. Ebenfalls über die Fischstreifen streuen. Wie beschrieben, vier Minuten dämpfen.

❺ Sofort, am besten auf demselben Teller, servieren. Oder auf vorgewärmten Tellern anrichten. Zuvor jedoch sparsam Schnittlauch als Farbtupfer darübergeben.

Anmerkung: Ideal ist zum Dämpfen auch ein Dampfdrucktopf. In diesem Falle wird das Druckventil nicht gebraucht. Die Garzeit ist ohnehin so kurz, daß man dessen zeitsparenden Effekt gar nicht ausnutzen kann: Setzen Sie den Fisch auf Alufolie oder, wie im Rezept beschrieben, auf einen Teller in den Siebeinsatz des Topfes. Setzen Sie das Druckventil außer Funktion (entweder rausschrauben oder ausschalten), und dämpfen Sie den Fisch in der genau vorgeschriebenen Zeit.

Seezungenfilets im Sherrydampf

❶ Die Seezungenfilets rasch unter fließendem Wasser abspülen und mit Küchenpapier trocken tupfen. Auf beiden Seiten mit Zitronensaft beträufeln, mit Pfeffer und Salz würzen und mit 1/2 TL zerriebenem Thymian überstreuen.

❷ In einem gut passenden Topf den Sherry zum Kochen bringen. Die Seezungenfilets auf einem Teller ausbreiten. Vier Minuten dämpfen.

❸ Sogleich servieren. Zuvor jedoch mit dem kleingehackten Schnittlauch bestreuen.

Für 4 Personen:
400 g Seezungenfilets,
1 TL Zitronensaft,
schwarzer Pfeffer aus
der Mühle, Salz, 1/2 TL
zerriebener Thymian
Für den Sud:
1/8 l Sherry (trockener)
Zur Garnierung:
2 EL Schnittlauch-
röllchen

Steinbuttfilets auf Algen mit roher Tomatensauce

Das köstliche Gericht steht und fällt mit den Algen. Man kann sie nicht kaufen – sie gelten als Abfall. Aber Sie können sie vielleicht Ihrem Fischhändler abschwatzen: In Algen sind nämlich meist Austern oder andere edle Meerestiere verpackt, damit sie länger frisch bleiben und ihr Meeres-Aroma behalten. Bevor er sie wegwirft, bitten Sie ihn, er möge sie für Sie aufbewahren.

Für 4 Personen:
400 g Steinbuttfilets (oder von der Scholle, von der Rotzunge oder von der Forelle usw.), etwas Zitronensaft, frisch gemahlener schwarzer Pfeffer aus der Mühe, Salz (hier möglichst Meersalz verwenden), 1-2 Handvoll Algen

Für die Sauce:
400 g reife Fleischtomaten, 2-3 Stengel frischer Estragon, Salz, Pfeffer aus der Mühle, Zitronensaft, einige Tropfen Olivenöl (oder Walnußöl)

❶ Die Steinbuttfilets rasch unter kaltem Wasser abspülen. Mit Küchenpapier trocken tupfen. Auf beiden Seiten mit ein wenig Zitronensaft beträufeln. Nun mit Pfeffer überstreuen und sparsam salzen.

❷ In einem Dämpftopf die Algen ausbreiten und mit Wasser knapp bedecken: Die Algen müssen ein festes Bett bilden. Mit Meersalz aromatisieren.

❸ Die Filets auf einem ausreichend großen Stück Alufolie (glänzende Seite nach oben) nebeneinanderlegen. Die Folie rundherum zwei Zentimeter hochkniffeln.

❹ Dieses Folientablett auf das Algenbett setzen. Dabei aber darauf achten, daß kein Wasser die Fischfilets benetzen kann. Dämpftopf gut verschließen. 3-4 Minuten dämpfen. Sofort auf vorgewärmten Tellern anrichten.

❺ Die Sauce am besten schon vorher zubereiten: die 400 g Tomaten häuten, entkernen und mit einem großen Messer auf einem geräumigen Küchenbrett so lange hacken, bis sie Mus geworden sind. Nie im Mixer pürieren, da bekommt es eine andere Konsistenz.

❻ Im feinen Sieb abtropfen lassen. Tomatenmus mit klein gehacktem Estragon, Salz, Pfeffer Zitronensaft und mit Olivenöl (oder Walnußöl) würzen.

❼ Diese püreeartige Sauce neben den gedämpften Filets anrichten.

❽ Zum Schluß mit je einem Estragonblatt dekorieren.

Für 4 Personen:

24 schöne Spinat- oder Mangoldblätter, ca. 1/2 l Hühnerbrühe

Sauce:
2 Eigelb, 2 EL Sojasauce, einige Tropfen Zitronensaft

Füllung:
2 altbackene Brötchen, 1 große Zwiebel, 4 Knoblauchzehen, 1 Bund Petersilie, 2 EL Butter, 4 Liebstöckelblätter, 1 Ei, 1 Eigelb, 2 EL Sonnenblumenkerne, 500 g Rinderhack, 1/2 TL Salz, 6 Pfeffer- und Pimentkörner, 1 EL Worcestershire- und 3 EL Sojasauce

Laubfrösche in Soja-Sabayon

Vorbereiten:
Blätter entstielen, waschen, überbrühen, abschrecken und abtropfen. Brot einweichen. Zwiebel, Knoblauch und Petersilie hacken, in Butter weich dünsten. Mit dem ausgedrückten Brot, Liebstöckel, Ei, Eigelb, Sonnenblumenkernen und Hackfleisch mischen. Mit Salz, Pfeffer, zerstoßenem Piment, Worcestershire- und Sojasauce würzen. Jeweils einen Eßlöffel davon in ein Blatt wickeln.

Zubereiten:
Über Hühnerbrühe 8 Minuten dämpfen. Eigelb mit Sojasauce cremig schlagen. Dämpfbrühe hinzufügen, bis die Sauce eine angenehme Konsistenz hat. Mit Zitrone abschmecken. Zu den Laubfröschen servieren.

Mangoldröllchen in Möhrenschaum

Die Röllchen lassen sich wunderbar vorbereiten. Wer am Einladungstag nicht viel Zeit hat, kann sie sogar bereits am Vortag fix und fertig garen. Sie werden dann nur noch in der Mikrowelle oder im Dampf aufgewärmt.

❶ Nur sperrige Blätter (wie Wirsing oder Spitzkohl) muß man in kochendem Salzwasser blanchieren, die ohnehin biegsameren Mangold- oder Spinatblätter braucht man nur kurz in heißes Wasser zu tauchen, damit sie sich gut verarbeiten lassen.

❷ Für die Füllung Brötchen, Brot oder Brezeln in zentimeterkleine Würfel schneiden. In einer Schüssel vorsichtig mit der kochendheißen Milch benetzen. Nicht alles auf einmal hineingießen – wieviel nötig ist, hängt davon ab, wie trocken das Brot ist und wieviel es aufzusaugen vermag, ohne richtig aufzuweichen.

❸ Während das Brot langsam durchfeuchtet, die kleingewürfelte Zwiebel in der heißen Butter weich dünsten, wobei sie keine Farbe nehmen soll. Etwas abgekühlt mit feingehackter Petersilie, Eigelb und kleingewürfeltem Käse unter die Brotwürfel mischen. Kräftig abschmecken und eine Weile durchziehen lassen. Die Gewürze wirken übrigens am besten, wenn man sie miteinander im Mörser zu Pulver zerreibt.

❹ Wer partout nicht auf eine fleischige Einlage verzichten mag, mischt in die Füllung gewürfelten gekochten Schinken oder auch winzig kleingehackten Speck bzw. luftgetrocknete Salami. Gut schmecken darin auch gehackte

Für 4 bis 6 Personen:
Für die Röllchen:
ca. 40 Blätter vom Schnittmangold oder ca. 500 g Freilandspinat, 4 altbackene Brötchen, ca. 1/8 l Milch, 1 sehr große Zwiebel, 2 EL Butter, 1 dicker Bund Petersilie, 3 Eier, 150-180 g winzig klein gewürfelter Käse, Salz, Muskat, je 1/2 TL Pfeffer- und Pimentkörner, 1 Prise Cayennepfeffer, ein kräftiger Schuß Worcestershiresauce

Für die Sauce:
2 Schalotten, 3 Möhren (ca. 200 g), 100 g Butter, ca. 3/8 l Brühe, Salz, Pfeffer, 1 Prise Cayennepfeffer, gemahlener Kreuzkümmel, Kerbel, Minze oder Petersilie

Pilze, frische Champignons oder eingeweichte Steinpilze.

❺ Erst kurz vor dem Weiterverarbeiten die steifgeschlagenen Eiweiß unter den Teig heben. Jeweils einen Löffel davon in ein Blatt wickeln. Die Päckchen mit der Nahtstelle nach unten nebeneinander auf ein Dämpfsieb in einen breiten, flachen Topf setzen. In aufsteigendem Dampf in ca. zehn Minuten garen.

❻ Für die Sauce die gehackten Schalotten und geraffelten Möhren in zwei Löffeln Butter andünsten. Mit Brühe auffüllen, würzen und in 15 bis 20 Minuten zugedeckt richtig weich kochen. Vorsichtig mit Cayenne, großzügig mit Kreuzkümmel sein, der nichts mit unserem Kümmel gemein hat

und bitte nicht durch ihn ersetzt werden sollte – lieber einfach weglassen, wenn keiner zur Hand ist.

❼ Alles mit dem Mixstab oder im Mixer pürieren, anschließend durch ein feines Sieb streichen. Die restliche Butter in Flöckchen hinzufügen und mit dem Schneebesen oder Mixstab nochmals aufschlagen. Die Bindung mit Butter läßt die Sauce leichter und frischer wirken, als wenn man sie mit Sahne oder Crème fraîche einkocht. Abschmecken und nicht mehr kochen lassen, damit die cremige Konsistenz erhalten bleibt. Abgezupfte Kerbelblättchen, in Streifen geschnittene Minze oder gehackte Petersilie einrühren und zu den Mangoldröllchen servieren.

Ganzer Fisch auf Zucchini

❶ Den Fisch ausnehmen und sorgfältig schuppen. Vorsichtshalber auch die Kiemen herauslösen, denn sie geben, ist der Fisch nicht super frisch, einen unangenehmen Duft ab.

❷ Die Zucchini waschen und in dünne Scheiben hobeln. Eine ausreichend große Platte, auf der der Fisch auch serviert werden kann, die auch natürlich in den Dämpftopf paßt, mit Öl einstreichen und die Zucchinischeiben sehr akkurat und in hübschem Muster darauf auslegen.

❸ Aus dem Zitronenblatt die mittlere, harte Blattrippe herausschneiden, die beiden Hälften schräg in schmale Streifen schneiden. Die Ingwerscheibe schälen, in dünne Scheiben und diese in ähnlich schmale und lange Streifchen schneiden.

❹ Von Zitronenblatt und Ingwer die schönsten Streifchen für die Dekoration, die freilich auch dem Würzen dient, beiseite legen.

❺ Das Zitronengras und die entkernte Chilischote schräg in Scheiben schneiden, die Korianderblätter von den Stielen zupfen. Die Zutaten für die Marinade miteinander verrühren.

❻ Der Fisch sollte wenigstens ein Pfund, aber nicht mehr als zwei Kilogramm wiegen, weil sonst die äußeren Schichten doch zu gar werden, ehe die Hitze das Innere erreicht. Je nach Größe des Kopfes müssen Sie für vier Personen 1 bis 1,5 kg rechnen – es sollte schon ein intakter Fisch sein, der einfach sehr viel schöner aussieht

Für 4 Personen:
1 schöner, frischer Fisch
(ca. 1 kg), 2 mittelgroße
Zucchini, e'was Öl

Gewürze:
1 Würz-Zitronenblatt,
eine etwa 2 cm breite
Scheibe Ingwer, ein etwa
3 cm langes Stück Zitro-
nengras, 1 lange grüne
Chilischote, 1 Büschel
Korianderblätter

Marinade:
2 EL Sojasauce, 4 EL
Sherry, 2 TL Zucker,
2 TL Sesamöl

als ein Torso. Welchen Sie nehmen, ist dabei weniger entscheidend – vorausgesetzt, er hat ein weißes Fleisch.

❼ In den Bauch des Fisches ein wenig Marinade träufeln und durch Drehen verteilen. Weniger schöne Ingwer- und Zitronenblattstreifchen, auch etwas Chili, Zitronengras und Koriandergrün hineinstreuen.

❽ Den Fisch auf das Zucchinibett legen, mit den Gewürzen dekorativ belegen bzw. bestreuen – die gekreuzten Ingwer- und Zitronen-blattstreifen sind traditioneller Dekor.

❾ Im Wok zwei Tassen Wasser zum Kochen bringen. Das Siebgitter einlegen und die Platte mit dem Fisch darauf setzen. Fisch und Zucchini mit der restlichen Marinade gleichmäßig beträufeln. Den Deckel auflegen und den Fisch 20 bis 25 Minuten dämpfen, wobei das Wasser ständig ganz normal, aber nicht übermäßig heftig kochen sollte. Der Dampf soll im Wok zirkulieren, nicht etwa den Deckel klappernd anheben und dabei entweichen.

Beilage:

Reis und Sojasauce zum Stippen. Als Getränk ein klarer, kräftiger Weißwein mit ausgeprägter Frucht.

Anmerkung:

Die Zubereitung im Dampf bekommt einem St. Pierre (Petersfisch) ebensogut wie einem Rotbarsch, Kabeljau oder Schellfisch. Sie eignet sich ganz besonders gut für die kräftig schmeckenden, herrlichen Fische, die aus dem Mittelmeer zu uns kommen und die wir aus französischen und italienischen Restaurants kennen.

Lammrücken – der provenzalische Festtagsbraten zu Ostern

Provenzalisches Ostermenü: Artischocken, Lamm, Lavendeleis

Ein Festessen zu Ostern möchte schon sein. Es sollte viel Eindruck machen, aber in der Küchenorganisation wenig Mühe; vieles sollte sich vorbereiten lassen, damit man als Gastgeber genügend Zeit hat, die nötigen Handgriffe in aller Ruhe zu erledigen, bevor die Gäste dann vor der Tür stehen. Genau ein solches Festmenü haben wir uns diesmal für Sie ausgedacht:

Als Vorspeise: Artischocken

Artischocken sind genau der richtige Auftakt für ein Osteressen. Jetzt sind sie zart, aber schmecken wunderbar kräftig! Sie sind übrigens außerordentlich gesund, wirken blutreinigend, mobilisieren den Stoffwechsel, stecken voller Vitamine und Mineralien. Im allgemeinen kennt man bei uns Artischocken am ehesten noch im Ganzen gekocht, von denen man die Blätter einzeln abzupft, in eine Sauce stippt und dann genüßlich auslutscht. Das allerdings ist eine andere Sorte,

bildet größere Köpfe, hat einen flachen, viel größeren Boden, kommt aus der Bretagne. Wir verwenden diesmal hingegen die kleineren Artischocken aus der Provence; sie sind länglicher, zeigen auch oft eine ins Lila spielende olive Farbe.

Leider ist das Vorbereiten der Artischocken zunächst einmal eine mühsame Sache. Man muß nämlich davon eine ganze Menge wegschneiden. Und angesichts der teuren Preise, die man für das kostbare Gemüse zahlen muß, ist man gern versucht, sparsamer zu sein. Aber es hilft nichts: Zwei Drittel müssen Abfall sein. Sonst beißt man dauernd statt auf zartes Artischockengemüse auf spelzige ungenießbare Teile – und wer will das schon?

Aber auch aus sogenanntem Abfall läßt sich noch etwas zaubern: Zum Beispiel der lange Stiel, den die Artischocken hoffentlich noch dran haben, wenn Sie sie einkaufen. Er dient nämlich dem Gemüse auf dem langen Weg vom Feld bis zum Verbraucher als Nabelschnur, als Wegzehrung. Daraus holt die Frucht sich den Saft, der sie frisch und knackig erhält. Übrigens kann man auch den Stiel noch verwenden: Wir bereiten daraus einen herzhaften Risotto zu. Man schneidet also zuerst einmal die grünen Außenblätter weg, trennt dann das obere Drittel der Frucht einfach mit einem herzhaften Schnitt quer ab und schält schließlich das Herz oder den zarten Boden heraus. Dann werden die Herzen von ihrem Heu befreit – einfach mit einem Löffel die mehr oder weniger harten Haare, die den Boden bedecken, wegschaben. Die geputzten Herzen müssen dann sofort in Zitronenwasser baden, damit sie schön hell bleiben und sich nicht unschön verfärben. Sie werden alsbald aufgesetzt.

Wir bereiten nach einem klassischen provenzalischen Rezept zu: à la Barigoule.

Das Hauptgericht: Lammrücken à la provençale mit Kartoffelgratin mit Spinat

Das Fleisch wie die Beilage duften nach Provence und – das ist für uns sehr wichtig:

Alles soll sich gut vorbereiten lassen, wir wollen nicht allzuviel Arbeit haben und anschließend nicht zuviel Geschirr spülen! Zunächst der Braten: Viele Metzger bieten das Fleisch von hiesigen Lämmern an, sogar in guten Su-

permärkten! Gute Qualität findet man übrigens bei den türkischen Metzgern (im Branchentelefonbuch nachschauen). Gut ist auch das Lammfleisch aus Neuseeland; es kommt tiefgekühlt hierher.

Wichtig: langsam, also im Kühlschrank auftauen, damit die Zellstruktur besser erhalten und der Saft im Fleisch bleibt.

Unser Braten soll saftig sein, das Fleisch zart, durch und durch rosa, also auf keinen Fall durchgebraten. Die Fettschicht auf der Oberfläche, die ja zunächst einmal Schutz ist, lösen wir trotzdem ab. Das Fleisch bekommt nämlich statt dessen eine neue, eine würzige Schicht, die ihm erst das richtige Provence-Parfum verleiht: aus getrockneten Tomaten, Kräutern, Knoblauch, Sardellen und Olivenöl.

Die passenden Getränke

Zur Vorspeise gibt es einen kraftvollen Weißwein, natürlich aus der Provence! Und auch beim Hauptgericht bleiben wir natürlich in der Region – zum kräftig gewürzten Fleisch darf's auch ein kraftvoller Wein sein. Einen intensiv würzigen Wein von den Côtes de Provence, aus Cassis oder von der Rhône.

Damit er sich richtig entfalten kann, wäre es gut, wenn man

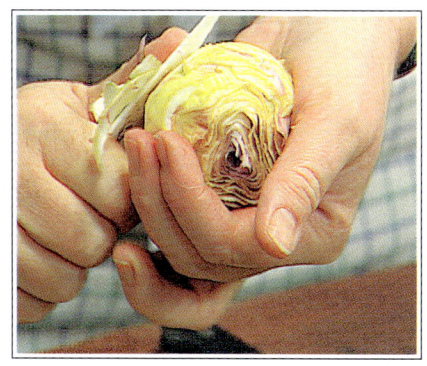

auch das richtige Glas dafür hat: Bauchig sollte es in diesem Fall sein und groß, damit der Wein sich entwickeln kann. Weniger gut sind Gläser geeignet, die schmal und hoch sind.

Für 4 bis 6 Personen:
8-10 Artischocken (je
nach Größe), 2 Zitronen,
75 g luftgetrockneter,
durchwachsener Speck
(keinen geräucherten
Speck verwenden), 3 EL
Olivenöl, 150 g Schalot-
ten, 5-6 Knoblauchze-
hen, 3 Thymianzweige,
1-2 Chilischoten, Salz,
1/2 TL Pfefferkörner,
2 Gläser trockener
Weißwein

EIN FESTMENÜ ZU OSTERN

Artischocken à la Barigoule

Der Name des Gerichts soll sich von „barigoulo" ableiten, das provenzalische Wort für Pilz, aber auch für einen breitkrempigen Hut. Vielleicht, weil die geschälten Artischocken pilzförmig aussehen oder wie ein Hut mit Krempe? Jedenfalls ist es eine in der Provence beliebte Zubereitung – eine Vorspeise, zu der man knuspriges Baguette und einen würzigen Weißwein serviert. Man verwendet dafür die kleinen, provenzalischen Artischocken mit den lila Spitzen, nicht die dicken bretonischen Artischocken, die man vorzugsweise wegen ihres handtellergroßen Bodens liebt.

❶ Die Artischocken putzen, dabei sehr großzügig die harten Außenblätter wegschneiden. Es sind nur die hellgelben bis hellgrünen Teile zart und eßbar. Alles übrige muß rigoros weggeschnitten werden. Die sorgfältig zugeschnittenen Herzen nach Größe ganz las-

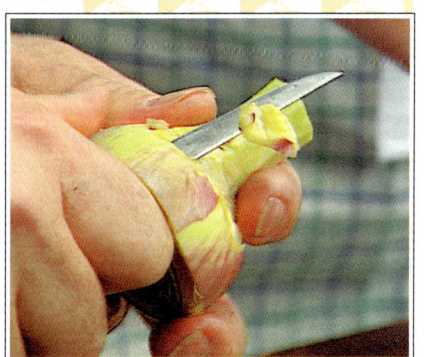

Die dunklen Blätter müssen weggeschnitten werden

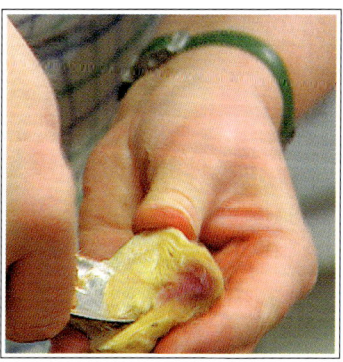

Mit einem Löffel den Heuboden und die harten violetten Spitzen herausheben

Die geschälten Artischocken sofort in Zitronenwasser tauchen

sen oder halbieren, nur sehr große Exemplare werden geviertelt.

❷ Alles, was angeschnitten ist, sofort in Zitronenwasser tauchen. Die geschälten Artischockenherzen bis zur weiteren Verwendung in einer Schüssel mit Zitronensaft gesäuertem Wasser schwimmen lassen. Den Speck, der in dünne

Scheiben geschnitten sein sollte – beim Metzger aufpassen! –, in sehr feine Streifen schneiden.

❸ Das Olivenöl in einem breiten, flachen Topf erhitzen, die Speckstreifen darin sanft andünsten – nicht bräunen! Die Artischocken hinzufügen, ebenso die geschälten und möglichst unzerteilten Schalotten. Nur wenn die Schalotten sehr viel größer sind als die Artischockenstücke, auch sie halbieren – besser ist jedoch, sie bleiben unverletzt; sie garen dann gleichmäßiger und werden durch und durch zart.

❹ Erst wenn das Gemüse rundum angedünstet ist, auch die geschälten, halbierten oder geviertelten Knoblauchzehen hinzufügen. Den Thymian und die Chilischoten mitbräteln, salzen und die Pfefferkörner hineinstreuen, schließlich mit dem Wein ablöschen. Nunmehr den Topf mit einem Deckel verschließen – die Ar-

tischocken etwa 20 Minuten sanft gar köcheln.

❺ Im Sud abkühlen – die Artischocken halten sich darin im Kühlschrank und gut zugedeckt einige Tage. Vor dem Servieren jedoch unbedingt wieder Zimmertemperatur annehmen lassen.

Kartoffelgratin mit Spinat

Für 6 Personen:
1,2 kg möglichst mehlige
Kartoffeln, Salz, 1,5 kg
Blattspinat, Pfeffer,
Muskatnuß, 3-4 Knob-
lauchzehen, 3 EL Oli-
venöl, knapp 1/4 l Milch,
1/4 l süße Sahne, Butter-
flöckchen

Eine wunderbares Kartoffelge-
richt, das im übrigen nicht nur als
Beilage köstlich schmeckt, sondern auch für sich alleine die Gäste glücklich machen kann. In
diesem Fall könnte man zusätzlich
geriebenen Käse auf die Spinat-
schicht streuen. Und außerdem
sollte man dann eine große
Schüssel Salat dazu servieren.

❶ Die Kartoffeln schälen, in drei
Millimeter dicke Scheiben hobeln
(also nicht zu dünn!), in Salzwasser etwa fünf Minuten blanchieren. Abgießen, die Hälfte davon
in einer mit Butter ausgestrichenen Form verteilen. Mit Pfeffer,
falls das Kochwasser nicht ausreichend gesalzen war, auch etwas
Salz und mit Muskat würzen.

❷ Den Spinat sehr sorgfältig verlesen, alle dicken Stiele entfernen, die Blätter mehrmals und

sehr gründlich waschen. Dabei ist
derjenige gut dran, der eine Salatwaschmaschine hat – einfach
die Blätter darin einige Zeit um-
herwirbeln lassen und anschließend ausschleudern.

❸ Den Spinat in reichlich kochendem Salzwasser (im Kochwasser
der Kartoffeln) zusammenfallen
lassen – bereits nach einer Minute abgießen, anschließend kalt
abschrecken, damit der Spinat
seine schöne grüne Farbe behält.
Den Spinat, wenn die Blätter zu
groß sind, auf einem Brett mit
einem großen Messer grob hak-
ken, schließlich auf dem Kartof-
felbett verteilen. Ebenfalls würzen: Dafür den Knoblauch durch
die Presse drücken, mit Olivenöl,
etwas Salz und Pfeffer verrühren
und gleichmäßig den Spinat damit benetzen. Außerdem Muskat
darüberreiben.

❹ Schließlich die restlichen Kartoffelscheiben darüber verteilen, dabei die Oberfläche hübsch und möglichst akkurat anordnen, so daß die Scheiben dachziegelartig übereinanderliegen.

❺ Milch und Sahne verquirlen, mit Salz, Pfeffer und Muskat würzen und über das Gratin gießen – die Flüssigkeit sollte knapp unter der Oberfläche sichtbar werden.

❻ Die Oberfläche mit Butterflöckchen besetzen. Den Auflauf in den zunächst auf 250 Grad vorgeheiz-

ten Ofen auf die untere Schiene stellen, nach einer halben Stunde auf 150 Grad herunterschalten und eine weitere gute halbe Stunde gar ziehen lassen.

Lammrücken auf provenzalische Art

❶ Am besten bereits den Metzger bitten, den Lammrücken küchenfertig zuzubereiten und die gesamte dicke Fettschicht sorgfältig abzutrennen. Falls er das noch

nicht erledigt hat, müssen Sie mit einem langschneidigen, scharfen Messer genau zwischen Fettschicht und Fleisch stechen und mit beherztem Schnitt ablösen.

Für 6 Personen:
1 schöner Lammrücken von ca. 2 kg, 4 EL Olivenöl, Salz, Pfeffer, 1/4 l Rotwein, 1/4 l Lammfond, 1 EL Honig Würzpaste: 75 g getrocknete Tomaten, 4 Rosmarinzweige, 1 Bund glatte Petersilie, 2 Anchovisfilets, 50 g Semmelbrösel, 3 EL Olivenöl

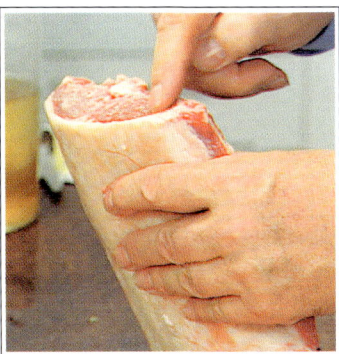

Ein Lammrücken vom türkischen Metzger; hier müssen noch die Seitenteile entfernt und die Filets ausgelöst werden

Das geht ganz einfach, weil das Fleisch noch mit einer dünnen Sehnenschicht geschützt ist, auf der das Fett gar nicht allzu fest aufsitzt.

❷ Den Lammrücken sodann mit der Oberseite nach unten in einem großen Bräter zunächst kräftig anbraten, dabei die Knochenseite schon mal salzen und pfeffern. Das Fleischstück mit einer Fleischgabel und einem Kochlöffel festhalten und langsam drehen, damit es tatsächlich rundum schön angebraten wird.

❸ Den Rücken schließlich auch auf der Knochenseite anbraten, geduldig, damit tatsächlich auch die Hitze durch die Knochen nach oben dringen kann.

❹ Für die Würzpaste sollte man die getrockneten Tomaten einige

Stunden zuvor mit etwas heißem Wasser bedecken und einweichen.

❺ Die Rosmarinnadeln mit einem großen Messer schön fein hacken.

Auch die Petersilienblätter und die Anchovisfilets, schließlich auch die eingeweichten Tomaten fein hacken. Wer mag, kann alle Zutaten auch gleich in den Mixer füllen und zerkleinern. In jedem Fall mit den Semmelbröseln und dem Olivenöl und soviel Einweich-

flüssigkeit wie nötig zu einer streichfähigen Paste mischen.

❻ Diese Paste auf dem Lammrücken verteilen, dabei mit den Händen gut festdrücken. Schließlich den Bräter in den Ofen stellen, und zwar in dem Moment, in dem die Hitze soeben auf 150 Grad heruntergeschaltet wurde. Einfach über den Rost mit dem

❽ Unterdessen den Bratenfond im Bräter mit dem Rotwein ablöschen und loskochen, den Fond angießen und die gesamte Flüssigkeit rasch auf starkem Feuer etwa um die Hälfte einkochen. Die eingekochte Sauce mit dem Pürierstab aufmixen, dabei den Honig zum Abschmecken gleich hinzufügen.

Kartoffelgratin auf den Backofenboden stellen.

❼ Nach etwa 30 Minuten den Bräter wieder aus dem Rohr holen. Den Lammrücken auf einem doppelt gelegten Stück Alufolie, diesmal auf den Rost, zurück in den Backofen stellen. Nach weiteren 10 bis 15 Minuten den Ofen ausschalten, den Braten aber noch mindestens zehn Minuten ausruhen und nachziehen lassen. Das Kartoffelgratin übersteht diese Zeit zusammen mit dem Braten im Backofen auch jetzt noch mühelos – sollten Sie fürchten, er könnte zu dunkel werden, einfach mit Alufolie abdecken.

❾ Zum Servieren dann die Rükkenfilets vom Knochen lösen: zunächst mit einem scharfen Messer

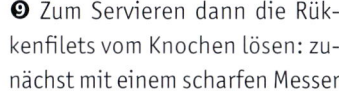

das Rückgrat entlang abschneiden, dann mit dem Messer unter das Fleisch fahren und auch dort vom Knochen trennen.

❿ Die Fleischstücke auf dem Arbeitsbrett schräg in nicht zu dikke Scheiben schneiden und wieder in ihrer Form zurück auf das Knochenbett setzen. Den Rücken auf einer Platte zu Tisch bringen, die Sauce in einer Sauciere und den Auflauf in seiner Form auftragen.

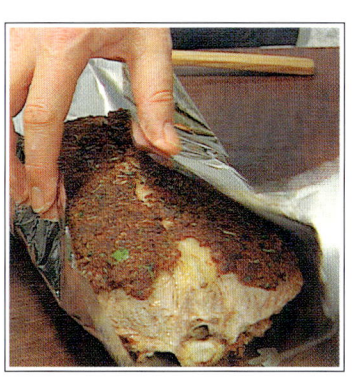

Für 4 bis 6 Personen:
4 Eigelb, 50 g Puder-
zucker, 3 EL Lavendel-
honig, 0,2 l Sahne

Himbeersauce:
1 Paket tiefgekühlte
Himbeeren (etwa 300 g),
75 g Zucker

Lavendelhonigparfait
auf Himbeersauce

Ein Parfait ist immer dann ange-
sagt, wenn man keine Eismaschine hat. Weil die Sahne steifge-
schlagen untergezogen wird,
bleibt das Eis auch so im Gefrier-
schrank herrlich luftig und cremig.

❶ Die Eigelb mit dem Puderzucker
im Wasserbad so lange schlagen,
bis die Masse heiß, sehr dick und
hell geworden ist. Den Honig unterrühren.

❷ Den Topf mit der Masse in eine
Schüssel mit Eiswasser stellen
und die Masse so lange schlagen,
bis sie wieder kalt ist. Die steif geschlagene Sahne unterziehen. Die
Masse in eine Kastenform füllen
und gefrieren.

Tip: Wenn Sie die Form zuvor mit Klarsichtfolie auskleiden, läßt sich das Parfait später leichter aus der Form lösen – man braucht sie nur an der Unterseite mit etwas warmem Wasser zu erwärmen, dann kann man, an der Folie ziehend, das gesamte Parfait herausziehen.

❸ Das Parfait zum Servieren stürzen, in fingerdicke Scheiben schneiden und auf Desserttellern anrichten.

❹ Dazu eine Himbeersauce servieren: Dafür die Beeren mit Zuk-ker bestreut in einem Topf auftauen, dann aufkochen, mixen und schließlich durch ein Sieb streichen.

❺ Das ist wirklich in wenigen Minuten geschehen!

Tip: Man kann auch mehrere Fruchtsaucen auf einmal dazu servieren: sie in großen Klecksen nebeneinander auf den Dessertteller setzen, in die Mitte die Scheibe Vanilleparfait plazieren und schließlich als Dekoration mit geriebenen Pistazien bestreuen.

ZUSATZREZEPTE

Erdbeergratin

Man kann übrigens dieses Dessert mit allen möglichen anderen Früchten ebensogut zubereiten – je nach Jahreszeit. Nicht nur mit Beeren, wie Himbeeren, Johannisbeeren oder Blaubeeren, auch mit Kirschen oder mit in Schnitze zerkleinerten Pfirsichen oder Aprikosen – ein richtiges Grundrezept also!

❶ Die Erdbeeren putzen, nur wenn nötig waschen und dann rasch – nicht im Wasser liegen lassen und noch bevor die Blütenkelche entfernt sind – sonst dringt Wasser ein und die Erdbeeren verlieren Aroma! Die Erdbeeren halbieren oder vierteln – je nach Größe. In einer Schüssel mit Zucker bestreuen und mit etwas Zitronensaft beträufeln.

❷ Für den Teig die Eier mit Zucker und Vanillezucker schaumig rühren, die Orangenessenz und die

Für 6 Personen:
1 kg reife, duftende Erdbeeren, 2-3 EL Zucker, etwas Zitronensaft
Für den Teig: 3 Eier, 3 EL Zucker, 1 Tütchen Vanillezucker, 1 EL Orangenblütenessenz, die obligate Prise Salz, abgeriebene Zitronenschale, 3 El Mehl, 100 g zerlassene Butter, 3/8 l Milch, Butter für die Form und für Flöckchen, Puderzucker

Zitronenschale hinzufügen, dann die Salzprise und das Mehl einarbeiten. Erst wenn diese Masse absolut glatt ist, die flüssige Butter unterschlagen und die Hälfte der Milch. Diesen Teig zugedeckt eine halbe Stunde quellen lassen, damit sich der Kleber im Teig entwickeln kann. Erst dann die restliche Milch unter stetem Schlagen mit dem Schneebesen einarbeiten.

❸ Eine flache, feuerfeste Form mit Butter ausstreichen, die Erdbeeren einfüllen, dabei jedoch den Saft, den sie mittlerweile gezogen haben, auffangen und in den Teig rühren. Über die Erdbeeren gießen, die Form rütteln, damit er sich gleichmäßig verteilt.

❹ Im 200 Grad heißen Backofen 40 Minuten backen, bis die Masse

aufgegangen und die Oberfläche golden ist. Ein Holzstäbchen, das man an der dicksten Stelle in den Teig sticht, darf keinen feuchten Teig mehr zeigen und sollte sich warm anfühlen.

❺ Den Auflauf nicht heiß, aber unbedingt noch warm zu Tisch bringen; zuvor dick mit Puderzucker bestäuben.

PROVENZALISCHE ZUSATZREZEPTE

Gefüllte Artischocken

Für 4 Personen:

4 Artischocken, Zitronensaft, 6 gehäufte EL Semmelbrösel, 2 Bund Petersilie, Salz, Pfeffer, 2 ganze Knoblauchknollen, gut 1/8 l Olivenöl, 3-4 EL Weißwein

Hierfür möglichst große Artischocken nehmen, die dick und flach sind und deshalb gut in der Form stehen können. Die gefüllten Böden schmecken übrigens auch lauwarm, am besten mit frischem Baguette zum Aufwischen des Schmorsafts.

❶ Die Artischocken bis auf ihren Boden von Blättern befreien, am Rand schön glattschneiden, das Heu herausschaben. Die säuberlich hergerichteten Böden rundum mit Zitronensaft einreiben oder in Wasser legen, das mit reichlich Zitronensaft versetzt ist, damit sie schön hell bleiben.

❷ Für die Füllung Semmelbrösel, feingehackte Petersilie, Salz, Pfeffer und durch die Presse gedrückten Knoblauch mit soviel Öl mischen, daß eine streichfähige Paste entsteht. In die gesalzenen Artischockenböden verteilen, schön aufhäufen, daß sich die Füllung nach oben wölbt, und festdrücken.

❸ Nebeneinander in eine flache, feuerfeste Form setzen. Mit Öl und Wein beträufeln. Im Backofen bei 220 Grad insgesamt 40 bis 50 Minuten schmoren – je nach Größe – bis die Böden gar sind. Dabei ab und zu mit ihrer Schmorflüssigkeit beschöpfen.

Artischocken mit weißen Bohnen

Für 4 Personen:
250 g weiße Bohnen,
Salz, eine kleine Hand-
voll Salbeiblätter, 6-8
Artischocken, 1 große
Zwiebel, 3-4 Knoblauch-
zehen, 3 EL Olivenöl,
je 2-3 Rosmarin- und
Thymianzweige, Muskat

Beides paßt glänzend zusammen: die winterlichen weißen Bohnen bekommen durch die Frische der frühlingshaften Artischocken eine erstaunliche Leichtigkeit. Das Gemüse paßt als Beilage zu Fleisch oder ist, mit mehr Flüssigkeit als im Rezept angegeben aufgefüllt, ein herrlicher Eintopf.

❶ Die Bohnen über Nacht einweichen, schließlich mit frischem Wasser großzügig bedeckt, das mit Salz und Salbei gewürzt ist, dreiviertel gar kochen.

❷ Inzwischen die Artischocken bis auf ihr Herz schälen. Nicht zu klein gewürfelt mit feingehackter Zwiebel und Knoblauch im heißen Öl andünsten.

❸ Die Bohnen mit soviel Kochwasser hinzufügen, daß alles knapp bedeckt ist. Die restlichen Kräuter obenauf betten. Zugedeckt etwa 20 Minuten köcheln, bis die Bohnen weich geworden sind. Mit Salz und viel frisch geriebener Muskatnuß abschmecken.

Artischocken mit Erbsen

Vorspeise für 2,
Beilage für 4 Personen:
4 kleine Artischocken,
Zitronensaft, 500 g Erb-
sen in der Schote (das
sind gepalt rund 250 g),
1 junge Zwiebel, 1 Knob-
lauchzehe, 2 EL Öl,
Salz, Pfeffer, 3-4 EL
Kalbsfond, Estragon

Ein großartiger Genuß, vor den die Götter zunächst einmal ziemlich viel Mühe gesetzt haben: Beide Gemüse erfordern Geduld beim Putzen, das obendrein eine Menge Abfall ergibt. Zubereitet ist dieses Gericht dann im Handumdrehn.

❶ Die Artischocken bis auf ihren Boden schälen, sofort mit Zitronensaft einreiben, damit sie sich nicht verfärben. Die Erbsen palen.

❷ Die feingehackte Zwiebel mit der Knoblauchzehe im heißen Öl andünsten, die gewürfelten Artischockenböden hinzufügen und einige Minuten schmurgeln lassen, bevor die Erbsen in die Kasserolle kommen.

❸ Alles salzen und pfeffern, mit Kalbsfond ablöschen und im offenen Topf auf kleinem Feuer gar dünsten. Zum Schluß feingeschnittenen Estragon unterrühren und servieren.

Frühlingsgemüse mit Morcheln

❶ Im heißen Olivenöl die feingewürfelte Schalotte und die geviertelten Knoblauchzehen andünsten, jedoch nicht bräunen. Die
geputzten Morcheln hinzufügen –
kleine Exemplare ganz lassen,
größere halbieren oder vierteln,
sehr große Exemplare auch mehrmals durchschneiden.

❷ Den Spargel schälen, schräg in
morchelgroße Stücke schneiden,
ebenso die geputzten Möhren
akkurat zuschneiden. Die Erbsen
palen, die Saubohnen nicht nur
aus ihrer dicken Schote, sondern
auch aus der die Kerne umschlie-
ßenden dünnen Haut lösen.

❸ Das Gemüse nacheinander zu
den Pilzen geben und nur kurz
dünsten, so daß sie Farbe und Biß
behalten.

❹ Zum Schluß den Kalbsfond angießen, mit Salz und Pfeffer würzen und mit Kerbelblättchen bestreuen.

*Für 2 Personen ein
ganzes Essen, als Bei-
lage ausreichend für 4:
2 EL Olivenöl, 1 Scha-
lotte, 4 junge Knob-
lauchzehen, 100 g
frische Morcheln, je ca.
100 g Spargel (grün und
weiß), Möhren, Erbsen
und Saubohnen, ein
guter Schuß Kalbsfond,
Salz, Pfeffer, Kerbel*

Spinat mit Rosinen und Pinienkernen

Schmeckt als Beilage, zum Beispiel zu kurzgebratenem Lamm,
kann aber ebensogut eine kleine
Vorspeise sein:

❶ Die Rosinen im Rosé einweichen. Inzwischen den Spinat verlesen, entstielen und mehrmals
gründlich waschen. Die feingehackten Knoblauchzehen in ei-

nem großen flachen Topf im heißen Öl andünsten. Die Rosinen
samt Einweichflüssigkeit hinzufügen, so lange dünsten, bis diese
völlig verdampft ist.

❷ Die Pinienkerne in den Topf geben und kurz anbraten. Dann den
Spinat hinzufügen und zusammenfallen lassen, dabei salzen.

*Für 4 Personen:
3 EL Rosinen, 4 EL Rosé
oder Weißwein, 500 g
Spinat, 3-4 Knoblauch-
zehen, 3 EL Olivenöl,
3 EL Pinienkerne, Salz*

Gebackener Knoblauch

Der erste junge Knoblauch im Sommer ist einfach unwiderstehlich zart, duftet ganz und gar nicht aufdringlich und wird, im Ofen gebacken, zum köstlichen Gemüse. Entweder als Beilage zum gebratenen oder gegrillten Fleisch oder pur, einfach auf einem Stück geröstetem Brot – ein herrlicher Genuß!

❶ Den Stiel der Knoblauchknollen direkt über den Zehen abschneiden. Die Häute soweit ablösen,

daß sie die Zehen unten noch umschließen, von oben jedoch die Hitze ungehindert eindringen kann.

❷ Nebeneinander in eine feuerfeste Form setzen, mit Öl beträufeln, salzen und pfeffern. Für etwa 40 bis 45 Minuten in den 180 Grad heißen Backofen stellen.

Sollten die Knollen dabei zu verbrennen drohen, mit Alufolie abdecken.

Pro Person:
1 ganze Knoblauchknolle, 1 EL Olivenöl, Salz,
Pfeffer

Artischocken-Omelett

Entweder in einer sehr großen Pfanne ein Omelett für zwei bakken oder nacheinander in einer Portionspfanne.

Für 2 Personen:
2 große Artischocken,
2 Knoblauchzehen, 2 EL
Olivenöl, Salz, Pfeffer,
4 Eier, Petersilie

❶ Die Artischocken völlig entblättern, ihr Herz oder die Böden in dünne Scheiben schneiden und zusammen mit dem feingehackten Knoblauch im heißen Öl in einer Omelettpfanne dünsten, bis sie gar sind, aber noch Biß haben. Dabei salzen und pfeffern.

❷ Inzwischen die Eier gründlich verquirlen, mit Salz und Pfeffer und reichlich feingehackter Petersilie würzen. In die Pfanne gießen und bei mittlerer Hitze stocken lassen, wobei die Unterseite zart bräunen darf.

75

Hähnchenbrust in Morchelrahm

❶ Die gehäuteten Hähnchenbrüste im heißen Olivenöl anbraten, dabei zart bräunen. Mit Salz und Pfeffer würzen. Herausnehmen und zugedeckt beiseite stellen.

❷ In der Pfanne die Butter erhitzen, die Schalotte und den in Ringe geschnittenen Lauch andünsten. Die Morcheln hinzufügen.

❸ Nach etwa fünf Minuten mit Wein ablöschen. Einige Minuten köcheln, dabei mit Salz und Pfeffer abschmecken. Zum Schluß die Sahne hinzufügen.

❹ Den Morchelrahm über die Hähnchenbrüste gießen und sofort servieren.

Für 2 Personen:
4 ausgelöste Hähnchenbrüste, 2 EL Olivenöl,
Salz, Pfeffer, 1 EL
Butter, 1 Schalotte,
1 Lauchstange, 100 g
frische Morcheln, 1/8 l
Weißwein, 4 EL Sahne

Morchelcremesüppchen

Wer auf getrocknete Morcheln zurückgreifen muß, weicht sie zunächst ein: mit kochendheißer Milch überbrühen und eine halbe Stunde ziehen lassen – die Milch verleiht ihnen durch ihr Fett übrigens etwas Geschmeidigkeit und verstärkt ihren Geschmack! Wer frische Morcheln hat, putzt sie großzügig – die Füßchen oder von Schnecken angefressene Hüte sehen im Ragout nicht schön aus, ergeben aber immer noch eine wohlschmeckende, höchst appetitliche Suppe!

❶ Die Morchelabschnitte mit der feingehackten Zwiebel in heißer Butter andunsten, bis die Zwiebel weich ist.

❷ Die gehackte Petersilie hinzufügen. Mit Wein und Brühe ablöschen. Zugedeckt etwa 15 Minuten köcheln, bevor die Crème fraîche hinzugefügt wird. Aufkochen.

❸ Die Suppe im Mixer pürieren. Mit Salz, Pfeffer und Cayenne abschmecken.

Für 4 Personen:
ca. 200 g Abschnitte
frischer Morcheln oder
25 getrocknete Morcheln, 1 Zwiebel, 20 g
Butter, 1 Bund glattblättrige Petersilie,
1 Glas trockener Weißwein, 1/4 l Hühnerbrühe,
100 g Crème fraîche,
Salz, Pfeffer, 1 Prise
Cayennepfeffer

Gebackene Akazienblüten und Salbeiblätter mit eingemachten Feigen

Das Parfum der Akazienblüten ist unwiderstehlich und paßt zum Duft des Salbei vorzüglich. Man pflückt sie, sobald sich die Knospen gerade eben geöffnet haben. Der Ausbackteig ist süß, aber trotzdem mit Olivenöl gewürzt. Wenn man ihn für pikante Backwaren verwenden will, läßt man den Zucker weg und würzt mit Salz.

❶ Eigelb, Mehl, Zucker, Olivenöl und Wein mit dem Schneebesen glatt schlagen. Mindestens eine Stunde in den Kühlschrank stellen – besser sogar bis zum nächsten Tag! –, damit sich der Kleber im Mehl ausbilden kann, der den Teig elastisch und knusprig macht. Erst unmittelbar vor dem Servieren das mit einer Prise Salz steif geschlagene Eiweiß unter den eiskalten Teig mischen.

❷ Die absolut trockenen Akazienblüten und Salbeiblätter nacheinander durch diesen Teig ziehen, etwas abschütteln, damit die einzelnen Blüten nicht vom Teig zusammengeklebt werden.

❸ In heißem Öl goldbraun bakken. Nicht zu viele auf einmal ins heiße Fett geben, damit nichts

zusammenklebt und die Öltemperatur nicht zu sehr abgesenkt wird. Auf Küchenkrepp abtropfen.

❹ Dazu schmecken eingemachte Feigen. Sie werden in der Saison, im späten Sommer, auf Vorrat eingekocht: Auf 1 kg reife, blaue Feigen, die vorsichtig geschält wurden, jedoch nicht zerkleinert, 1 kg Zucker verteilen.

❺ Zugedeckt über Nacht stehenlassen, bis sich der Zucker völlig aufgelöst hat. Diesen Saft in einen Topf abgießen und sirupartig einkochen. Erst dann die Früchte hinzufügen und so lange kochen, bis sie weich sind und der Saft dick geworden ist.

Für 4 Personen:
Teig:
2 Eigelb, 120 g Mehl,
2 EL Zucker, 2 EL Olivenöl, 1/4 l Weißwein,
2 Eiweiß, Salz

Außerdem:
Akazienblüten, Salbeiblätter, Öl zum Fritieren

❻ Heiß in Schraubgläser füllen und sofort verschließen. So halten sich die Früchte jahrelang. Sie schmecken zu Desserts, Cremes, Crêpes oder einfach so …

Sukiyaki –

Einladung zu einem gesesligen Essen aus Japan

Beim Sukiyaki wird am Tisch gekocht!

Viele Tellerchen und Schüsselchen bestimmen den japanisch gedeckten Tisch

Heute geht's bei uns ausgesprochen fernöstlich zu: Wir laden zu einem japanischen Abend ein. Es gibt Sukiyaki – gesprochen übrigens Skiyaki – das u wird verschluckt. Dabei handelt es sich um eine sehr gemütliche Sache. Man sitzt rund um einen Topf, der auf einem Rechaud in der Tischmitte steht, und jeder Gast kocht sich darin sozusagen sein Süppchen selber. Aber: Es ist kein Fleischfondue, auch kein Feuertopf – das haben wir ja schon mal miteinander zubereitet, sondern etwas ganz Neues: Auf dem Rechaud steht ein richtiger, möglichst schwerer, flacher Topf. Ideal ist Gußeisen, es kann auch eine schwere, tiefe Eisenpfanne sein. Und das Rechaud sollte richtig heizen, mit Gas oder Spiritus, ein Teelicht genügt nicht.

Natürlich wird man für einen solchen Abend sich auch mit der Dekoration ein wenig Mühe geben, den Tisch stilgerecht decken, die entsprechenden Requisiten besorgen: Gegessen wird – wenigstens versuchsweise! – mit Eßstäbchen. Japanische Eßstäbchen sehen übrigens anders aus als chinesische: Sie laufen spitz zu und sind kürzer als chinesische.

Lassen Sie sich im Asien-Laden beraten, man wird sich dort freuen, auf neugierige Ohren zu treffen! Bänkchen für Eßstäbchen gibt's dort auch, in vielerlei Variationen. Und japanisch anmutendes Geschirr ebenso. Es ist stets besonders klar in der Form, meist sehr edel und zurückhaltend.

Japans Küche kommt bei uns in Mode

Es begann vor ein paar Jahren mit der *Sojasauce*, die inzwischen ihren festen Platz in unserem kulinarischen Bewußtsein hat. In japanischen Spezialgeschäften, die man längst in fast allen Großstädten findet, entdeckt man heute hunderterlei Spezialitäten! Und immer mehr Restaurants, vor allem in den Großstädten.
Sushi, Reishäppchen mit rohem Fisch, *Sashimi,* kunstvoll schlicht und akkurat geschnittener roher Fisch, *Teppan,* jene in Tisch oder Tresen eingelassene Edelstahloder Steinplatte, auf der vor den Augen der darumsitzenden Gäste alle möglichen Speisen gegart werden, *Tempura,* in hauchzartem Teig fritierte Gemüse, und andere Speisen haben längst bei uns ihre Fans gefunden.

Was die japanische Küche so bekömmlich macht

Die japanische Küche gilt als die gesündeste der Welt – denn die Zusammensetzung und die Auswahl der Speisen entspricht weitgehend den Idealvorstellungen der Ernährungswissenschaftler: hochwertiges, leicht verdauliches Eiweiß (viel Fisch und Sojaprodukte), möglichst viele ein- und mehrfach ungesättigte Fettsäuren (Fisch und Pflanzenöle), wenig tierisches Fett (Fleisch ist seltene Kost), wenig ernährungsphysiologisch „hohler" Zucker, genügend Ballaststoffe und wertvolle Kohlenhydrate (Reis), ausreichend Vitamine (unter anderem durch gesalzene und milchsauer vergorene Gemüse, die viel Vitamin C enthalten – wie unser Sauerkraut), Mineralien und Spurenelemente (die Algen und Seetang reichlich liefern sowie der Reis – besonders das den Körper entwässernde Kalium), viel Obst und als Getränk hauptsächlich ungesüßten Tee. Nicht umsonst erreicht das japanische Volk das höchste Durchschnittsalter der Welt!

Wer einmal in Japan war, und sei es nur ein paar Tage, wer dann nur auf die althergebrachte, klassische Weise japanisch gegessen hat – also auch seine Frühstücksgewohnheiten vergessen, kalorienreiches Bier und Cola verachtet

und auf Fast food und Eiscremes verzichtet hat – der weiß, wie gut das tut: Man kann den ganzen Tag speisen, hat niemals Hunger, fühlt sich dank wunderbarer Verdauung nie schwer und kehrt um einige Pfunde erleichtert nach Hause zurück.

Übrigens: Kaum, daß Japan überzogen wird von Fastfood-Ketten, die Kinder sich Cornflakes und Cola reinhauen, die Erwachsenen Whisky, Bier und Wein entdecken, Hamburger mit Ketchup, Fritten und Eis die lukullischen Wunschlisten anführen, machen sich die Folgen dieser Ernährung bemerkbar:

Die Lebenserwartung geht zurück, und unsere westlichen „Zivilisations"-Krankheiten (Herz- und Kreislaufbeschwerden, Rheuma, Krebs) nehmen zu. Die Japaner lieben rohen Fisch, in Form von *Sashimi,* das ist sorgfältig zugeschnittenes Fischfilet, ganz pur oder als Sushi – jene bildschönen mundgerechten Häppchen aus gesäuertem Reis, mit rohem Fisch belegt. Typisch für die alltägliche Küche sind jedoch Eintöpfe oder Pfannen mit Reis, stets gemischt mit Gemüse und ein wenig Fisch oder Fleisch. Vor allem aber liebt man Nudelsuppen: entweder mit dem bräunlichen *Soba* aus Buchweizenmehl, wie man sie vor allem im Norden des Landes schätzt, oder mit dem fast weißen

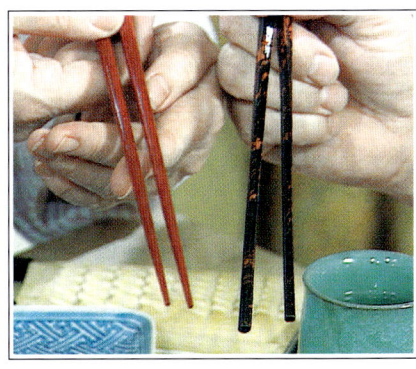

Links japanische Eßstäbchen und rechts chinesische

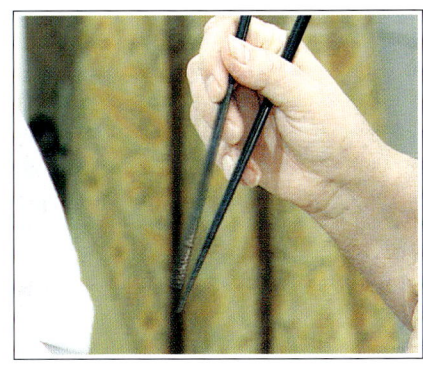

So hält man die Stäbchen richtig. Das untere Stäbchen hält man zwischen Daumen und kleinen Finger absolut fest, das obere Stäbchen ist beweglich.

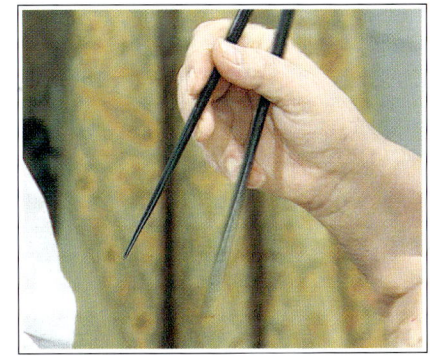

Japanische Zutaten sind häufig getrocknet, deshalb lange haltbar

Kombu und Bonitoflocken ...

... werden mit Wasser aufgebrüht, und es entsteht Dashi

Udon aus Weizenmehl. Dazu gibt's ganz verschiedene Einlagen: Geflügel, Rindfleisch, Innereien, Fisch, Garnelen oder Muscheln – immer mit viel Gemüse, Pilzen, Kräutern und Fleisch – am häufigsten kommen Rind und Huhn auf den Tisch – wird vor der Zubereitung in der Pfanne, auf dem Grill oder im Backofen meist in Sojasauce, Sake (Reiswein) und Zucker getaucht, damit die Oberfläche beim Rösten karamelisiert 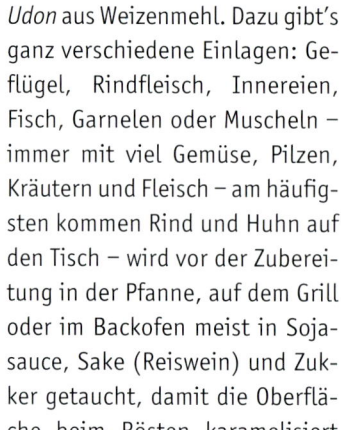 und ein intensiver Geschmack entsteht. Gemüse, Fisch und Meeresfrüchte, Fleisch und Reiszubereitungen werden auch gerne im schwimmenden Fett ausgebakken:

Tempura. Angeblich haben erst die Portugiesen diese Garmethode nach Japan gebracht – die Japaner sind aber inzwischen Weltmeister in der Zubereitung knuspriger und vor allem leichter Teighüllen.

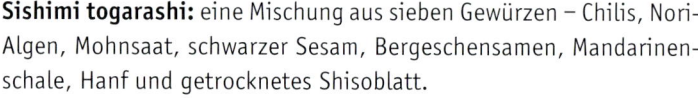

JAPANISCHE ZUTATEN

Dashi: Was für uns die Fleischbrühe, ist für die japanische Küche *dashi*, die Grund- und Basisbrühe, die man für alles und jedes gebrauchen kann. Sie ist blitzschnell hergestellt: 1 streichholzschachtelgroßes Stück *Kombu* und 2 EL *Bonitoflocken* werden mit 1/4 l kochendem Wasser aufgebrüht. Fertig ist der klare, frisch nach Meer duftende Sud.

Bonitoflocken: Das sind hauchdünn geschabte rosa Flocken von geräuchertem, luftgetrocknetem Thunfisch.

Kombu: getrockneter Seetang von olivgrüner Farbe, der unter anderem auch für den *Sushi-Reis* nötig ist und ihm einen Hauch von Meeresduft verleiht.

Sishimi togarashi: eine Mischung aus sieben Gewürzen – Chilis, Nori-Algen, Mohnsaat, schwarzer Sesam, Bergeschensamen, Mandarinenschale, Hanf und getrocknetes Shisoblatt.

Sojasauce ist das unverzichtbarste Gewürz. Japanische Sojasauce wird zu gleichen Teilen aus Soja und geröstetem Weizen gebraut, ist leichter, frischer und delikater als die chinesische und gehört zu allen Speisen, in die Küche und auf den Tisch.

Algen: Sie finden in der japanischen Küche in verschiedensten Formen Verwendung, zum Beispiel:

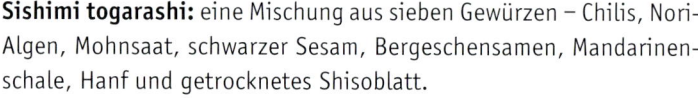

Nori: papierdünne Blätter aus einer bestimmten Seetangart. Sie sind dunkel, schwarzgrünlich oder haben einen rötlichen Schimmer. Es gibt sie eckig und rund. Sie dienen als eßbare Hülle für bestimmte Sushi, auch in Streifen geschnitten oder in Stücke gerissen als Gewürz zum Reis. Vor Gebrauch müssen die rascheltrockenen Blätter geröstet werden, damit sie ihr Aroma entfalten: Entweder über einer (Gas-)

Wakame, Algen, in diesem Fall getrocknet

Die getrockneten Algen werden mit kochendem Wasser übergossen und eingeweicht

Flamme oder in einer trocken erhitzten Pfanne.

Hijiki: braunschwarze Seetang-Röllchen, die nur noch mit kochendem Wasser überbrüht einige Minuten eingeweicht werden und dann ein kleines Häppchen zum Tee oder Aperitif sind. Man stippt sie vor dem Essen in Sojasauce.

Wakame: Algen, die im getrockneten Zustand wie chinesische Wolkenohrpilze aussehen, nach dem Einweichen in kaltem Wasser sich noch mehr vergrößern als diese und leuchtend grün aussehen. Schmecken mit Essig oder Zitronensaft und Sojasauce angemacht wunderbar als erfrischender Salat.

Die Algen vergrößern ihr Volumen nach dem Einweichen um ein Vielfaches

Wichtig: Algen enthalten Jod, bis zu 460 Milligramm pro Kilo. Soviel kann man natürlich niemals auf einmal verspeisen – dennoch ist in Deutschland vorgeschrieben, daß Algen mit einem Warnhinweis versehen werden, denn mehr als 200 Mikrogramm sollte man pro Tag nicht zu sich nehmen. Das sagt jedenfalls die Deutsche Gesellschaft für Ernährung.

Warum die Japaner davon offenbar unbeeinflußt sind und dies nicht für nötig halten, verraten diese Hinweise uns nicht. Jedenfalls sprechen die Gesundheitsdaten Japans und die hohe Lebenserwartung in diesem Land eher für die Bekömmlichkeit von Algen als dagegen ...

Wakame mit Essig oder Zitronensaft und Sojasauce anmachen

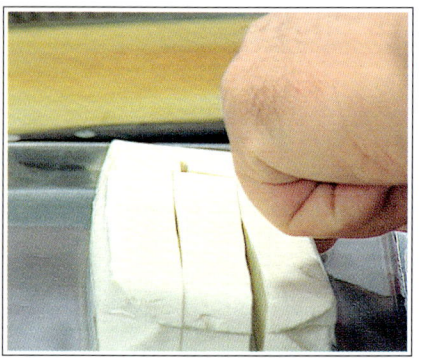

Tofu: aus Sojabohnenmilch hergestellter Quark. Sehr gesund, sehr eiweißreich – im Geschmack neutral.

Sake ist Reiswein – es gibt viele Qualitäten. Man trinkt Sake auf Körpertemperatur erwärmt oder auch eisgekühlt. Mirin ist süßer Reiswein und wird nur zum Kochen verwendet.

Ponzu: eine kräftige Sauce auf Zitronenbasis, die man zum Würzen von Sashimi verwendet, zum Anmachen von Salaten und zum Abschmecken von Suppen und Saucen für Meeresfrüchte. Läßt sich gut durch mit ein wenig Wasser verdünnten Zitronensaft ersetzen.

Reisessig: milder Essig (3-4 % Säure) aus Reiswein – läßt sich durch verdünnten Obstessig ersetzen.

Sake: japanischer Reiswein (17-20 Volumenprozent), ist im Gegensatz zum chinesischen wasserhell. Er wird aus vergorenem Reis hergestellt und ist Japans wichtigstes alkoholisches Getränk. Man liebt ihn im Winter auf Körpertemperatur erwärmt – dann serviert man ihn in kleinen Portionskaraffen aus Porzellan; im Sommer dagegen schätzt man ihn eisgekühlt – in diesem Fall reicht man ihn in quadratischen Behältern aus Holz, auf dessen Ecke man etwas Salz aufhäuft, mit dem man den Sake würzt. Auch beim Kochen findet Sake weitverbreitete Verwendung. Man kann ihn dann durch trockenen Sherry (Fino oder Manzanilla) ersetzen.

Mirin: gesüßter Reiswein, den man ausschließlich zum Kochen verwendet. Man nimmt ihn gern zum Überglänzen, kann ihn übrigens ohne weiteres durch Sake, den normalen Reiswein, ersetzen, den man mit Zucker oder Honig süßt. Läßt sich auch durch süßen Sherry ersetzen (cream oder medium dry).

Tofu: Kaum ein Lebensmittel ist so bekömmlich, nahrhaft, reich an Eiweiß, Mineralien und Spurenelementen, kurz – so vollwertig wie Tofu. Die weiße, puddingartige Masse aus gemahlenen Sojabohnen haben die Chinesen erfunden. Und die buddhistischen Mönche Chinas, denen ja Fleischgenuß versagt war, haben die schönsten Ideen rund um Tofu entwickelt. Denn Tofu liefert alles, was der Mensch so braucht. Die Rohköstler und Alternativen haben das längst auch hierzulande entdeckt. Deshalb kann man den quarkähnlichen Stoff auch bei uns überall kaufen. In China- oder Körnerläden frisch, in Supermärkten vakuumverpackt, monatelang haltbar.

DIE REZEPTE

Eiergelee

Sieht bildschön aus, läßt sich fabelhaft vorbereiten und macht kaum Mühe:

❶ Die Eier mit Dashi, Mirin (gesüßter Reiswein, wenn sie den nicht finden, dann können sie auch Sake mit Puderzucker verrühren oder Sherry verwenden) und Sojasauce verquirlen.

❷ Die sorgfältig gewaschenen und abgetrockneten Garnelen mit

Sesamöl, Sojasauce und Chili marinieren.

❸ Sechs Tassen oder Schälchen mit Klarsichtfolie auslegen, die marinierten Garnelen, die Erbsen und jeweils einige Korianderblättchen darin verteilen.

❹ Gleichmäßig die Eier darübergießen, auf jeden Fall durch ein Sieb, damit die Hagelstränge aufgefangen werden, die in der Eierschale das Eigelb innerhalb des Eiweiß festhalten.

❺ Die Folie hochschlagen, darüber zusammenfassen und wie einen Beutel sorgfältig mit einem Bindfaden verschnüren.

Für 6 Personen:
6 Eier, 7 EL Dashi, 3 EL Mirin, 1 EL Sojasauce

Außerdem:
150 g rohe Garnelen, 1 TL Sesamöl, 1 TL Sojasauce, etwas Chilipulver (oder japanisches Chiligewürz), 4 EL feine Erbsen, Koriandergrün

Für die Sauce:
1/4 l Dashi, 2 EL Sake, 2 EL Mirin, 1 EL Sojasauce, 1 TL geriebener Ingwer, 1 EL Zitronensaft

❻ In leise siedendem Wasser zehn Minuten stocken lassen – das Ei-ergelee fühlt sich elastisch-fest an, wenn es gar ist. Auf keinen Fall heftig kochen, sonst entstehen unschöne Bläschen.

❼ Für die Sauce Dashi mit Sake, Mirin und Sojasauce zehn Minuten leise köcheln, dabei den Ingwer gleich zu Beginn durch eine Knoblauchpresse hinzufügen. Zum Schluß mit Zitronensaft würzen.

Schälchen anrichten. Mit etwas Sauce beträufeln und mit Korianderblättern garnieren.

❽ Zum Servieren die Folienbeutel auspacken, jedes Geleebällchen auf einem kleinen, japanischen

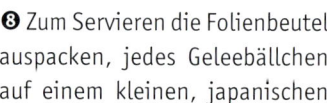

❾ Den Rest der Sauce getrennt dazu servieren, damit sich jeder seine Portion nachwürzen kann.

DAS HAUPTGERICHT

Sukiyaki

Es ist eine Art geschmorte Version des Fleischfondue oder des uns bereits vertrauten asiatischen Feuertopfes.

Man braucht ein kräftige Hitze spendendes Rechaud dafür, damit die Zutaten im flachen, weiten Topf (möglichst aus schwerem Eisen, das die Hitze gut speichert und weitergibt) schmoren können. Also einen Gaskocher, gut ist auch ein Tisch-Wok geeignet, der elektrisch beheizt wird – ein einfaches Teelicht genügt jedoch nicht. Und die Gäste übernehmen die Kocharbeit.

❶ Das Fleisch am besten schon vom Metzger auf seiner Aufschnittmaschine in dünne Scheiben schneiden lassen (3 Millimeter stark). Damit sie unbeschadet den Transport überstehen, ihm am besten gleich die (idealerweise vorher mit geschmacksneutralem Öl eingestrichene) Fleischplatte bringen, damit er es sofort darauf anrichten kann und man das Fleisch nicht mehr umbetten muß.

Türmchenkohl

❷ Alle Gemüse waschen und vorbereiten: Pilze einweichen, die Stiele entfernen. Frühlingszwiebeln, Kohlblätter, Spinat, Lauch, Champignons, Bambussprossen und Möhren in Stücke, dünne Scheiben oder feine Streifen schneiden. Nach Sorten und Farben sortiert hübsch auf großen Platten anrichten.

Für 6 Personen:
1000 g abgehangene Rinderlende (ohne Haut und Sehnen),
Gemüse: 12 Shiitake-Pilze, 6-8 Frühlingszwiebeln, 1 mittelgroßer Chinakohlkopf, 2 Handvoll Spinatblätter, 2-3 Lauchstangen, 8 Champignons, 200 g Bambussprossen, 2 Möhren, 200 g Tofu

Außerdem:
75 g Rinderfett zum Anbraten, 3 EL Zucker, 1/8 l Sake, 1/8 l Sojasauce, 1/4 l Wasser, 300 g feine japanische Nudeln, Glasnudeln und Weizennudeln

Tofu mit einem Holzbrett beschweren und so entwässern

❸ Der Tofu ist voller Flüssigkeit, legen Sie ihn in ein Schälchen, decken ein Brettchen darüber, welches Sie beschweren, so sickert die Flüssigkeit aus dem Tofu hinaus. Sie können ihn dann schneiden, und er hat dann eine gute Konsistenz.

❹ Bei Tisch nun zuerst das Rinderfett im heißen Topf auslassen, dabei Topfboden und -wände gut

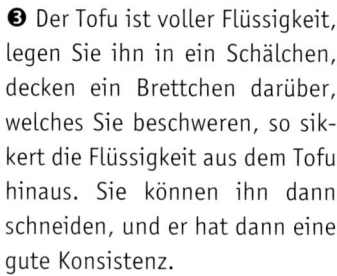

Frische und getrocknete Weizennudeln

Den Tofu dann erst in Würfel schneiden

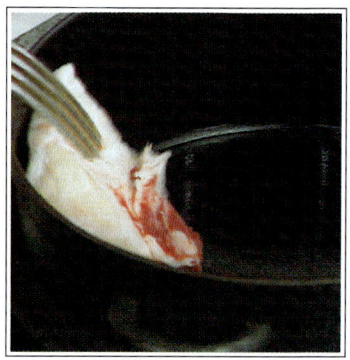

einfetten. Das übrigbleibende Fettstück wegwerfen. Einen Löffel Zucker in den Topf streuen und karamelisieren lassen. Bevor er zu dunkel wird, mit einem Schuß Sake, Sojasauce und Wasser ablöschen. Nach und nach den restlichen Zucker, Sake, Sojasauce und Wasser hinzufügen, einkochen lassen, damit sich alles zu einem duftendem Sud konzentriert. Er sollte etwa zwei Zentimeter hoch im Topf stehen. (Bis hierher läßt sich natürlich auch alles in der Küche erledigen.)

Die chinesischen Nudeln kurz mit heißem Wasser überbrühen und ziehen lassen

Getrocknete Shiitake-Pilze (chinesisch: Tongu-Pilze) werden im heißen Wasser eingeweicht

Und fertig sind die Nudeln

❺ Und dann kann es losgehen: Gemüse und Fleischscheiben werden in diesem Sud gegart. Jeder legt ein und fischt sich heraus, was er mag.

Man tunkt seine Bissen in die verschiedenen Dips, die sich jeder Gast in seinem Schälchen anrichtet.

Und zum Schluß löffelt man sich die konzentrierte Schmorflüssigkeit über seine Nudeln.

Tip: Besonders wichtig ist für den Geschmack das Rinderfett – es hat ein ganz eigenes Aroma und verleiht dem Gericht einen charakteristischen Duft. Wahrscheinlich müssen Sie Ihren Metzger extra schon vorher darum bitten – er wird es nicht immer vorrätig haben und muß es für Sie besorgen.

WICHTIG SIND DIE PASSENDEN DIPS

1. Zitronen-Ingwer-Dip

Für 6 Personen:
6 EL Zitronensaft, 6 EL Sojasauce, 6 EL süßer Sherry oder Mirin, 6 EL Dashi, 2 TL geriebener Ingwer

Alle Zutaten miteinander verrühren.

Für 6 Personen:
100 g Mandeln oder
Mandelblättchen,
1/8 l Dashi, 4 EL Reis-
essig, 2 EL Mirin, 3 EL
Sojasauce, Pfeffer,
abgeriebene Orangen-
schale – Dashi zum
Verdünnen

2. Mandelsauce

❶ Die Mandeln mit kochendem Wasser überbrühen, zwei Minuten darin ziehen lassen, dann abschrecken und häuten. Mandelblättchen einfach so überbrühen und kurz aufquellen lassen.

❷ Die Mandel im Mixer pürieren, dabei die restlichen Zutaten mitmixen. Die Sauce mit Pfeffer und Orangenschale würzen, mit soviel Dashi verdünnen, bis sie die gewünschte Konsistenz hat.

Für 6 Personen:
2 Limonen, 5 EL Soja-
sauce, 1 EL Zucker,
2 Frühlingszwiebeln,
1 mittelgroßer weißer
Rettich, 1 EL Mirin

3. Limonen-Dip

❶ Für den Limonen-Dip den Saft der Limonen mit Sojasauce, Zukker, winzig feingehackten Frühlingszwiebeln und dem fein geriebenen, in einem Tuch ausgedrückten Rettich verrühren.

Wichtig: Die Limonen nicht einfach quer halbieren, wie eine Zitrone, um sie auszupressen, sondern schräg zum Kerngehäuse Segmente abschneiden und einzeln zwischen Daumen und Zeigefinger ausdrücken. Nur so gelangt man an den Saft – ansonsten verweigert die Limone sich jeder Presse!

4. Cremiger Senf-Dip

Für 6 Personen:
1 Eigelb, 5 EL helle
Misopaste, 3 EL Mirin,
2 EL Reisessig, 2 EL
Dashi, 1 TL Sojasauce,
1 EL Delikateßsenf,
Zitronensaft

❶ Alle Zutaten in einen dickwandigen Topf füllen und mit einem Schneebesen glatt rühren.

❷ Behutsam erhitzen, damit das Eigelb bindet, auf keinen Fall jedoch ins Kochen geraten lassen, weil es sonst ausflockt.

❸ Die Senfsauce mit Zitronensaft abschmecken.

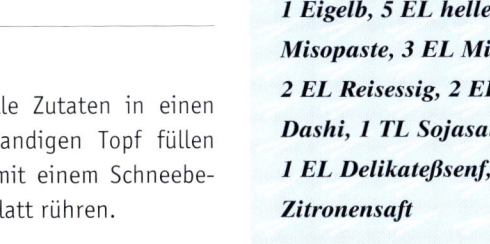

Misopaste kauft man im Plastikbeutel vakuum-verpackt. Es gibt sie hell und dunkel. Die helle ist milder.

Für 6 Personen:
4 Eigelb, 4 EL Zucker,
1/2 l Wasser, 3 gestriche-
ne TL Matcha-Teepulver

Außerdem:
2 Babyananas, Puder-
zucker, Pistazienkrümel,
eventuell frisches Him-
beermark

Matcha-Eis –
Eiscreme aus grünem Tee

Und der Nachtisch? Japanische Desserts, häufig aus Sojabohnen, Klebereis oder Sojamehl zubereitet, sind für unseren Gaumen eher ungewohnt und keine ungeteilte Freude.

Was indessen auch uns schmeckt, sind Obstdesserts oder dieses Matcha-Eis: *Matcha* ist ein leuchtendgrünes, puderfeines Teepulver, aus dem der heilige Tee für die Teezeremonie zubereitet wird.

Man kann es in Japanläden kaufen.

❶ Eigelb und Zucker mit dem elektrischen Handrührer oder in der Küchenmaschine zu einer dikken, fast weißen Creme rühren.

❷ Das Wasser aufkochen, mit dem Schneebesen das Teepulver einarbeiten. Kochendheiß zur Eiercreme gießen, dabei ständig weiterschlagen, bis sich alles innig verbunden hat.

❸ Abkühlen lassen, in die Eismaschine füllen und eine halbe Stunde unter Rühren gefrieren lassen. Wer keine Eismaschine hat, stellt die Schüssel ins Gefrierfach, muß aber immer wieder mit dem Schneebesen durchrühren, um die Eiskristalle zu zerstören, die nachher beim Essen kein Genuß wären.

❹ Zum Servieren die Ananas schälen, quer in dünne Scheiben schneiden – das gelingt übrigens am besten, besonders akkurat und gleichmäßig dünn, auf der

elektrischen Aufschneidemaschine.

❺ Die Scheiben auf Desserttellern verteilen, dabei hübsch und sorgfältig dachziegelweise anrichten. Jeweils eine sauber ausgestochene Eiskugel darauf betten. Mit Puderzucker bestäuben und mit Pistazienkrümel dekorieren. Nach Belieben mit Klecksen von frischem Himbeermark dekorieren.

Tip: Für die Teezeremonie wird das grüne Pulver mit gerade eben *nicht* kochendem Wasser aufgebrüht und mit dem kleinen Schneebesen, kunstvoll aus Bambus geschnitten, schaumig aufgeschlagen. Der Gast führt die Schale andächtig mit beiden Händen zum Mund und trinkt den heißen Tee mit winzigen Schlucken, die ganze Schale auf einmal, ohne sie abzusetzen. Wichtig ist seine Andacht dabei, und daß er nur gute Gedanken währenddessen hegt.

Salat mit Hühnerbrust und grünem Spargel

❶ Das Fleisch mit je einem Löffel Sojasauce und Sake einreiben und eine halbe Stunde marinieren.

❷ In einem Topf in die eben aufkochende Brühe legen, darin auf allerkleinster Flamme fünf bis acht Minuten sanft pochieren. Im Sud abkühlen lassen.

❸ Den am unteren Ende sorgfältig geschälten Spargel schräg in 5 cm lange Stücke schneiden. In Salzwasser etwa fünf Minuten knackig kochen, die Spitzen nur zwei Minuten garen.

❹ Die Eier mit je einem Löffel Sojasauce und Sake sowie dem Sesamöl verquirlen. In einer mit Öl ausgepinselten Pfanne fast durchscheinend dünne Omeletts backen. Diese abwechselnd mit Salatblättern aufeinanderstapeln und aufrollen, quer in schmale Streifen schneiden.

❺ Aus 2 EL Öl, 1 EL Sojasauce, 1 EL Sake, Miso, Wasabipulver und einigen Tropfen Brühe eine cremige Marinade rühren. Mit Essig und Zucker abschmecken.

❻ Das Hühnerfleisch in dünne Scheiben schneiden, mit dem Spargel, den Omelettstreifen mischen und mit der Marinade anmachen und hübsch anrichten.

Für 4 Personen:
2 ausgelöste Hühner-
brüste, 3 EL Sojasauce,
3 EL Sake (Reiswein)
oder Sherry, 1/4 l
Hühnerbrühe, 200 g
grüner Spargel, Salz,
2 Eier, 1 TL Sesamöl,
3 EL Erdnußöl, 1 TL
helles Miso, 1/2 TL
Wasabipulver, 1 TL
Reisessig, Zucker,
Salatblätter

Gegrillte Hühnerspießchen

❶ Zucker, Mirin, Sojasauce und Sake rasch um ein Drittel einkochen und abkühlen lassen. Das Fleisch in Würfel von etwa zwei Zentimetern schneiden. In dieser Sauce marinieren. Auf Bambusspieße fädeln, als obere und untere Begrenzung jeweils ein Stück rote oder grüne Paprikaschote.

❷ Die Spießchen auf dem eingeölten Grill, unter den Grillschlangen des Backofens oder auch in der Pfanne garen. Währenddessen mit Marinade einpinseln, damit das Fleisch davon dick überzogen wird und glänzt.

Für 4 Personen:
Yakitori-Marinade:
4 EL Zucker, 1/8 l Mirin
(süßer Kochwein), 1/4 l
Sojasauce, 1/8 l Sake
(Reiswein) oder Sherry

Außerdem:
600 g ausgelöste Hüh-
nerbrust, je 1 rote und
grüne Paprikaschote

Für 6 Personen:
4 Shiitake-Pilze, 1 EL
Mirin, 1 EL Sojasauce,
2 Eier, 100 g Perlerbsen
(tiefgekühlt), Salz,
6 Kabeljaufiletstücke
à 100 g, Sesamöl zum
Einpinseln, 6 dünne
Zitronenscheiben,
Koriandergrün

Fischpäckchen mit Eifüllung

❶ Die Pilze mit Wasser überbrühen und eine halbe Stunde einweichen. Die Stiele wegwerfen. Die Hüte würfeln und mit Mirin und Sojasauce marinieren.

❷ In einen Topf geben, aufkochen, die verquirlten Eier hinzufügen und unermüdlich rühren – sie sollen wie ein Rührei stocken. Also sofort vom Herd ziehen und die Erbsen einrühren, sobald sie zu heiß und damit fest zu werden drohen. Salzen.

❸ Sechs Blatt Alufolie so groß zuschneiden, daß sie ein Fischfiletstück jeweils gut einhüllen können und mit Sesamöl einpinseln. Die Fischstücke darauf setzen, die gestockten Eier darauf verteilen. Mit einer Zitronenscheibe abdecken und mit einem Kräuterblatt dekorieren.

❹ Die Päckchen sorgfältig verschließen. Vor dem Servieren für etwa 10 Minuten in den 200 Grad heißen Ofen schieben.

Kokoseis

❶ Einfacher kann man kaum Eis herstellen – und ein besseres gibt es nicht! Dazu schmecken verschiedene Fruchtsaucen oder, noch schöner, ein Obstsalat aus den verschiedensten, exotischen Früchten.

❷ Aus Wasser und Zucker einen leichten Sirup kochen. Abgekühlt mit der Kokossahne mischen. In der Eismaschine (Sorbetière) fest werden lassen.

Für 4 bis 6 Personen:
1/8 l Wasser, 125 g
Zucker, 1/2 l dicke
Kokossahne

Reisschüssel mit Rindfleisch

❶ Die Zwiebel in feine Ringe schneiden, zusammen mit dem Rindfleisch im heißen Öl (beide Sorten mischen) unter ständigem Rühren anbraten. Mit Ingwer und Knoblauch bestreuen, mit Salz und Zucker würzen. Den in schmale Ringe geschnittenen Lauch hinzufügen. Mit Mirin, Sake und Sojasauce sowie mit der Brühe ablöschen.

❷ Den Reis in vier Schalen häufen, das gebratene Rindfleisch gerecht darauf verteilen. Die in feine Ringe geschnittene Frühlingszwiebeln darüberstreuen und servieren.

Für 4 Personen:
1 Zwiebel, 200 g Rinderlende (in feine Streifen geschnitten), 2 EL neutrales Öl, 1 EL Sesamöl,
je 1 TL gehackter Ingwer und Knoblauch, Salz,
Zucker, 1 Lauchstange,
je 2 EL Mirin, Sake und Sojasauce, ca. 1/2 Tasse Hühnerbrühe, 8 Tassen gekochter, heißer Reis,
2 Frühlingszwiebeln

Gefüllte Auberginentaler

Sie machen ein wenig Arbeit, dafür sehen sie hinreißend aus, sind wirklich ungewöhnlich und schmecken umwerfend gut.

❶ Die Aubergine quer in gleichmäßig dünne Scheiben schneiden, die Scheiben nebeneinander ausbreiten, salzen und eine halbe Stunde Saft ziehen lassen.

❷ Inzwischen für die Füllung die gut gekühlten Zutaten im elektrischen Zerhacker (Mixer) zu einer Paste zerkleinern, abschmecken und kalt stellen. Die Auberginenscheiben abspülen, gründlich abtrocknen und vierteln. Je zwei dieser Stücke mit etwas Füllung bestreichen und zusammendrücken.

❸ Jeden Happen in Mehl wenden und schließlich in heißem Öl schwimmend ausbacken. Die goldenen Häppchen auf Küchenpapier abtropfen und mit Sojasauce zum Stippen servieren.

Für 4 bis 6 Personen:
1 Aubergine (300g),
Salz, Mehl zum Wenden,
Fett zum Fritieren

Füllung:
150 g rohes Garne-
lenfleisch, 35 g grüner
(ungeräucherter) Speck,
1 TL Sesamöl, 1 EL
Sojasauce, 50 g Bambus-
sprossen, 1/2 TL Speise-
stärke, eine Prise
Zucker, Salz, Koriander-
grün

Nudelsuppe mit Garnelen, Ei und Spinat

❶ Die Pilze einweichen, den Stiel entfernen, den Hut in feine Streifen schneiden.

❷ Die Nudeln in reichlich kochendes Salzwasser werfen, sobald das Wasser wieder aufkocht, eine Tasse kaltes Wasser hinzufügen, dies drei bis viermal wiederholen, bis die Nudeln gar sind, aber nicht zu weich.

❸ Die abgetropften Nudeln in Suppenschalen betten. Obenauf Spinatblätter verteilen.

❹ Darauf die Garnelen und die Pilzstreifen setzen. Mit der heißen Brühe auffüllen, mit Sojasauce würzen, jeweils ein Eigelb hineingleiten lassen und mit Sesamsamen bestreuen. Sofort auftragen.

Für 4 Personen:
4 Tongupilze, 250 g
Buchweizennudeln,
Salz, 4 gekochte Garnelen, 100 g Spinat, ca.
1 l Hühnerbrühe, 2 EL
Sojasauce, 4 Eigelb,
1 TL Sesamsamen

Vorspeise für
4 bis 6 Personen:
Yakitori-Marinade
(siehe oben), 8-10 halb-
zentimeterdünne Scheiben Rinderlende (ohne
Fett und Sehnen), 250 g
stricknadeldünne Böhnchen, 1 Möhre, Salz,
1 EL Öl, 1 TL Sesamöl

Rindfleisch-Röllchen

❶ Die Marinade wie im Rezept für Hühnerspießchen angegeben zubereiten.

❷ Das Fleisch auf der Arbeitsfläche mit einem breitschneidigen Messer flach streichen, bis sie fast doppelt so groß sind. Jeweils zwei Scheiben so übereinanderlappen lassen, daß eine doppelt so große Fläche entsteht.

❸ Die Bohnen abknipsen, Möhren längs in streichholzfeine Streifen hobeln, in Salzwasser blanchieren. Jeweils ein Gemüsebündel quer auf eine Fleischscheibe betten, diese aufrollen, es soll nichts vom Gemüse herausschauen.

❹ Die Fleischrollen in der Marinade eine Stunde ziehen lassen, bevor sie im heißen Öl oder auf dem Grill rundum gebraten werden, dabei immer wieder mit etwas Marinade einpinseln.

❺ Die Rindfleischröllchen in zentimeterstarke Scheiben schneiden und auf Salatblättern anrichten. Sie werden lauwarm oder sogar kalt gegessen.

Das große Elsässer Spargelessen

Der erste Spargel

Für Feinschmecker ist der erste Spargel ein alljährliches Ritual. Wir genießen ihn, weil er gut schmeckt. Wir freuen uns, daß er unserer Gesundheit nützt. Und wir sehen in ihm einen Sproß der Triebe und einen Boten der Liebe ...

Spargel wurde schon vor Jahrtausenden in China, Ägypten und von den Griechen in der Medizin verwendet: Man wußte um seine Eigenschaft, den Körper zu entwässern und zu entschlacken. Die Römer entdeckten ihn darüber hinaus als köstliches Gemüse, begannen um die Zeitenwende mit dem feldmäßigen Anbau. Spargel wurde zum Lieblingsgemüse der Reichen, wurde auch an Mosel, Oberrhein, Main und Donau angebaut.

In den Wirren der Völkerwanderungszeit ging die Kunst des Anbaus unter. Doch überall in den Flußniederungen der alten Welt gedieh der wilde Spargel weiterhin.

Der Spargel und die Lust

In den Klostergärten des Mittelalters taucht er dann wieder als Arzneipflanze auf. Die frommen Klosterbrüder aber wollen die Pflanze vor der gemeinen Welt geheimhalten, sich sozusagen ein Monopol einräumen. Dies nun keineswegs aus wissenschaftlichen Gründen, sondern weil man inzwischen wieder, wie die alten Römer, glaubt, der Spargel wecke die Lust, rege den Geschlechtstrieb an. Ob zu diesen Gedanken mehr die äußere Form der Sprossen – und damit die Phantasie – oder eine direkte Wirkung auf die zentralen Regionen des männlichen Körpers – also die Physis – Anlaß gab, konnte bis heute noch nicht sicher geklärt werden.

Immerhin: Etwa 200 Jahre lang gedeiht Spargel nur bei den Mönchen. Doch ab 1600 werden in ganz Europa an den Höfen Spargel serviert, weidet sich nicht nur der Klerus, sondern auch der Adel an des Spargels Lust. Aus der französischen Literatur sind mannigfache Beispiele und Spielereien rund um die Wirkung des Spargels bekannt ...

Weißer Spargel für die Massen

Mit der Neuzeit erobert der Spargel die ganze Welt. Ulm wird im 18. Jahrhundert zum bedeutendsten Anbaugebiet Deutschlands,

Argenteuil beliefert den französischen, Riga den russischen Hof. Bei Wien und in Ungarn werden Felder angelegt, Braunschweig, Beelitz und Schwetzingen beginnen sich einen Namen zu machen.

Noch immer wird ausschließlich Grünspargel angebaut – die Rizome des Liliengewächses *Asparagus* treiben ihre Sprossen direkt in die laue Frühlingsluft. Doch Spätfröste sind in den nördlicheren Gefilden nicht selten, und so beginnt man in Deutschland, Tonröhren oder Kruken über die sich rasch violett und grün färbenden Spitzen zu stülpen. Damit entdeckte man den Nebeneffekt des Bleichens, der die Stangen länger wachsen und zarter schmecken läßt: Bald erfindet man das Anhäufeln mit Erde, der Anbau wird ausgeweitet und ist seit hundert Jahren ein wichtiger Zweig unserer Landwirtschaft. Und Spargel wurde ein Gemüse für jedermann – ein endlich demokratischer Genuß.

Wie Spargel wächst und wie er geerntet wird

Der Anbau des makellos weißen Bleichspargels, wie er bei uns üblich ist, macht viel Arbeit: Die in Reihen gepflanzten Spargelstökke werden vor dem Austreiben mit Erdwällen, Bifang genannt, überhäuft, damit die Stangen nicht ans Licht vordringen, sondern 25

bis 30 cm im Schutze der Erde bleiben. Kommen die Köpfe mit Licht in Berührung, färben sie sich rasch violett. Die Spitzen müssen vor dem Erscheinen entdeckt werden! Das erfordert ein gutes Auge, denn zunächst ist vom emporstrebenden Spargel natürlich noch nichts zu sehen – nur ein feines Netz von Rissen zeigt im glattgestrichenen Sandboden das Nahen der Spitze an. Nun wird die Stange vorsichtig mit gespreizten Fingern freigelegt, am Fuß mit einem speziellen Stechmesser abgestochen und wiederum vorsichtig – die frischen Stangen brechen extrem leicht – in einen Korb gelegt. Daraufhin das Loch wieder sorgsam geschlossen und die Oberfläche mit einer Art Kelle geglättet. Der Spargel wird anschließend gewaschen, nach Qualität und Größe sortiert und auf einheitliche Länge geschnitten – dabei darf er nicht zu viel Zeit im hellen Tageslicht verbringen.

Normalerweise wird einmal am Tag gestochen, an heißen Tagen, wenn er besonders schnell treibt, muß man gar zweimal durch die Reihen gehen. Heute wird Spargel häufig unter schwarzer Folie gezogen – das zieht die ersten Ernten nach vorne, denn unter der Folie erwärmt sich der Boden schneller. Außerdem braucht man weniger Wasser, weil der Boden nicht austrocknet. Bei starkem

Spargelbeete sind meist als schnurgerade Erdhügel angelegt

Das Spargelstecken ist eine mühsame Arbeit, die das Kreuz strapaziert. Jeder Spargel muß ausgegraben und gestochen werden

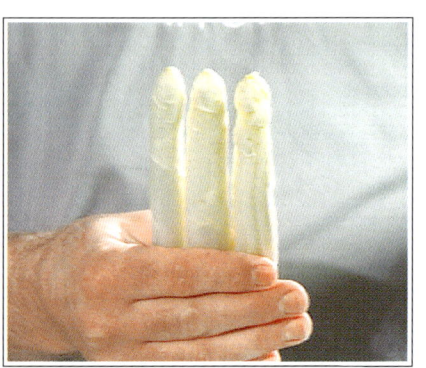

Spargel der Handelsklasse 1: Er ist gerade, weiß, hat einen geschlossenen Kopf und ist 16-26 cm lang. Spargel der Handelsklasse 2 ist stärker verfärbt, weil er bereits mit Licht in Kontakt gekommen ist. Dadurch ist er auch intensiver im Geschmack (siehe unten).

Regen wird nichts abgeschwemmt, und auch die gefährliche Spargelfliege hat keinen Zutritt. Und schließlich werden unter der lichtundurchlässigen Folie die Spitzen auch nicht grün oder violett, wenn man sie einmal übersehen hat.

Die Handelsklassen

Es gibt die Klassen extra, eins, zwei und drei. Wenn Spargel die Hauptrolle spielen soll, greift man natürlich zur Spitzenklasse. Für Suppen genügt dünnerer, also Klasse 1, 2 oder sogar sogenannter Bruchspargel, Klasse 3. Besonders fein: Spargelspitzen – zum Beispiel für einen eleganten Vorspeisensalat. Die gibt's von weißem, lila und grünem Spargel. Weißer Spargel ist zart mild, grüner herzhafter im Geschmack. Ob Spargel frisch ist, kann man sehen: Am unteren Ende die Schnittfläche muß noch saftig wirken, spätestens wenn man sie etwas zusammendrückt. Deshalb lieber Finger weg von Spargel in Bündeln, die von unten nicht einsehbar sind – da steckt oft uraltes, vertrocknetes Zeug drin.

Zu Hause sollte man Spargel entsprechend liebevoll behandeln, schließlich ist er ja teuer genug: Wer ihn nicht gleich verarbeiten kann, wickelt ihn in ein nasses Tuch und legt ihn ins Gemüsefach des Kühlschranks.

Nur das Beste lohnt sich wirklich!

Selbstverständlich kostet Spargel der Klasse extra mehr als zweite Wahl oder Suppenspargel. Schält man aber die Stangen, sieht die Sache meist anders aus:

Je besser der Spargel, desto weniger Abfall gibt es! Und rechnet man gar noch die penible Mühe und den viel größeren Zeitaufwand, den das Schälen von dünnen und krummen Spargelstangen gegenüber makellos gewachsenen dicken bringt, dann sind die besten Spargel nur scheinbar die teuersten, tatsächlich aber die billigsten. Von der geschmacklichen Qualität ganz zu schweigen!

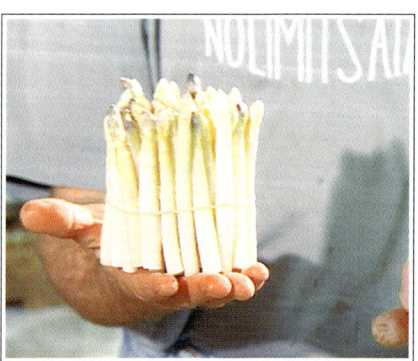

Was gut aussieht ist meist auch gut!

Obst und Gemüse wird nach Größe und Aussehen in Handelsklassen eingeordnet. Nicht immer hat man beste Qualität, wenn man die Ware kauft, die am größten ist und besonders verlockend leuchtet. Beispiel Äpfel: Die großen schmecken weniger intensiv als die kleinen und sind anfälliger für innere Fehler. Beim Spargel kann man jedoch dem Augenschein im allgemeinen trauen (Ausnahme: Duft, siehe nächste Seite): Gerade und gleichmäßig dick gewachsene Stangen sind innen selten hohl oder verholzt, seidige Oberfläche verspricht eine dünne Schale, völlig geschlossene Köpfe feste Konsistenz und gleiche Stärke ein perfektes, gleichzeitiges Garwerden. Ideal sind nicht die überdicken Stangen, sondern solche mit 12 bis 14 mm Durchmesser.

Spargelschälen

Beim Schälen darf man nicht zu geizig sein, Spelzen und harte Stellen müssen weggeschnitten werden, sonst ist der beste Spargel kein Genuß! Man schält von oben, also vom Kopf her, schält den auf dem inneren Unterarm liegenden Spargel rundum sauber ab und schneidet schließlich das untere Ende weg. Dafür gibt es eine Menge verschiedener Spar-

Das ideale Spargelschälmesser

Zum Kartoffel- wie zum Spargel schälen geeignet

gelschälmesser: Die meisten sind im Zweitnutzen auch als Kartoffelschälmesser zu verwenden. Andere sind besonders für Spargel konzipiert: Man muß ausprobieren, welches man persönlich am besten mag. Besonders sollte man darauf achten, daß die Schalen jeweils wieder aus dem die Schälstärke regulierenden Spalt herausfallen, so daß die Schneide nicht blockiert wird – eine selbstverständliche Forderung, die aber viele Modelle nicht erfüllen.

Übrigens, ganz wichtig: Es wird immer wieder behauptet, man brauche grünen Spargel nicht zu schälen. Das ist Blödsinn, es sei denn, man ißt ihn wie die Italiener: den Kopf abbeißen, ein Stück dann auslutschen und den ganzen Rest dann mehr oder weniger elegant auf den Tellerrand legen. Mehr vom Spargel hat man, wenn man auch den grünen sorgfältig schält, vor allem zum Ende hin, das meist viel holziger ist als das des weißen Spargels.

Das Spargelschälmesser für Schälkünstler. Am sichersten schält man vom Kopf bis zum Stangenende. Den Spargel dafür auf das Handgelenk betten damit er nicht bricht.

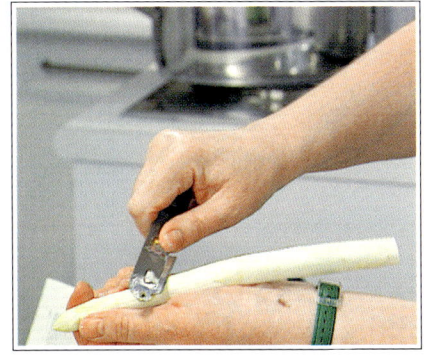

Spargel schälen ist Chefsache: man muß sehr sorgfältig arbeiten – nicht zu geizig, aber auch nicht zu großzügig!

Ob grüner oder weißer Spargel, das ist Geschmackssache. Der grüne ist intensiver im Aroma.

Spargelspitzen

Von zu krumm oder kurz gewachsenen und abgebrochenen Stangen bleiben den Spargel-Bauern als getrennt zu vermarktender Teil die Spitzen – für die meisten Genießer das Beste. Es lohnt sich, hierfür etwas mehr auszugeben, wenn auch der herrliche Eindruck der ganzen Stangen fehlt. Bereitet man aber ein Ragout, Frikassee oder Salat, dann eigenen sich die Spitzen ganz hervorragend – sie machen ja obendrein wenig Arbeit, da sie nicht geschält, sondern nur gewaschen und neu angeschnitten werden müssen.

Spargel pur und satt – oder: Wieviel Spargel braucht der Mensch?

Die meisten Menschen essen Spargel am liebsten in Mengen – warum auch nicht, handelt es sich doch um ein gesundes und kalorienarmes Gemüse (siehe S. 105). Was aber ist Spargel satt: In elsässischen Spargelrestaurants rechnet man ein Kilogramm pro Person – geschält gewogen! Vor ein paar Jahren galten sogar drei Pfund als das Normalmaß für einen gestandenen Mann. Dagegen haben zarte Damen möglicherweise bereits mit einem halben Pfund Schwierigkeiten ... Es kann also für Spargel pur und satt keine verbindlichen Mengenangaben geben! Zumal es auch auf die Qua-

lität ankommt, was wiederum Auswirkungen auf die Menge des Abfalls (Schalen, Fußabschnitte) hat. Man muß auf sein Gespür vertrauen und sollte den Appetit der Tafelgenossen einschätzen können. Faustregel: Niemals weniger als 500 g pro Person einkaufen! Übriggebliebener Spargel kann ja dann noch Salaten und anderen Köstlichkeiten Geschmack verleihen und zur Zier gereichen!

Warten Sie ab!

Die Saison für unseren heimischen Spargel reicht von Ende April bis Johanni, dem 24. Juni. Am besten schmeckt der Spargel im Mai, wenn gelegentliche warme Regen und gleichmäßige Temperaturen dafür sorgen, daß er schnell und ohne zu stocken wächst. Zu kühle Grundtemperatur, frostige Nächte, zu viel Regen und Trockenheit behindern das Wachstum, führen zu Verholzung, Flecken (Rost), Schädlingsbefall (Maden), Rissen und Hohlheit. Kaufen Sie auch nicht den ersten Frühspargel – sowohl im mediterranen Raum als auch bei uns deckt man die Felder teilweise mit schwarzer Folie ab, um eine frühere Ernte und damit bessere Preise zu erzielen. Aber der Spargel von diesen Anlagen schmeckt oft etwas dumpf und muffig. Essen Sie also Spargel nur bei schönem, warmem Maien-Wetter!

Und welcher Spargel ist der beste?

Lange Zeit erfreute sich der Schwetzinger größter Beliebtheit, wurde per Expreß ins Adlon nach Berlin und mit dem Luftschiff Hindenburg ins Walldorf-Astoria nach New York verschickt. Feinschmecker waren bereit, höchste Preise für ihn zu bezahlen. Mit einigem recht: Der Boden bei Schwetzingen ist dank der Anschwemmungen des Altrheins an manchen Stellen besonders mineralstoffreich, gleichzeitig humos und sandig – das sind optimale Bedingungen, die es freilich auch anderswo gibt: am Kaiserstuhl, in den Gegenden um Bruchsal und Darmstadt, auf der anderen Rheinseite bei Hoerdt im Elsaß (daher unser Thema!), am Main, am Niederrhein, an der Elbe im Wendland, bei Braunschweig und Burgdorf, bei Beelitz und im östlichen Brandenburg, bei Leipzig (schließlich ist er unerläßlich für das berühmte Leipziger Allerlei), bei Bamberg und fast den ganzen Main hinunter, bei Abensberg, Schrobenhausen und Pörnbach. Doch, so hat der berühmteste deutsche Koch dieses Jahrhunderts, Alfred Walterspiel, stets gesagt: Der Spargel ist dort am besten, wo er gestochen wird, weil er dann eben wirklich frisch ist! Vorausgesetzt freilich, daß er korrekt angebaut und vor allem nicht überdüngt ist!

Machen Sie eine Geruchsprobe!

Kaufen Sie Spargel nicht nur mit dem Auge, sondern auch mit der Nase. Eine mögliche Überdüngung des Spargelfeldes sieht man nämlich den Stangen nicht an, schmeckt es aber später! Deshalb immer am Spargel riechen – ein Duft von Mist oder Jauche zeigt an, daß noch spät im Vorjahr oder sogar unmittelbar vor der Ernte gedüngt wurde – klar, damit kann man sehr viel höhere Erträge erzielen! Bei uns ist dies untersagt, im Ausland im Prinzip auch – aber man hält sich, vor allem in den südlichen Ländern, ganz offenriechlich nicht immer daran. Spargel soll rein und nur nach Spargel riechen, mit leicht erdigen Anklängen, auf keinen Fall säuerlich – dann ist er zu alt! Grünspargel soll einen ausgeprägt „gemüsigen" Duft nach frisch ausgepalten Erbsen verströmen.

Spargel und Gesundheit

Einst galt er als Heilpflanze, blutreinigend, gut gegen Rheuma und für die Potenz. Heute sieht man ihn eher als Genuß, der dem Körper nutzt – denn Spargel macht schlank: Er besteht zu 94 Prozent aus Wasser, 100 g liefern nur 21 Kcal. (90 KJ.). Spargel enthält 1,6 % Eiweiß (weshalb Spargelwasser aufschäumt), nur 0,2 % Fett (weshalb man so gerne mächtige Saucen dazu ißt, was allerdings die diätetische Wirkung wieder zunichte macht) und gar kein Cholesterin, weshalb er bei Blutfettkrankheiten empfohlen wird. Durch seine stark entwässernde Wirkung – die man ja bekanntlich dank des ausgeschiedenen Spargelwirkstoffes Asparagin stets deutlich riecht! – senkt er den Blutdruck. Außerdem forciert er die Verbrennnungsvorgänge im Körper, erhöht den Grundumsatz: Auf zur Frühjahrskur!

Der gargekochte Spargel wird in eine Serviette gehüllt, aus zweierlei Gründen: um ihn warm zu halten, aber auch, um ihn abzutrocknen, denn nasser Spargel nimmt keine Sauce auf!

Der gedeckte Tisch

Es gibt für das edle Gemüse vielerlei spezielle und schöne Gerätschaften: silberne Wiegen, in denen der Spargel in seiner Serviette gehüllt liegt (schöne Spargelschalen aus Fayence), zierliche

Spargel – immer ein Festessen!

Man rechnet pro Person mindestens ein Pfund – besser noch ein Kilo Spargel!

Spargelzangen, passend dekorierte Platten und Teller, Saucieren für die begleitenden Saucen.

Für unsere Großeltern gab es übrigens nur eine einzige elegante Art, Spargel zu essen: Mit der Hand faßte man das Fußende an und führte die Spitze mit der Gabel zum Mund – weil man damals nur rostende Eisenmesser hatte, deren Klingen mit dem Spargel unangenehm oxydierten, durfte man ihn auf keinen Fall schneiden. Und deshalb gehörten auch stets Fingerschalen auf den Tisch, mit lauwarmem Wasser und einer Zitronenschale, damit man sich die Finger bequem säubern konnte.

Heute schneiden viele den Spargel kurzerhand mit dem Messer, weil man ihn so einfach bequemer essen und vor allem mit den verschiedenen Saucen verbinden kann. Und: So mancher Gourmet fängt nun bei den Enden an und spart sich die delikaten Köpfe bis zum Schluß auf!

Ein Museum rund um den Spargel

Wer Spargel liebt, sollte ihm einen Besuch abstatten: In Schrobenhausen (Oberbayern) gibt es, gegründet und mit Leidenschaft ausgebaut von Dr. Klaus Englert, ein Spargelmuseum. Hier kann man alles betrachten, was mit

Spargel, seinem Anbau, seiner Geschichte und der Eßkultur zu tun hat: Typische Spargelgeräte, Geschirr, Zangen, Heber, Objekte, Speisekarten. Schließlich Werbematerialien, Wissenschaftliches und Künstlerisches – Fotos, Stiche, Gemälde und Skulpturen. Und da kann man dann recht lustvoll erfahren, was den Künstlern so alles zu diesem symbolträchtigen Gemüse eingefallen ist.

Spargelkochen

Die Schalen sind kein Abfall, sondern ergeben schon mal einen wunderbaren Sud: Mit Wasser bedeckt, etwas Salz, eine Prise Zucker und ein Stich Butter – 20 Minuten zugedeckt leise köcheln, dann abseihen und wir haben die Basis für eine fabelhafte Spargelcremesuppe. Dafür genügen, bereitet man sie speziell zu, auch dünnere Stangen, die nicht so teuer sind.

Die Spitzen abschneiden, den restlichen Spargel in Stücke schneiden und im vorbereiteten Spargelsud weichkochen. Mit einer Schaumkelle herausheben und in den Mixer füllen, die Spargelspitzen etwa fünf Minuten im Sud bißfest kochen. Die Spargelstücke mit etwas Kerbel oder Petersilie fein pürieren, dabei den Sud und etwas Butter mitmixen. Abschmecken und heiß servieren.

Spargel Grundrezept

Zuerst wird der Spargel gebündelt, und zwar in Portionen, so läßt er sich besser handhaben beim Einlegen in den Topf. Wenn man weißen und grünen Spargel mischt, sieht das besonders hübsch auf der Platte aus. Ob man Spargel stehend oder liegend kocht, ist Ansichtssache: Es gibt für beide Methoden gute Argumente! Nimmt man einen hohen, schmalen Spezial-Spargelkochtopf, so garen die Spitzen schonend im Dampf. Liegend garen die ganzen Stangen im Fischtopf; doch können die empfindlichen Köpfe vom sprudelnden Wasser an die Topfwand gedrückt und dabei beschädigt werden. Kleinere Mengen passen auch in einen breiten, flachen Topf hinein.

Praktisch ist ein Siebeinsatz, in dem stehend oder liegend der Spargel bequem ins kochende Wasser gelegt und herausgeholt werden kann, ohne daß man sich die Finger verbrennt.
Spargel wird bißfest gekocht – wie lange man ihn kochen muß, hat mit seiner Frische zu tun: Je frischer, desto schneller ist er gar. Dann schmeckt Spargel auch roh, vor allem die Stangen, während die Spitzen mehr Genuß bieten, wenn man sie kocht.

Ein Siebeinsatz, in dem der Spargel stehend gekocht wird

Den Spargel stets portionsweise bündeln, dann auf gleiche Länge schneiden

107

Für 4 bis 6 Personen:
500 g Spargel (es kann
auch Bruchspargel oder
Spargel einer einfachen
Handelsklasse sein),
Zucker, Salz, Pfeffer,
70-75 g Butter, Zitronen-
saft

Spargelcremesuppe

❶ Den Spargel putzen und schälen, die Köpfe abschneiden und beiseitelegen.

❸ Die Spargelspitzen darin etwa fünf Minuten bißfest kochen, herausheben und beiseitestellen.

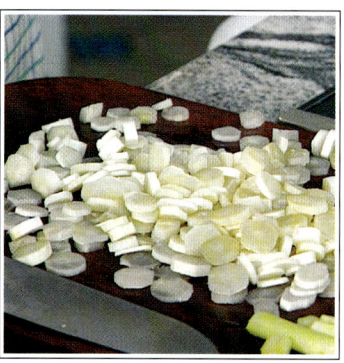

❷ Zuerst einen Sud aus den Schalen kochen und mit Zucker, Salz und Butter würzen. Den Sud nicht länger als 20 Minuten kochen, weil er sonst bitter wird. Den Sud durch ein Sieb filtern und zurück in den Topf gießen.

❹ Die Spargelstangen in Stücke schneiden und im Spargelsud eine halbe Stunde lang weich kochen. Schließlich mit einem Mixstab fein pürieren, dabei soviel Kochsud hinzufügen (ca. 3/4 l), bis die Suppe die richtige Konsistenz er-

reicht hat. Zum Schluß die kalte Butter in Stückchen hinzugeben, damit die Suppe besser bindet. Nach Belieben Kräuter (z. B. Kerbel) mitmixen.

Tip: Für größere Mengen nur die Spargelstücke mit wenig Sud zu einer Creme mixen, zurück in den Topf füllen und erst hierin die nötige Flüssigkeit hinzufügen. Die Butter mit einem Mixstab einarbeiten.

❺ Die Suppe mit Zitronensaft und Pfeffer abschmecken, die Spargelspitzen hinzufügen und sofort servieren.

Spargel – Grundrezept

Am allerbesten: Man kocht zuerst einen Sud aus den Spargelschalen, wodurch der Spargel beim Kochen nicht ausgelaugt wird. **Achtung:** Es entsteht eine Menge Schaum, weil im Spargel viel Eiweiß steckt, der nur zu leicht überkocht, wenn man mal kurz den Blick abwendet.

❶ Den Spargel sorgfältig schälen, bündeln und im gewürzten Wasser zehn bis 15 Minuten bißfest kochen.

❷ Gut abtropfen lassen, in eine große Serviette gewickelt warm halten und zu Tisch bringen.

Für 6 Personen:
3-4 kg Spargel,
1/2 TL Salz, 1/2 TL
Zucker, 1 El Butter

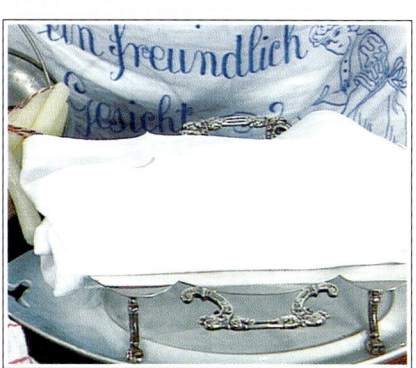

Tip: Dazu gibt es knuspriges Baguette, junge, in der Schale gekochte Kartöffelchen und gekochten Schinken. Klassischer Weise reicht man nun bei uns **zerlassene Butter** oder **Sauce Hollandaise** dazu. Für letztere hört man ja die ganze Spargelzeit hindurch im Radio lauter lockende Reklame – wir machen unsere Hollandaise oder die noch leichtere Version mit Schlagsahne, die **Sauce Mousseline,** lieber selbst, denn diese köstlichen Saucen der feinen Küche sind weder sehr schwierig zuzubereiten, noch dauert es sehr lange. Übung macht natürlich auch hier den Meister – aber die lohnt es sich zu erwerben: Eine selbstgemachte Hollandaise ist einem Industrieprodukt so unendlich weit überlegen, daß jeder, der es einmal versucht hat, nie wieder eine Tüte aufreißen wird. Gleiches gilt übrigens auch für die Mayonnaise, die mit der modernen Küchentechnik kein Problem mehr ist. Versuchen Sie also mal unsere.

DREI ELSÄSSER SPARGELSAUCEN

Mayonnaise

Für 6 Personen:
1 TL Senf, 2 Eigelb,
Salz, Pfeffer, 1 Prise
Zucker, ca. 1/4 l Öl
(entweder geschmacks-
neutral, z. B. Sonnenblu-
men- oder Traubenkern-
öl oder würziges Oliven-
öl – am besten ein mil-
des aus Ligurien oder
Sizilien), 3-4 El Spargel-
kochsud, Zitronensaft,
Worcestershiresauce

❶ Senf, Eigelb, Gewürze und Öl in ein schmales, hohes Gefäß geben und mit dem Mixstab aufschlagen. Es entsteht im Handumdrehen eine dicke Creme.

❷ Unter ständigem Schlagen soviel Spargelkochsud hinzufügen, bis die Mayonnaise die richtige, dickflüssige Konsistenz erreicht hat.

❸ Mit Zitronensaft und Worcestershiresauce abschmecken.

Vinaigrette

Für 6 Personen:
2 gehäufte EL scharfer
Senf, Salz, Pfeffer,
3-4 EL Weißweinessig,
1 kleine Tasse Spargel-
kochsud, 1/8 l Olivenöl
(ein kräftiges aus der
Toskana, Spanien oder
der Provence), 1 Hand-
voll Kräuter (Kerbel,
Petersilie, Liebstöckel,
Schnittlauch, Estragon)

❶ Senf, Salz, Pfeffer und Essig in den Mixbecher füllen, laufen lassen, dabei den Spargelsud und das Öl hinzufließen lassen.

❷ Schließlich die Kräuter untermixen. Die Vinaigrette noch einmal abschmecken.

Sauce Mousseline

Für 6 Personen:
1/8 l Weißwein, 1 kleine
Schalotte, 5 zerdrückte
Pfefferkörner, 2 Eigelb,
200 g Butter, Zitronen-
saft, Salz, Pfeffer, Wor-
cestershiresauce, 100 g
Schlagsahne

❶ Den Weißwein aufkochen, die gehackte Schalotte und die Pfefferkörner hinzufügen. Um die Hälfte einkochen, dann durch ein Sieb filtern. Diese sogenannte Reduktion in einen dickwandigen Topf geben, der die Hitze gut leitet, zum Beispiel aus Gußeisen, oder in einen Kessel, den man in ein Wasserbad setzen kann.

❷ Die Butter in gleichmäßige Würfel schneiden. Den Topf auf mildes Feuer oder in ein leise siedendes Wasserbad setzen, die Eigelb hinzufügen und mit dem

Schneebesen zu einer dicken, hellen Creme schlagen. Nach und nach Butterstückchen hinzufügen – immer erst dann das nächste Butterstückchen hinzugeben,

111

wenn das vorige von der Creme vollkommen aufgenommen worden ist.

❸ Wenn alle Butter eingearbeitet und die Sauce hell und cremig ist, mit Salz, Pfeffer, Worcestershiresauce und Zitronensaft abschmecken.

❹ Unmittelbar vor dem Servieren die Schlagsahne steif schlagen und mit dem Schneebesen unterziehen.

Tip: Man kann die Buttersauce schon vorbereiten, darf sie aber, wenn man sie wieder erwärmen will, auf gar keinen Fall ins Kochen geraten lassen, weil sich dann die Butter absetzt und von der Creme trennt. Die Schlagsahne zum Auflockern immer erst kurz vor dem Servieren unterheben.

Schinken

Was gehört sonst noch zum Spargelessen auf Elsässer Art? Natürlich Schinken – wir haben bei unserem Metzger einen Spanferkelschinken bestellt. Den macht Ihrer auch für Sie, wenn Sie ihn rechtzeitig darum bitten: Er soll die Keule eines kleinen Spanferkels pökeln und kochen, und wenn er vor dem Kochen den Oberschenkelknochen auslöst, dann läßt sich der Schinken wunderbar in Scheiben schneiden.
Wer mag, serviert den Schinken warm (man kann ihn mühelos in Salzwasser behutsam erwärmen); wir mögen ihn lieber kalt, mit einem langen, scharfen Messer vom Knochen geschnitten, in möglichst dünnen, aber auch stets etwas unregelmäßig geratenden Scheiben. Wohl jeder schätzt das ideale Paar Spargel und Schinken!

Aber jede Region schwört auf ihre eigene Spezialität. So finden Franzosen den Schwarzwälder Schinken zu rauchig, die Badener den Bayonne vielleicht zu sanft, und andere schwören auf gekochten Schinken: Seien Sie großzügig, geben Sie jedem das Seine! Parma und San Daniele, die luftgetrockneten, nussigen und süßen Schinken aus Italien passen prima zu grünem Spargel, ebenso der Bayonne oder Morvan aus Frankreich. Zu weißem dagegen darf's ein schonend geräucherter Schwarzwälder sein, doch mild gepökelter, sanft gesottener, daher saftiger Beinschinken gilt als das Beste zu Spargel, doch zarter Holsteiner oder Niedersächsischer Katenschinken oder ein nussig schmeckender Westfälischer Schinken adeln jede Spargelsorte. Wer es kräftig liebt, serviert Bündner Fleisch, Heidschnuckenschinken oder spanischen Jabugo. Im Elsaß gibt es im allgemeinen knuspriges Baguette dazu, schließlich ist man in Frankreich. Aber es schmecken auch kleine, peinlich sauber geschrubbte Pellkartöffelchen dazu – sie sind doch eigentlich der wahre Begleiter zum Spargel:

Neue Kartoffeln

Rechnen Sie pro Person 4 Kartöffelchen. Nur leicht waschen, damit die noch nicht feste gewordene Schale nicht abgeht. Kochzeit 15 bis 20 Minuten. Wenn Sie mögen, geben Sie nicht nur Salz ins Kochwasser, sondern einen Zweig Liebstöckel: Das gibt ein ganz besonderes Aroma! Erst bei Tisch pellen.

Rhabarbercreme mit Erdbeersalat

Für 6 Personen:
800 g Rhabarber (ge-putzt gewogen), 1/8 l
Weißwein, 250 g Zucker,
Saft und Schale einer
halben Zitrone, 4 Blatt
Gelatine, 200 g Sahne

❶ Den Rhabarber sorgfältig schälen, in Stücke schneiden und mit dem Wein, 150 g Zucker, Zitronensaft und Zitronenschale in einen Topf füllen. Zugedeckt 20 Minuten weich köcheln.

❷ Zitronenschale herausfischen und wegwerfen, den Rhabarber zu feinem Püree mixen. Die eingeweichte Gelatine im Rhabarberpüree auflösen. Die mit dem restlichen Zucker steifgeschlagene

Erdbeersalat:
750 g Erdbeeren,
75 g Zucker, 1 Orange,
1 Zitrone, Minze- oder
Melisseblätter

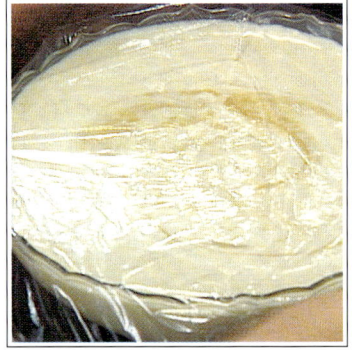

Sahne unterrühren. Abkühlen lassen und für eine Stunde in den Kühlschrank stellen.

❸ Erst wenn die Creme anzieht, das heißt, Straßen sichtbar bleiben, wenn man mit einer Gabel durchrührt, die steif geschlagene Sahne unterziehen. Die Masse in eine Schüssel füllen und am besten über Nacht endgültig fest werden lassen.

❹ Zum Servieren mit einem in heißes Wasser getauchten Eßlöffel Nocken abstechen, paarweise auf Desserttellern anrichten und mit Erdbeersalat umkränzen.

❺ Dafür die Erdbeeren in Scheiben schneiden und in eine Schüssel füllen. Den Zucker mit abgeriebener Zitronen- und Orangenschale würzen, die Erdbeeren damit mischen. Mit einem Spritzer Zitronensaft und ebensoviel Orangensaft würzen. Erst unmittelbar vor dem Servieren in Streifen geschnittene Minze oder Melisse darüberstreuen.

Karamelisierte Kartöffelchen

Sehr beliebt als Spargelbegleiter in Norddeutschland. Kartöffelchen gut abschrubben – die Schale darf sich ruhig etwas lösen. In Salzwasser gar kochen, abtropfen. In einem Stich Butter ganz leise andünsten, einen Löffel Zucker hinzufügen und karamelisieren lassen.

Brägel = Bratkartoffeln aus gekochten Kartoffeln

Das ist der unverzichtbare Spargelbegleiter in Südbaden. Die Kartoffeln werden am Vortag gekocht, dann in nicht zu dünne Scheiben geschnitten und diese alle einzeln und nebeneinander liegend langsam in etwas Walnußöl braungolden gebraten.

Rohgebrägelte =
Bratkartoffeln aus rohen Kartoffeln

Ob diesseits oder jenseits des Oberrheins: Solche Bratkartoffeln zu Spargel läßt sich kaum jemand entgehen. Rohe Kartoffeln schälen, in sehr dünne Scheiben schneiden und diese unter häufigem Wenden in reichlich Butterschmalz golden braten.

Berner Rösti

Für 2 Personen:
5 mittelgroße Kartoffeln
vom Vortag, 2 EL
Röstischmalz, Salz

Das „altehrwürdige" Rezept begleitet in der Tat nördlich des sogenannten Röstigrabens, also in der Deutschschweiz, so ziemlich alles, was gut schmeckt ...

❶ Die Kartoffeln auf der Röstireibe grob raffeln.

❷ In eine möglichst eiserne Pfanne geben, in der ein Löffel Schmalz erhitzt wurde. Unter geduldigem Wenden mit dem Spatel braten, bis die Kartoffelraspel golden wirken. Salzen, mit dem Spatel zu einem flachen Kuchen zusammenschieben. Das restliche Schmalz hinzufügen.

❸ Braten, bis die Rösti auf der Unterseite golden leuchtet, dabei den Deckel auflegen. Mit Schwung umwenden – das ist übrigens wirklich nicht schwer! – und auch auf der zweiten Seite golden braten.

Für das Röstischmalz:

500 g Schweineschmalz mit 250 g Butter erwärmen. Zwei gehackte Zwiebeln, zwei zerkleinerte Äpfel und eine Brotscheibe darin etwa eine halbe Stunde auf kleinstem Feuer ziehen lassen. Durch ein Sieb filtern und in einem Steinguttopf abkühlen lassen.

Kratzede

Die beliebteste Beilage im Badischen.

❶ Aus den angegebenen Zutaten einen glatten Teig schlagen, der eine halbe Stunde ruhen muß, bevor er verarbeitet wird.

❷ Dann jeweils eine kleine Kelle davon in eine Eisenpfanne (oder eine beschichtete Pfanne) gießen, in der etwas Butter gerade aufzuschäumen beginnt.

❸ Wenn die Unterseite eben goldbraun wird, den Pfannkuchen wenden und nun mit zwei Gabeln so energisch zerrupfen und zerreißen, daß goldene Flocken entstehen.

Für 4 bis 6 Personen:
400 g Mehl, 3/4 l Milch,
7 Eier, Salz, 50 g zerlassene Butter, Butter zum
Backen

Pfannengerührter Grünspargel

Hierzu brauchen Sie den dünnen Wildspargel oder den kleinen thailändischen Spargel. Er wird nicht geschält, so daß die härteren Enden übrigbleiben – daraus können Sie einen Sud kochen und für eine Suppe aufheben.

❶ Spargel waschen, trocknen und die Stangen bündelweise von der Spitze her in kleinere Stücke schneiden. Im Wok die beiden Ölsorten erhitzen, bis sie zu rauchen beginnen. Die Spargelstücke hineinwerfen und sofort salzen, damit die schöne Farbe erhalten bleibt. Unter ständigem Herumwirbeln auf größter Hitze knackig gar werden lassen.

❷ Zucker darüberstreuen und etwas karamelisieren lassen, dann mit Fischsauce und Limonensaft abschmecken. Sofort servieren.

❸ Für die Sauce, die vor dem Braten der Spargel fertig sein muß, Fischsauce mit Zucker und Limonensaft verrühren.

❹ Chilischoten entkernen und in Ringe schneiden oder fein hacken. Schalotte in Scheibchen

schneiden oder hacken. Knoblauchzehen hacken. Den unteren, zarten Teil des Zitronengrases in hauchfeine Ringe schneiden. Die Zitronenblätter waschen, zusammenrollen und ebenfalls in feine Scheiben schneiden, die sogleich zu Streifen auseinanderfallen. Korianderblätter von den Stengeln abzupfen. Alles in die vorbereitete Fischsauce rühren und mit Sesamöl parfümieren.

Dazu serviert man weißen, duftigen Reis. Jeder nimmt sich Spargel und Reis und beträufelt beides mit der Sauce. Schließlich gehört zu einer richtigen Spargelschlemmerei auch noch ein Dessert – glücklicherweise tischt die Natur zur Spargelzeit ja auch noch andere gute Sachen auf!

Für 4 Personen:
2 kg Wild- oder thailändischen Spargel, 2 EL geschmacksneutrales Pflanzenöl, 2 TL Sesamöl, Salz, 2 EL Zucker, 4 EL Fischsauce (Nuoc Mam, Nam Plaa), 1 EL Limonensaft
Für die Sauce:
4 EL Fischsauce, 2 EL Zucker, 2 EL Limonensaft, 4 große Knoblauchzehen, je 2 grüne und 2 rote Chilischoten, 1 Schalotte, 1 Stengel Zitronengras, 3 Kaffir-Zitronenblätter, einige Stengel grüner Koriander, 1 TL Sesamöl

Schmoren: Das Geheimnis guter Saucen

Das Schmoren

Es ist die Garmethode für alle, die mächtige, köstliche Saucen lieben, denn diese kochen sich sozusagen von selbst. Es entstehen jene alten, hausfraulich-mütterlichen Gerichte, die wir zwar alle gerne mögen, die aber dennoch ein wenig in Vergessenheit geraten sind, weil sie unmodern erscheinen, nicht so recht ins Bild einer modernen, schnellen, kalorien- und schlankheitsbewußten Küche passen wollen.

Aber das ist eher ein psychologisches Problem, denn korrekt geschmorte Gerichte enthalten keineswegs übermäßig viel Fett. Und wenn man in Italien oder Frankreich erlebt, mit welchem Vergnügen sich deutsche Urlauber dem Genuß solcher mütterlichen Schmorgerichte hingeben, dann versteht man nicht, warum sie hierzulande fast ein Schattendasein führen.

Beim Schmoren werden die verschiedenen Aromen zu einer Einheit konzentriert – es gibt nicht das moderner erscheinende Nebeneinander einzelner Zutaten, keine Gegensätze, sondern Harmonie. Freilich: Das Ergebnis ist nur so gut wie die schlechteste

Zutat, die man verwendet hat – wer schmort, darf an nichts sparen, vor allem nicht am Wein, mit dem er kocht!

Ganz gleich, ob man – wie in unserem Fernsehrezept – ein Huhn oder ob man Rind, Schwein, Kalb, Wild oder sonst eine Fleischsorte nimmt: Prinzipiell ist wichtig, daß es sich um durchwachsenes Fleisch handelt. Aus einem Filet oder dem mageren Kotelettstück läßt sich kein mürber Schmorbraten zaubern. Er würde trocken und faserig. Fett, Sehnen, Gallerte und Knochen halten das Fleisch dagegen saftig, machen es zart. Außerdem braucht man noch: viel Zeit. Aber keine Angst, trotzdem ist ein Schmorgericht keine arbeitsintensive Sache. Sobald man ihm den richtigen Anlauf verschafft hat, schmurgelt es ganz alleine seiner Vollendung entgegen, man kann es sich selbst überlassen, braucht sich um nichts mehr zu kümmern.

Unter Schmoren versteht man kräftiges Anbraten in heißem Fett, Ablöschen mit wenig Flüssigkeit und anschließendes Garen bei milder Hitze. Dabei kommt es auf ein paar Dinge entscheidend an, die im folgenden erklärt werden:

Anbraten:

Das Fett – Öl, Schmalz, ausgelassener Speck, Butterschmalz statt hitzeempfindlicher Butter, gut auch eine Mischung aus Butter und Olivenöl – muß heiß, sehr heiß sein, fast schon rauchen, damit sich die Fleischporen sofort schließen und der Saft im Fleisch bleibt. Dadurch entstehen Röststoffe, die den Geschmack konzentrieren: Ohne scharfes Anbraten gibt es nicht den typischen, kräftigen Schmorgeschmack!

Ablöschen:

Nur so viel Flüssigkeit nehmen, daß die Schmorstücke oder der Schmorbraten bis etwa zur Hälfte drinliegen. Sie sollen also nicht darin baden oder versinken, sonst würden sie statt geschmort gekocht, was für den Geschmack wiederum ein völlig anderes Ergebnis brächte.

Die richtige Temperatur:

Geschmort wird nach dem scharfen Anbraten auf ganz kleinem Feuer, besser aber im milde beheizten Backofen. Und zwar bei 150 bis 160 Grad. Natürlich zugedeckt, damit nicht zuviel Flüssigkeit verdampft. Man hört dabei

120

nur ein sanftes Schmurgeln aus dem Topf, kein heftiges Sprudeln.

Braten oder Portionsstücke:

Wenn man das Fleisch in Stücke schneidet, z. B. für Gulasch in Würfel oder das Geflügel in Portionsstücke, ist es wichtig, daß sie die gleiche Größe haben, damit sie gleichmäßig gar werden können. In diesem Fall darauf achten, daß die Stücke nebeneinander liegend Platz darin finden, damit sie gleiche Temperatur und Kontakt mit dem Topfboden haben.

Der richtige Topf:

Früher hat man eiserne oder irdene Töpfe verwendet, die im holzbefeuerten Ofen besonders gleichmäßig und milde die Hitze aufnahmen und weitergaben. Später kamen die Töpfe aus feuerfestem Glas, die allerdings nur auf Gas verwendet werden können. Ideal ist in jedem Fall ein breiter, flacher Topf, aus gut leitendem Material. Immer mehr schätzt man wieder das solide, schwere Gußeisen. Solche Töpfe haben früher viel Mühe gemacht, denn man mußte sie putzen und immer wieder mit Öl einlassen. Und man durfte das fertige Gericht nicht darinnen stehenlassen, weil der eiserne Topf sonst rosten konnte. Moderne Gußeisentöpfe sind behandelt, emailliert oder mit einem speziellen Überzug versehen, der das Rosten unmöglich macht, so daß man das Schmorgericht am Vortag kochen und darin aufbewahren kann, ehe man es wieder aufwärmt. Der Topf sollte ofenfeste Griffe haben, die im Bratrohr keinen Schaden nehmen, auch wenn die Temperaturen nicht allzuhoch sind.

Die richtige Hitzequelle:

Das Anbraten sollte auf dem Herd stattfinden, wo die Gas- oder Elektrohitze rasch zur Verfügung steht. Elektroplatten lassen sich auch für das Fortschmoren bei geringer Hitze herunterregulieren – doch muß man vor dem Ablöschen mit Flüssigkeit die Fleischstücke herausheben, damit sie in der rasch aufkochenden Flüssigkeit (vom Anbraten ist eine starke Resthitze gespeichert) nicht zu kochen beginnen, was sie hart werden ließe. Die Gasflamme läßt sich zum sanften Schmoren allerdings nur schwer so klein stellen, daß die richtige Hitze erzielt wird; man muß eine Dämmplatte dazwischenlegen, die die Wärme mildert und verteilt. Besser ist es jedoch, den Topf gleich in den Backofen zu stellen, wo die Hitze rundum einwirken kann.

Der Deckel:

Wichtig ist außerdem ein dichtschließender, schwerer Deckel, der verhindert, daß zuviel Flüssigkeit verdampft. Manche Schmortöpfe verfügen über eine Vertiefung im Deckel, in die man kaltes Wasser gießen oder sogar Eiswürfel legen kann, um diesen zu kühlen. Dadurch schlägt sich an dessen Unterseite der im Topf aufsteigende Dampf als Kondensflüssigkeit ab und tropft wieder auf das Fleisch im Topf herunter, das sich auf diese Weise sozusagen selbst „begießt". Solche Töpfe sind für ganze Bratenstücke besonders praktisch, die dadurch schön saftig geraten.

Die richtige Garzeit:

Zartes Fleisch, wie die Hühnerbrust, ist in wenigen Minuten gar. Mit Sehnen und Knochen durchzogene Stücke, zum Beispiel die Keulen, brauchen schon etwas länger. Deshalb sollte man immer die empfindlichen Bruststücke überprüfen und aus dem Topf nehmen, sobald sie knapp gar sind. Erst zum Schluß läßt man sie im Schmorsud wieder warm werden. Große Braten brauchen Zeit und nehmen es dann mit der Minute nicht so genau. Ein Rinderschmorbraten von zwei bis drei Kilogramm (kleinere sollte man nie machen, sie trocknen zu leicht aus) braucht mindestens seine drei, besser sogar vier Stunden – Hauptsache, die Temperatur stimmt, ist also sanft genug eingestellt.

UNSER MENÜ

Und nun zu unserem Menü, das wir unseren Gästen servieren. Mit einer frischen farbenfrohen und knackigen Vorspeise geht es los:

Vorspeise: Marinierte Gemüse

Sie machen nicht viel Arbeit, dafür eine Menge Eindruck: Die marinierten Gemüse sehen bildschön aus, sind leicht, bekömmlich und erfrischend. Dazu gibt's frisch aufgebackenes Stangenweißbrot, italienisches Brot oder Fladenbrot vom Griechen, beziehungsweise Türken, mit dem sich die herrliche Vinaigrette bis zum letzten Tröpfchen aufwischen läßt. Wichtig ist natürlich ein erstklassiges Olivenöl, das würzig und aromatisch schmeckt. Man erkennt die beste Qualität immer daran, daß das Wörtchen „extra" auf dem Etikett vermerkt ist, und leider auch am stolzen Preis.

❶ Den Lauch putzen, welke oder beschädigte Blätter entfernen, die Stange längs aufschlitzen, damit auch aller Sand zwischen den einzelnen Blattschichten herausgespült werden kann.

❷ Die Möhren mit dem Sparschäler schälen, auf dem Gurkenhobel längs in dünne Scheiben

schneiden. Die Fenchelknollen, wenn nötig, von den faserigen Außenschichten befreien, schließlich vierteln oder sogar achteln – jeweils so, daß sie am Stielende noch zusammenhaften. Den Blumenkohl in Röschen teilen. Die faserigen Stengel des Selleries entfernen, das Herz längs vierteln.

❸ Die Gemüse in reichlich Salzwasser knapp gar kochen; sie sollen noch ein wenig Biß haben, dürfen auf keinen Fall zu weich werden. Deshalb immer mal wieder mit der Messerspitze hineinstechen und prüfen. Notfalls die garen Stücke bereits herausheben, wenn andere noch ein wenig länger brauchen.

❹ Die Gemüse gut abtropfen lassen, damit die Vinaigrette später nicht zu sehr verwässert wird. Auf einer Platte hübsch, nach Farben sortiert, anrichten und sofort, also noch warm, mit der Vinaigrette übergießen.

❺ Dafür Essig, Zitronensaft, Salz, Pfeffer, durch die Presse gedrückten Knoblauch, Senf und Olivenöl mit dem Schneebesen oder im Schüttelbecher aufschlagen. Die Marinade sollte dabei cremig und leicht dicklich werden.

❻ Über das Gemüse gießen, kurz durchziehen lassen und zum Schluß den in feine Röllchen geschnittenen Schnittlauch darüberstreuen.

❼ Die Gemüse dann aber möglichst bald, also noch lauwarm, zu Tisch bringen.

Für 4 bis 6 Personen:
2 schlanke Lauchstangen, 2 mittelgroße Möhren, 2 Fenchelknollen, 1 kleiner Blumenkohl, 1 Staudensellerie, Salz

Für die Marinade:
2 EL Sherry oder 3 EL Weißweinessig, 2 EL Zitronensaft, Salz, Pfeffer, 2 Knoblauchzehen, 1 TL scharfer Senf, 5 EL Olivenöl, 1 Bund Schnittlauch

122

Hauptgericht: Coq au vin –
Hahn in Rotweinsauce

Einen gut gemästeten Hahn wird man leider bei uns nur schwer bekommen. Wer Glück hat, kennt einen sorgfältig arbeitenden Geflügelzüchter, der ihm eine solche Delikatesse anbieten kann. Ab und zu kann man in gutsortierten Feinkostgeschäften aus Frankreich importierte Masthähne kaufen. Ein ausgewachsener Hahn bringt leicht zwei Kilogramm auf die Waage, häufig auch mehr. Natürlich ist sein Fleisch fester in der Struktur als das eines Brathähnchens, bedarf also einer längeren Garzeit. Im allgemeinen wird man auf dem Markt eine Poularde finden, die rund 1,5 kg wiegt. Dabei handelt es sich im Prinzip um nichts anderes als ein schweres, also länger gemästetes Brathähnchen. Ein Suppenhuhn, das bereits eine Karriere als Eierproduzentin hinter sich hat, ist nicht geeignet. Für unser Rezept gehen wir am liebsten von einem frischen Geflügel aus:

❶ Das Huhn in acht Portionsstücke schneiden: Zunächst mit der Geflügelschere entlang dem Rückgrat und dem Brustbein in zwei Hälften teilen. Die Schenkel abtrennen und im Gelenk in Ober- und Unterschenkel teilen. Den Flügel mit einem kleinen Stück der Brust ablösen und schließlich die Brust mitsamt den Knochen, Füßen, Rückgrat und Hals klein hacken. Falls Innereien vorhanden sind, diese waschen und putzen; die Leber, deren Eigengeschmack nicht in die Sauce paßt, lieber gleich braten und „vernaschen" oder anderweitig verwenden.

❷ In einem Schmortopf das Öl und 2 EL Butter erhitzen, die Geflügelteile darin auf starker Hitze scharf rundum anbraten, die kleingehackten Stücke und die Innereien drumherumstreuen und mitrösten.

❸ Salzen, pfeffern, Mehl darüberstäuben und golden rösten, bevor mit Cognac abgelöscht wird.

❹ Sobald die Flüssigkeit verdampft ist, die Geflügelstücke herausheben, häuten und zwischen zwei Tellern warm stellen. Die Haut in den Topf zum Auskochen geben, sie macht den Saucenfond kräftiger.

❺ Möhre, Lauch, Sellerie und Zwiebel, in kleine Würfel geschnitten, in den Topf geben und anbraten, schließlich Kräuter, Lorbeerblätter, die zerquetschten oder halbierten Knoblauchzehen, Nelken, Pfefferkörner und Steinpilze hinzufügen und alles miteinander etwas anrösten.

Für 4 bis 6 Personen: 1 schöne, fette Poularde (ca. 1,5 kg), 2 EL Öl, 4 EL Butter, Salz, Pfeffer, Mehl zum Bestäuben, 1 Gläschen Cognac, 1 Möhre, 1 Lauchstange, 1 Stück Sellerie, 1 Zwiebel, je 1 Thymian- und Rosmarinzweig, 2 Lorbeerblätter, 2-3 Knoblauchzehen, 2 Gewürznelken, 10 Pfefferkörner, 2 EL getrocknete Steinpilze, 1 Flasche Rotwein (siehe Kapitel „Der Wein"), 150 g durchwachsener Bauchspeck in dünnen Scheiben, 12 Schalotten oder kleine Zwiebeln (z.B. die flachen, milden Grill- oder Feinschmeckerzwiebeln), 250 g Champignons, 100 g Crème fraîche, Petersilie

❻ Mit dem Rotwein ablöschen. Ohne Deckel etwa eine halbe Stunde köcheln, um den Saucenfond zu konzentrieren. Nun durch ein Sieb filtern, dabei Knochen und Gemüse gut ausdrücken.

❼ Im Schmortopf jetzt die restliche Butter erhitzen und den in fingerbreite Scheiben geschnittenen Speck darin sanft ausbraten. Die geschälten, jedoch unzerteil-

ten Zwiebeln sowie die geputzten Champignons hinzufügen, auf stärkerer Hitze anbräunen.

❽ Die Hühnerstücke jetzt häuten, dann hinzufügen. Den Saucenfond mit der Crème fraîche verquirlen und angießen. Nunmehr zugedeckt im 160 Grad heißen Backofen, unterste Schiene, oder auf der mittelheißen Herdplatte etwa 45 Minuten schmoren.

❾ Zum Schluß die feingehackte Petersilie einrühren und vor dem Servieren einmal abschmecken.

❿ Man kann dazu einfach frisches Weißbrot reichen, mit dem sich die Sauce gut vom Teller wischen läßt. Noch besser schmekken allerdings als Beilage Nudeln oder Spätzle dazu, und diese wiederum sind am besten natürlich selbstgemacht:

Beilagen: Eiernudeln

❶ Das Mehl auf die Arbeitsfläche häufen, in die Mitte eine Vertiefung drücken, salzen und dort hinein die Eier gleiten lassen. Zunächst mit einer Gabel verquirlen und mit dem Mehl vom Rand mischen. Soviel Mehl einarbeiten, wie die Eier aufnehmen können. Schließlich mit der Hand kräftig durchkneten, es soll ein ge-

schmeidiger Teig entstehen, der nicht klebt. Unter einer mit heißem Wasser ausgespülten Schüssel eine halbe Stunde ruhen lassen.

❷ Portionsweise ausrollen, entweder mit dem Nudelholz oder mit Hilfe der Nudelmaschine. In Bandnudeln schneiden.

Für 4 bis 6 Personen: ca. 350 g Mehl, 1/2 TL Salz, 4 Eier

❸ Und schließlich in reichlich Salzwasser nur ganz knapp gar kochen, damit sie nicht zusammenkleben, mit etwas Öl oder Butter durchschwenken.

Spätzle

Für 4 bis 6 Personen: ca. 300 g Mehl, 1/2 TL Salz, 5 Eier

❶ Mehl, Salz und Eier mit einem Rührlöffel so lange schlagen, bis ein streichfähiger, glatter Teig entsteht, der Blasen wirft.

❷ In einem großen Topf reichlich Salzwasser zum Kochen bringen, den Teig portionsweise auf ein

angefeuchtetes Brett streichen und mit einem Messer schmale Streifen davon direkt ins Wasser schaben. Oder den Teig mit Hilfe einer Spätzlepresse formen.

❸ Oben schwimmende Spätzle sind gar, mit einer Schaumkelle herausfischen und abtropfen lassen.
Vor dem Servieren entweder in frischem Salzwasser ein zweites Mal aufwallen lassen, um sie wieder zu erwärmen und um anhaftende Stärke abzuwaschen, oder die Spätzle in heißer Butter schwenken, „schmälzen", wie man in Schwaben sagt.

Dessert: Birnen-Tarte à la Tatin

Die Schwestern Tatin haben einst eine Art Apfelkuchen erfunden, die als Tarte Tatin berühmt geworden ist: ein Kuchen mit karamelisierten Äpfeln, der zunächst sozusagen auf dem Kopf gebacken und schließlich gestürzt wird. Wir haben die Idee aufgegriffen, statt Äpfel Birnen verwendet und statt eines Mürbeteigs einen (fertig gekauften) Blätterteig genommen. Damit er noch blättriger aufgeht und so buttrig schmeckt, als hätte man ihn selbst gemacht, verraten wir Ihnen im folgenden Rezept einen Trick.

Man braucht für diesen Kuchen, der übrigens lauwarm am besten schmeckt, eine geschlossene Backform, weil zunächst darin aus Butter und Zucker ein Karamel gekocht wird, der aus einer Springform auslaufen würde.

Wer keine solche Form besitzt, muß eine Springform mit einer doppelten Schicht Alufolie auslegen; aber das Ergebnis ist nicht eben berauschend – kaufen Sie lieber für ein paar Mark im Haushaltsgeschäft oder Kaufhaus eine Pie-Form aus Metall, die auch auf die heiße Herdplatte gestellt werden kann (Vorsicht bei Keramik, auch wenn sie als feuerfest deklariert ist: Durch die große Hitze

des karamelisierten Zuckers auf dem Topfboden kann dieser platzen!)

❶ Die Teigplatten nebeneinanderliegend auftauen lassen. Zwei Platten schließlich dünn mit Butter bestreichen, sie aufeinanderstapeln, obenauf die unbestrichene Teigplatte legen. Zu einer Fläche ausrollen, die möglichst genau der Form entspricht. Die Form umgedreht auflegen und mit der Messerspitze drumherumfahren, so daß eine genau passende Teigplatte entsteht. (Aus den Abschnitten kleine Schweinsöhrchen backen: Zu einer messerrückendünnen Fläche ausrollen, mit Butter einstreichen, mit Zucker bestreuen und jeweils von Längsseite bis zur Mitte hin einrollen. Quer in dünne Scheiben schneiden, nebeneinander auf ein mit Backpapier belegtes Blech setzen und blond backen.)

❷ Die Birnen schälen, vierteln vom Kerngehäuse befreien, mit Zitronensaft rundherum beträufeln, damit sie nicht braun werden. Der Zitronensaft unterstützt das Birnenaroma.

❸ In der Backform auf der Herdplatte die Butter schmelzen, den Zucker darin richtig auflösen,

aber nicht braun werden lassen. Die Birnenviertel dicht an dicht, mit ihrer runden Seite nach unten, kreisförmig in die Form schichten. Darauf achten, daß es ein hübsches Muster ergibt, wenn man nachher den Kuchen stürzt.

125

❹ Die Birnen auf mildem Feuer in diesem Karamel kochen, bis dieser die Farbe von dunklem Gold erreicht hat. Dabei immer wieder die Form drehen und schwenken, damit die Birnen auch an der Seite vom Karamel erreicht werden.

❺ Die Teigplatte über die Birnen breiten, dabei mit der Messerspitze, ganz dicht an der Form entlang, den Rand über die Birnen drücken. Die Oberfläche mit Butter einpinseln und mit Zucker

Birnen-Tarte

❶ Die Blätterteigplatten auftauen, schließlich aufeinanderstapeln und zu einer knapp halbzentimeterstarken Platte ausrollen.

❷ Eine 24 cm große Springform mit kaltem Wasser ausspülen, mit der Teigplatte auslegen, dabei

bestreuen. Ein Gitter (z.B. ein Kuchengitter oder einen metallenen Gitteruntersetzer) obenauf legen, damit der Blätterteig nicht zu sehr hochgeht. Im 200 Grad heißen Backofen ca. 35 Minuten auf der mittleren Schiene backen, bis der Teigdeckel goldbraun geworden ist.

❻ Etwa fünf Minuten abkühlen lassen, dann die Form mit einer Kuchenplatte abdecken, mit Schwung die ganze Sache auf den

rundum einen kleinen (ca. 2 cm hohen) Rand hochziehen. Den Teigboden mit 2 EL Aprikosenkonfitüre bestreichen.

❸ Die Birnen schälen, vierteln, vom Kerngehäuse befreien. Jedes Viertel längs in halbzentimeterdünne Scheiben schneiden. Diese Scheiben möglichst akkurat im Kreis auf dem Teigboden auslegen. Sie mit Zucker bestreuen,

Kopf drehen und die Tarte stürzen. Falls sich zuviel Saft in der Form gesammelt hat – was bei besonders saftigen Früchten vorkommt, den Saft zuvor behutsam abgießen. (Er schmeckt übrigens herrlich als Karamelsauce über Früchten.)

❼ Die Birnen-Tarte auf einer Tortenplatte anrichten. Dazu steifgeschlagene Sahne servieren, die mit etwas Vanillezucker gewürzt ist.

mit flüssiger Butter einpinseln. Die Form in den 200 Grad heißen Ofen schieben. Die Birnen-Tarte 25 bis 30 Minuten backen, bis der Boden gar und die Birnen an den Kanten gut gebräunt sind.

❹ Die restliche Aprikosenkonfitüre mit Birnengeist und Zucker eine Minute lang sprudelnd kochen. Die Birnenscheiben damit gleichmäßig einpinseln. Rundum einen Kranz von gehackten Pistazien streuen. Den Kuchen noch warm zu Tisch bringen.

Für 4 bis 6 Personen:
3 Scheiben tiefgekühlter
Blätterteig, 3 EL Apriko-
senkonfitüre, 4 Birnen,
Birnengeist, 2 EL
Zucker, 2 EL Butter,
gehackte Pistazien

Der Wein

Zur Vorspeise trinken wir einen trockenen Frankenwein, eine Weißburgunder Spätlese. Der Wein ist geprägt von der herrlichen Reife der Trauben in diesem

hervorragenden Jahr, absolut trocken, aber kein bißchen sauer. Wuchtig, mit dem für die besten Frankenweine typischen Feuersteinton, klar und gradlinig, dabei voller Frucht.

Es braucht schon einen kräftigen, durch seinen Alkohol gut fundierten Wein zu der leicht säuerlichen, fast salatartigen Vorspeise – aber dann ist die Harmonie auch perfekt. Wir können nicht finden, daß die alte Regel „kein Wein zu Speisen mit Essig" noch stimmt, wenn man einen guten, reinen Weinessig nimmt, nicht unseren normalen deutschen Essig, der zwar „Weinessig" heißt, aber zu 80% aus industriell gewonnenem Alkoholessig bestehen darf. Eine Irreführung des Verbrauchers, der mehr als nur 20% Weinessig kaufen will, wenn er einen Weinessig kauft ...

Halten Sie sich daher vorzugsweise an Produkte, die garantieren, daß sie aus 100%igem Weinessig bestehen, allerdings besitzen sie eine höhere Säure als die normal in Deutschland üblichen 5%: Weinessige zwischen 6 und 8%, Sherry-Essig sogar bis zu 10%. Verwenden Sie so starke Essige, dürfen die zu marinierenden Gemüse etwas feucht sein, und Sie dürfen mit dem Olivenöl nicht zu sparsam sein. Balsamico-Essig ist in diesem Fall nicht geeignet, denn er ist zu süß.

Zum Coq au vin trinken wir denselben Wein, mit dem er geschmort wurde: In diesem Fall einen Morgon, einen der besten Weine aus dem Beaujolais. Man könnte sich freilich auch ganz anders entscheiden – das ist eine Frage des persönlichen Geschmacks und des Kellers! Hierzu einige Ausführungen: Als Coq au Chambertin zierte das Gericht die königliche und später großbürgerliche Tafel – was man sich heute nicht mehr leisten kann, denn der Chambertin gehört zu den teuersten Weinen der Welt. Man wird also – und tut dies auch in Burgund – auf einen preiswerteren Dorf- oder Gebietswein zurückgreifen, einen Gevrey-Chambertin oder Bourgogne. Aber dennoch auf gute Qualität achten, denn ein weniger guter Wein kann das ganze Gericht verderben.

Verwenden Sie, wie wir, einen Beaujolais, so sollte dies ein guter reifer Jahrgang sein aus einer der guten Appellationen (bestimmten Gebieten bester Qualität): Fleurie, Brouilly, Cotes-de-Brouilly, Chiroubles, Chenas, Julienas, St. Amour, Moulin-à-Vent, Morgon. Diese Weine werden besonders gepflegt und haben nichts gemeinsam mit dem Beaujolais Nouveau, der die hervorragenden Qualitäten dieser einst zu Recht berühmten Beaujolais-Lagen so stark in den Hintergrund gedrängt hat, daß sie bei uns leider fast vergessen sind. Es lohnt sich, diese in zarter, frischer Säure und vollem, elegantem Körper ausgewogenen Weine wieder zu entdecken.

Traditionell verwendet man für den Coq au vin weiterhin die Weine der Rhone, auch nicht zu tanninreiche (gerbsäurebetonte) Weine aus dem Bordeaux-Gebiet, Pinot Noir (Spätburgunder) aus dem Elsaß. Hier allerdings hat der Coq au Riesling seine Heimat, der nur leicht angebratene Hahn, der in einem reifen, vollen Riesling geschmort wird. Auch Badische Riesling Spätlesen (bzw. sehr kräftige, trockene Spätburgunder Spätlesen) eignen sich gut.

Aber eigentlich kann man jeden Wein nehmen, wenn er nur gut ist und man die Gewürze auf ihn abstimmt! In der Champagne nimmt man Champagner, in der Toskana Chianti und in Spanien Rioja. Und in Bayern oder Belgien Bier – eine Zubereitung, die man merkwürdigerweise auch im weinreichen Burgund liebt ...

Zum Birnenkuchen machen wir eine Flasche Riesling Vendange Tardive von Jean Hugel auf, ein reifer, zartsüßer, delikater und fruchtiger Wein, der mit der Süße des Kuchens wunderbar harmoniert. Auch geeignet: eine deutsche Riesling Auslese oder Beerenauslese. Oder, wenn Sie mögen, eine Tasse Kaffee.

ZUSATZREZEPTE

Rinderschmorbraten – Boeuf à la mode

❶ Das Fleisch vollkommen von Häuten und Sehnen säubern. Für die Marinade die Zwiebeln schälen und grob hacken. Knoblauchzehen zerdrücken. Möhren putzen und in Scheiben schneiden.

❷ Gemüse mit dem Fleisch in eine Schüssel schichten. Kräutersträußchen hinzufügen. Pfefferkörner hineinstreuen. Öl darüberträufeln. Mit Rotwein auffüllen, so daß das Fleisch bedeckt ist. An einem kühlen Ort 12 Stunden ziehen lassen. Das Fleisch dabei einige Male umdrehen.

❸ Eine halbe Stunde vor Kochbeginn den Speck in 1 Zentimeter dicke Streifen schneiden. Salzen, pfeffern, mit Petersilie bestreuen. In ein Schüsselchen legen, mit Cognac übergießen, 30 Minuten marinieren. Das Fleisch aus der Marinade nehmen, trockentupfen. Marinade durch ein Sieb gießen. Flüssigkeit auffangen. Die Gemüse abtropfen lassen.

❹ Braten mit Hilfe einer Spicknadel (bzw. Spickstab) spicken, und zwar gleichmäßig, damit später beim Anschneiden ein hübsches Muster entsteht. Kalbsfüße in kaltem Wasser aufsetzen. 10 Minuten unbedeckt kochen lassen, abgießen, mit kaltem Wasser abschrecken. In einem großen Schmortopf Öl rauchend heiß werden lassen. Den Braten darin rundum scharf anbraten. Herausnehmen und warm stellen. Hitze herunterschalten.

❺ Im verbliebenen Bratfett das Gemüse aus der Marinade andünsten, aber keine Farbe annehmen lassen. Fleisch und Kalbsfüße hinzufügen. Mit der Marinade und so viel Fleischbrühe auffüllen, daß alles zu zwei Dritteln bedeckt ist. Aufkochen, aufsteigende Unreinheiten mit dem Schaumlöffel abschöpfen.

❻ Den Topf verschließen. Im vorgeheizten Ofen bei 180 Grad drei

Stunden schmoren. Währenddessen die Möhren putzen, spindelförmig zuschnitzen oder in 1 Zentimeter dicke Scheiben schneiden. Zwiebeln schälen. Beide Ge-

müse in heißer Butter golden anbraten.

❼ Nach drei Stunden das Fleisch in einen zweiten Schmortopf umfüllen. Zwiebeln und Möhren hinzufügen. Mit der Schmorflüssigkeit begießen. Zudecken, weitere 1 1/2 Stunden im Ofen garen.

❽ Kalbsfüße von den Knochen lösen, in Stücke schneiden. Das Gemüse aus der Marinade nun wegwerfen. Den Schmorbraten in eine flache Pfanne setzen. Möhren und Zwiebeln warm stellen.

❾ Die Sauce durch ein feines Haarsieb oder durch ein mit Filterpapier ausgelegtes Drahtsieb in eine Kasserolle gießen, auf starker Hitze einkochen. Es soll etwa ein halber Liter übrigbleiben. Durch die gelierenden Eigenschaften der Kalbsfüße wird die Sauce dicklich.

❿ Etwas von der Sauce abnehmen, in die Pfanne mit dem fertigen Braten geben. Aufkochen,

den Braten darin unter wenden rundum Farbe annehmen lassen, d.h. „glasieren". Auf einer vorgewärmten Platte anrichten. Die Gemüse und das Fleisch der Kalbsfüße darum legen. Mit der sehr heißen Sauce überglänzen. Den Rest der Sauce getrennt dazu reichen.

Anmerkung:

Am einfachsten tut man sich mit dem Spicken, wenn man einen speziellen Spickstab zur Verfügung hat, wie ihn die Profis verwenden. Man legt darin den zugeschnittenen Speck ein, der dann mit einer Art Klappe festgehalten wird. So kann man ins Fleisch stechen, ohne daß der Speckstreifen beim Einstechen immer wieder zurückgeschoben wird. Leider werden diese sehr praktischen Spickstäbe nirgendwo im Haushaltshandel angeboten. Sie bekommen sie in Spezialgeschäften, die im Branchenverzeichnis des Telefonbuchs unter dem Stichwort „Hotel- und Gaststättenzubehörfachhandel" zu finden sind.

Für 8 bis 10 Personen:
2000 g Rindfleisch aus
der Oberschale

Für die Marinade:
250 g Zwiebeln, 5 Knoblauchzehen, 3 Möhren,
1 Kräutersträußchen
(bestehend aus 1 Lauchstange, 2 Petersilienstengeln, 1 Lorbeerblatt,
2 Thymianstengeln),
6 Pfefferkörner, 2 EL Öl,
1/2 l trockener Rotwein

Zum Spicken:
250 g fetter (grüner)
Speck, Salz, Pfeffer,
1/8 l Cognac, 1 EL
gehackte Petersilie

Zum Schmoren:
3 EL Öl, 2 Kalbsfüße,
1 l Fleischbrühe

Für die Garnitur:
500 g Möhren, 20 kleine
Zwiebeln, 50 g Butter

Rheinischer Sauerbraten

❶ Das Rindfleisch von Häuten, Sehnen und überflüssigem Fett säubern. In eine Schüssel legen. Fleischbrühe, Essig und Wein aufkochen. Lorbeerblätter, Piment, Wacholder und Pfeffer hinzufügen.

❷ Zwiebeln und Möhren schälen. Die Zwiebeln in Ringe, die Möhren in dünne Scheiben schneiden und hinzufügen. Fünf Minuten kochen. Etwas abkühlen lassen und über das Fleisch gießen.

❸ Drei bis vier Tage an einem kühlen Ort ziehen lassen. Dabei das Fleisch mehrmals wenden. Immer darauf achten, daß alles von Flüssigkeit bedeckt ist.

❹ Den Speck würfeln. In einem Bräter auslassen. Stark erhitzen, dann erst das sorgfältig abgetrocknete Fleisch rasch auf allen Seiten kräftig anbraten. Die Marinade durch ein Sieb schütten und auffangen.

❺ Den Braten mit der Hälfte davon ablöschen. Aufkochen. Den Topf mit einem Deckel gut verschließen und im Backofen 2 1/2 Stunden garen. Dann den Rest der Marinade darübergießen und die Zwiebeln und Möhren hinzufügen.

Für 6 bis 8 Personen:

1,5 kg Rindfleisch aus der Oberschale, 1/2 l Fleischbrühe, 1/4 l Weißweinessig, 1/2 l trockener Weißwein, 80 g fetter (grüner) Speck, 2 Lorbeerblätter, 5 Pimentkörner, 5 Wacholderbeeren, 10 weiße Pfefferkörner, 2 Zwiebeln, 2 Möhren, 1 Bund Petersilie, Salz

❻ Eine weitere Stunde im Ofen schmoren. Den Braten herausnehmen und warm stellen. Die Schmorflüssigkeit auf der Herdflamme rasch einkochen, bis sie leicht dicklich ist. Die Petersilie fein hacken und hineinrühren. Mit Salz abschmecken.

❼ Den Braten in dünne Scheiben schneiden. Auf einer heißen Platte anrichten. Mit etwas Sauce beträufeln. Den Rest davon getrennt dazu reichen.

❽ Im Rheinland ißt man zum Schmorbraten entweder Hefeklöße oder Klöße aus gekochten Kartoffeln.

Anmerkung: Der wahre Rheinländer läßt in der letzten Stunde noch eine großzügige Handvoll gewaschener Rosinen mitschmoren. Sie werden in der Sauce mitgegessen, die manchmal noch mit etwas Sahne eingekocht wird. Das Rosinenaroma ist in der Tat reizvoll, weil es sich mit dem Wein zusammen zu einem sehr intensiven Geschmack verbindet.

Italienisches Spaghetti-Fest

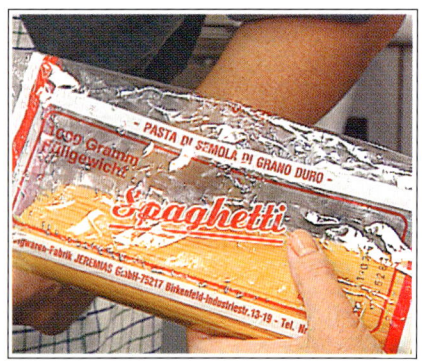

Spaghetti: Auf die Qualität kommt es entscheidend an!

Spaghetti sollten stets aus Hartweizen sein – nur dann haben sie den typischen und begehrten Biß

Spaghetti wie in Italien

In Italien rechnet man mit einem Pro-Kopf-Verbrauch an Spaghetti, beziehungsweise Pasta in allen möglichen Formen, von ca. 35 Kilogramm – natürlich Kinder und Senioren mit eingerechnet. Bei uns sind es keine 9 Kilo, die jährlich der statistische Deutsche zu sich nimmt. Unser Spaghettiverbrauch ist also ausbaufähig! Mindestens einmal am Tag gehört die Pasta in Italien auf den Tisch, und zwar stets als Vorspeise – der nur noch ein kleines, bescheidenes Hauptgericht folgt. Das ist Bestandteil der so gesunden, sogenannten mediterranen Diät. Die Kohlenhydrate, die die Pasta liefern, spenden schnell aufschließbare Kalorien, die der Körper gut verwerten kann und die sich nur auf die Hüften setzen, wenn man zuviel davon zu sich nimmt. Leider kann das nur zu leicht passieren, weil Nudeln bzw. Spaghetti so verteufelt gut schmecken.

Einen Teller Spaghetti weist niemand zurück – es sei denn, sie sind schlampig, also zu lange gekocht. Denn das ist zunächst einmal das Wichtigste: Niemals dürfen Spaghetti zu weich sein, sie müssen noch Biß haben, den Zähnen noch leicht Widerstand bieten. »Al dente« nennen das die Italiener. Ist also diese Hürde genommen, sind Spaghetti das Vielseitigste, was man in der Küche haben kann. Denn sie passen sich leicht an, ordnen sich jedem Geschmack unter, vereinen sich mit den unterschiedlichsten Gewürzen und Zutaten zu immer wieder neuen delikaten Kombinationen.

Es gibt Spaghetti in unterschiedlichen Stärken: vom ganz feinen sogenannten Engelshaar (Capelli D'Angelo) über sogenannte Spaghettini, die etwas dickeren Spaghetti oder Vermicelli bis zu Stricknadelstärke, den Spaghettoni – natürlich ist es Geschmackssache, wofür man sich entscheidet. Allerdings: je dünner, desto besser kommt die Sauce zur Geltung!

Die richtige Qualität

Achten Sie beim Einkauf darauf, daß Sie Spaghetti aus Hartweizen kaufen. Sie erkennen sie an der auffällig gelben Farbe – Hartweizen ergibt ein gelbliches, kein weißes Mehl wie der sonst bei uns übliche Weichweizen. Es ist stets auf der Packung vermerkt, um welche Art von Weizen es sich handelt! Achten Sie darauf! Es gibt Hartweizennudeln ganz ohne

Ei hergestellt, sie bestehen also aus nichts anderem als Mehl und Wasser!

Aber auch Eiernudeln bestehen aus Hartweizen, sofern sie bester Qualität sind. Hartweizen ist übrigens ein besonders hochwertiges Getreide, das mehr Spurenelemente und Mineralien enthält als normaler Weizen, er ist deshalb wertvoller – leider auch teurer, weshalb man aus diesem Mehl hergestellte Nudeln bereits am etwas höheren Preis erkennt. Ob Sie Spaghetti mit oder ohne Ei verwenden, ist Geschmackssache. Im Allgemeinen haben die ohne Ei einen festeren Biß.

Ob die Nudeln guter Qualität sind, kann man sehen: an der leuchtend gelben Farbe, die auf besten Hartweizen hindeutet, und daran, daß die Nudeln matt schimmern, wie Seide etwa, und keinerlei dunklen Einschlüsse aufweisen.

Spaghetti richtig Kochen

Es sind vier Punkte, die schon beim Kochen darüber entscheiden, ob Sie gute Spaghetti servieren werden oder nicht:

1. Ob Sie extrem lange Spaghetti oder die üblichen kurzen verwenden, ist Geschmackssache – eines aber sollten Sie niemals tun: sie in Stücke brechen! Keine Angst, sie passen trotzdem in den Topf: die

Spaghetti als Bündel fassen, ins kochende Wasser stellen und weichen lassen, dabei vorsichtig nachschieben, bis sie total im Topf verschwunden sind. Jetzt, das ist ganz wichtig, mit einer Gabel aufrühren, damit die Spaghetti nicht zusammen- oder sogar am Topfboden kleben bleiben. Sie müssen schwimmen!

2. Wichtig ist auch: Spaghetti brauchen Platz. Nehmen Sie den größten Topf, den Sie haben – lieber zu groß, als zu klein! Wer Spaghetti in zu kleinem Topf kocht, muß sich nicht wundern, wenn sie pappig werden – sie brauchen viel Wasser, in dem die Stärke, die ihnen anhaftet und die sich im kochenden Wasser löst, sich auf ein unschädliches Maß verdünnt. Es gilt als Faustregel: **pro Pfund Spaghetti ein Liter Wasser!**

3. Bringen Sie das Wasser im zugedeckten Topf rasch zum Kochen, salzen Sie erst dann! Denn das Salz verzögert den Siede-

Ob meterlange oder normal kurze Spaghetti – das ist Geschmackssache

Auf keinen Fall die Spaghetti brechen. Sie in das kochende Wasser stellen, dann sanft nachschieben, bis sie untergetaucht sind.

Ein solcher Siebeinsatz für den Spaghettitopf hilft, die Nudeln rasch aus dem Kochwasser zu heben

Spaghetti und frisch geriebener Käse – zwei die unbedingt zusammengehören

punkt, es dauert also unnötig lang, bis das Wasser endlich kocht! Werfen Sie die Spaghetti rasch hinein, lassen Sie sie weich werden, und rühren Sie sofort gründlich um. **Geben Sie jetzt kein Öl hinzu,** auch wenn Sie das als heißen Tip immer wieder empfohlen bekommen! Das Öl macht die Spaghetti rutschig, was bedeutet, daß keine Sauce mehr haften bleiben kann. Und: Sie schütten es nachher, beim Abgießen, ohnehin weg. Besser ist es, diesen Schuß Öl ganz zum Schluß hinzuzufügen, wenn die Nudeln mit der Sauce vermischt sind – dann ist es ein willkommenes Gewürz, das – vorausgesetzt, Sie verwenden hochwertiges Olivenöl – die Nudeln besonders bekömmlich macht.

4. Und ein letztes: Lassen Sie die Nudeln niemals abtropfen! Sie werden dabei kalt, sie trocknen aus, sie kleben zusammen! Gießen Sie sie nur rasch durch ein großes Sieb ab, und geben Sie sie unverzüglich, mitsamt dem anhaftenden Wasser, zur Sauce. Jetzt wird alles gründlich gemischt, am besten sogleich auch mit einem Teil der frisch geriebenen Käse, und dann kann sofort serviert werden. Kann? Nein, es muß! Es ist eine Todsünde, Spaghetti stehen zu lassen. Niemals darf man sie warten lassen, lieber sollen die Gäste auf die Spaghetti warten!

Mengenlehre: Wieviel Spaghetti pro Person?

Will man Spaghetti als Vorspeise servieren, rechnet man zwischen 50 und 80 Gramm pro Kopf. Als Hauptgericht dürfen es ruhig 100 bis 110 Gramm sein. Als Beilage würden sogar nur 30 bis 40 Gramm reichen – aber das ist ein anderes Thema!

In Italien räumt man Spaghetti stets eine wichtige, am liebsten sogar die Hauptrolle ein.

Der richtige Käse: Vom echten und vom falschen Parmesan

Der Begriff „Parmesan" sagt gar nichts: Er darf für jegliche Art von geriebenem oder noch zu reibendem Hartkäse verwendet werden, der weder aus Italien stammen, noch sonst irgendein Qualitätsmerkmal aufweisen muß. Es darf bis zu einem gewissen Teil sogar Käserinde für das Zeug verarbeitet werden, das unter dieser Bezeichnung in Tütchen abgepackt wird. Deshalb unser Rat:

Kaufen Sie niemals Parmesan bereits gerieben!

Kaufen Sie Käse am Stück, am besten in einem guten Laden, bei einem verantwortungsbewußten Händler, der Ihnen auch Auskunft über sein Angebot geben kann.

Denn eigentlich meint man mit dem Begriff „Parmesan" einen ganz bestimmten Käse, den berühmten **Parmiggiano Reggiano**, das ist die geschützte Herkunftsbezeichnung für einen Käse, der nach ganz genauen Regeln und präzisen Vorschriften produziert wird. Die Milch dafür muß aus der Gegend um Parma stammen und auf bestimmte Weise verarbeitet, gereift und schließlich gelagert werden. Daß es sich auch tatsächlich um einen echten **Parmiggiano Reggiano** handelt, ist auf seiner Rinde vermerkt: Mit roter Farbe ist sie über und über damit bestempelt. In Italien gilt der **Parmiggiano Reggiano** als der König der Käse. Seite mehr als 600 Jahren wird er nach denselben Regeln hergestellt. Man nimmt ihn als Gewürz, reibt ihn sich über die Pasta und liebt ihn stückchenweise zum Rotwein.

Auf ganz ähnliche Weise wird der **Grana Padano** hergestellt. Er sieht dem Parmesan zum Verwechseln ähnlich, man kann ihn jedoch durch den Aufdruck auf der Rinde leicht unterscheiden: Hier ist deutlich der Begriff **Grana Padano** zu lesen, der bezeugt, daß es sich hierbei um einen Käse aus der Gattung der Grana, also dem körnigen Käse handelt, wie der **Parmiggiano** auch. Für den **Grana Padano** darf auch Milch aus anderen Regionen verwendet werden. Zum Beispiel aus Bayern

– sicher haben Sie auch schon mal die Milchtransporter über den Brenner fahren sehen und sich gefragt, wofür man wohl soviel Milch braucht.

Die Käsestücke lassen sich übrigens sehr gut im Gemüsefach aufbewahren. Am besten in ein feuchtes Tuch gewickelt, damit sie nicht austrocknen. Zum Reiben sollte man sich eine gute, das heißt vor allem stabile, Reibe gönnen. Die besten Käsereiben kommen aus Italien. In guten Haushaltsgeschäften kann man im allgemeinen eine gute Auswahl finden.

Das Spaghettifest: ein Partytip!

Eine hübsche Idee, wenn Sie mal wieder eine größere Runde von Gästen einladen: Bereiten Sie drei oder vier verschiedene Saucen zu, und stellen Sie sie zusammen mit einer großen Schüssel Salat in der Küche bereit. Sorgen Sie auch für genügend geriebenen Käse. Butter sollte da sein, frisches Olivenöl und natürlich frisches Weißbrot.
Im größten Topf, den Sie haben, kochen Sie am laufenden Band Spaghetti – immer wieder frisch, bis alle Gäste satt sind. Jeder Gast fischt sich seine Portion Spaghetti aus dem Topf, vermischt sie mit der Sauce nach Wahl und – wetten! – genießt sie!

Spaghetti: Jeder mag sie, sie passen immer, und schnell ist ein köstliches Essen mit ihnen gemacht

Dazu: natürlich ein Glas Wein!

Für 4 Personen:
350 g Hartweizenspa-
ghetti (Stärke nach
Gusto), Salz, 1 Zwiebel,
4 EL Olivenöl, 6-8 Sar-
dellenfilets, 1 Händchen
voll Knoblauchzehen,
2 gehäufte EL Pinienker-
ne, 1 Bund glattblättrige
Petersilie, 2-3 frische
grüne oder rote Peperon-
cini (Chilischoten),
Pfeffer, 50 g frisch
geriebener Parmesan

DIE REZEPTE

Spaghetti mit scharfer Sauce

❶ Die Spaghetti in reichlich gut gesalzenem Wasser nach Packungsaufschrift bißfest kochen.

❷ Unterdessen die feingewürfelte Zwiebel im heißen Öl andünsten, die Sardellenfilets hinzufügen und rühren, bis sie schmelzen.

❸ Den Knoblauch durch die Presse hinzudrücken, die Pinienkerne, schließlich auch die feingehackte Petersilie und in winzige Würfel geschnittene Chilies hinzufügen.

❹ Kurz durchschmurgeln, salzen (sparsam! Wegen der Sardellen, die ja schon salzig genug sind!) und pfeffern, einen Schuß Spaghettikochwasser hinzufügen.

❺ Schließlich die tropfnassen Spaghetti und zugleich die Hälfte des Käses untermischen.

Tip: Sofort servieren, den Rest des Käses zum Selbernehmen auf den Tisch stellen: Einen kräftigen Weißwein, zum Beispiel aus Venetien oder dem Friaul, dazu reichen.

Spaghetti mit frischen Tomaten

Für 4 Personen:
350 g sehr feine Spaghetti, besser Spaghettini,
1-2 weiße Zwiebeln, 4 EL Olivenöl, 3-4 Knoblauchzehen, 3-4 Fleischtomaten, 1 Bund Basilikum,
200 g Büffelmozzarella,
Salz, Pfeffer

❶ Die Spaghetti in reichlich gut gesalzenem Wasser nach Pakkungsaufschrift bißfest kochen.

❷ Die Zwiebeln fein würfeln, im heißen Öl sanft andünsten, dabei jedoch nicht bräunen! Erst zum Schluß, wenn sie weich sind, den Knoblauch durch die Presse hinzufügen.

❸ Die Tomaten kurz in das Nudelwasser tauchen, eiskalt abschrekken, dann häuten und entkernen.

Das Fleisch würfeln und zu den Zwiebeln geben. Alles salzen und pfeffern, die Basilikumblätter zerzupfen und zwei Drittel davon in den Topf rühren.

❹ Schließlich die tropfnassen Spaghetti untermischen, dabei die restlichen Basilikumblätter

und den zentimeterklein gewürfelten Mozzarella hinzufügen.

❺ Unverzüglich zu Tisch bringen – für dieses Gericht braucht man keinen Parmesan!

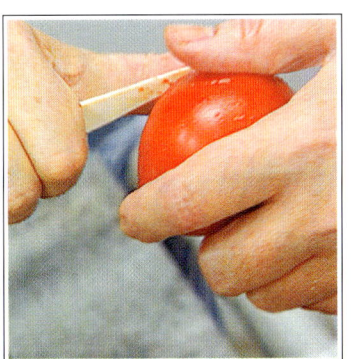

Büffelmozzarella ist cremiger, sahniger und aromatischer als der aus der Kuhmilch hergestellte Mozzarella

Für 6 Personen
500 g Rinderhackfleisch,
2 EL Olivenöl, 1-2 Zwie-
beln, 1 Möhre, 2 Selle-
riestengel, 3-4 Knob-
lauchzehen, 1-2 EL
Tomatenmark, 1 große
Dose geschälte Tomaten,
Salz, Pfeffer, 1 TL
getrockneter Origano,
eventuell etwas Fleisch-
brühe oder trockener
Weißwein, Petersilie,
50 g frisch geriebener
Parmesan, 3-4 EL Oli-
venöl

Klassischer Hackfleischsugo

Diese Sauce schmeckt um so besser, je größer die Portion ist – und: wenn sie wieder aufgewärmt wird. Deshalb also ruhig eine ganze Menge davon zubereiten, eine doppelte Portion etwa! Sollten nicht genügend Gäste da sein, im Kühlschrank einige Tage, im Gefrierfach einige Monate aufbewahren!

röstet das Fleisch, von unten immer stärker erhitzt, besonders schonend. So lange unter Rühren scharf braten, bis es seine rohe Farbe verloren hat und krümelig geworden ist.

❷ Die Zwiebel fein hacken und im heißen Öl andünsten. Die Möhre schälen, auf dem Gemüsehobel in

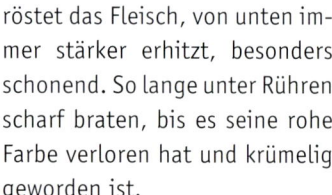

❶ Das Hackfleisch in die kalte Pfanne geben, mit Olivenöl beträufeln und jetzt die Herdplatte auf stärkste Stufe stellen. Dabei

feine Streifen hobeln. Die Selleriestengel in feine Scheibchen schneiden und den Knoblauch fein würfeln. Alles in die Pfanne

geben und auf nunmehr kleinem Feuer sanft mitdünsten.

❸ Schließlich das Tomatenmark sowie die geschälten Tomaten mitsamt ihrem Saft hinzufügen. Alles mit Salz, Pfeffer und Origano würzen.

❹ Ohne Deckel auf kleinem Feuer leise mindestens eine halbe Stunde, besser sogar noch länger schmoren. Es darf jedoch nichts ansetzen. Wenn nötig, immer wieder mit einem Schuß Brühe oder Wein loskochen, die Sauce dabei

aber auf keinen Fall flüssig werden lassen. Die Sauce schließlich vom Feuer ziehen, erst dann die gehackte Petersilie und den Käse unterrühren.

❺ Die frisch gekochten Spaghetti auf vorgewärmten Tellern anrichten, jeweils einen dicken Klecks Hackfleischsauce obenauf setzen. Zusätzlich Butter und frisch geriebenen Käse auf den Tisch stellen, damit sich jeder Gast nach Belieben davon als Würze nehmen kann.

Für 4 Personen:
25 g getrocknete Stein-
pilze oder 250 g frische
Waldpilze (notfalls auch
Champignons), 1 Ros-
marinzweig, 1 mittelgro-
ße Aubergine, 2 kleine
Artischocken, 4-5 EL
Olivenöl, 1 große Zwie-
bel, 3-4 Knoblauchzehen,
2 große Fleischtomaten,
Salz, Pfeffer, ca. 1/4 l
Rotwein, 350 g Spaghet-
ti, glatte Petersilie,
Basilikum, Parmesan
oder Pecorino

Spaghetti mit Pilzsauce

❶ Die getrockneten Pilze mit kochendem Wasser bedecken und

einweichen. Frische Pilze putzen, sauber wischen, nur wenn nötig, waschen und dann sehr rasch, damit sie sich nicht vollsaugen. In Scheiben oder Würfel schneiden.

❷ Die Aubergine zentimetergroß würfeln, im heißen Olivenöl langsam aber entschieden braten, bis die Würfel schön weich sind. Die Rosmarinnadeln vom Stengel zupfen, fein hacken und darüberstreuen. Die Auberginenwürfel außerdem salzen und pfeffern.

❸ Zwiebel und Knoblauch fein würfeln, zu den Auberginen geben und sanft weich dünsten. Die Pilze hinzufügen und mitbraten. Artischocken putzen und geviertelt dazugeben. Schließlich die gehäuteten, entkernten und gewürfelten Tomaten dazugeben.

❹ Den Rotwein angießen, alles langsam schmurgeln, dabei mit Salz und Pfeffer würzen.

❺ Inzwischen die Spaghetti bißfest kochen, tropfnaß unter die Sauce mischen. Reichlich feingehackte Petersilie und zerzupfte Basilikumblätter untermischen.

❻ Dazu frischen Parmesan oder Pecorino reichen.

Tip: **Artischocken putzen:**

Zuerst die untersten Blätter abreißen und den Stiel schälen. Dann die äußeren harten Blätter abschneiden, denn nur der untere Teil der Blätter ist zart. Schließlich wird die Spitze abgeschnitten und alles mit Zitrone eingerieben, damit sich nichts verfärbt.

Spaghetti-Frittata

Für 3 bis 4 Personen: ca. 250 g gekochte Spaghetti (auch vermischt mit irgendeiner Sauce), 4 Eier, Salz, Pfeffer, frische Kräuter (z. B. Petersilie, Schnittlauch, Dill, Basilikum, Estragon, Kerbel und Rucola), 50 g frisch geriebener Parmesan, 3 EL Olivenöl

Eine fabelhafte Resteverwertung, falls Spaghetti übrigbleiben (die ruhig bereits mit Sauce vermischt sind). Am nächsten Tag wird der Nudelrest mit verquirlten Eiern vermischt, gewürzt und in einer beschichteten Pfanne auf beiden Seiten schön kroß gebraten – das sieht super aus und schmeckt auch so. Als Imbiß, mit einem Salat als ganzes Essen oder in Rauten geschnitten als Häppchen zum Glas Wein.

❶ Die Spaghetti mit einer Gabel auflockern.

❷ Die Eier mit Salz, Pfeffer und gehackten Kräutern verquirlen, mit den Nudeln gründlich mischen.

❸ In einer beschichteten Pfanne das Öl erhitzen (Durchmesser 18 bis höchstens 22 cm), die Eier-Nudelmasse hineingießen. Zunächst auf mittlerer Hitze ca. 10 bis 15 Minuten braten, bis die Eier auch an der Oberfläche gestockt sind – wenn man einen Deckel auflegt, geht's schneller, allerdings muß man aufpassen, daß die Eier nicht zu heiß werden und Blasen bilden!

❹ Die Frittata wenden – dafür einen flachen Deckel oder eine Tortenplatte auflegen, die Pfanne stürzen und die Frittata wieder

zurück in die Pfanne gleiten lassen.

❺ Auch auf der anderen Seite schön golden rösten. Die Frittata auf eine Platte stürzen und einige Minuten sich setzen lassen, bevor man sie anschneidet: für einen Imbiß in Tortenstücke, für Aperitifhäppchen in mundgerechte Rauten oder Würfel schneiden.

Dazu Parmesan und einen grünen Salat servieren.

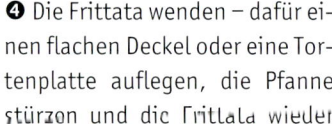

Bandnudeln mit Spargel

❶ Feingehackte Zwiebel in heißer Butter weichdünsten. Die entkernten Paprikaschoten in schmale Streifen schneiden und hinzufügen.

❷ Schließlich den in Salzwasser blanchierten, in Stücke geschnittenen Spargel untermischen. Die Sahne angießen, alles aufkochen und nochmals abschmecken.

❸ Zum Schluß die nur knapp gargekochten Nudeln hinzufügen. Alles nochmals miteinander auf sanftem Feuer mischen und heiß servieren.

Für 4 Personen:
1 kleine Zwiebel, 2 EL
Butter, je eine halbe rote
und gelbe Paprikascho-
te, 200 g grüner Spargel,
Salz, 1/8 l süße Sahne,
250 g Bandnudeln

Bigoli mit Tomaten und Anchovis

Bigoli ist das venezianische Wort für Spaghetti, man versteht jedoch darunter immer nur eine bestimmte Spielart: Nudeln, die dicker sind als Spaghetti und, weil man weniger Eier als sonst für Nudelteig üblich nimmt, ziemlich fest sind. Man kann Bigoli mit Hilfe einer Nudelpresse, die wie eine Spätzlepresse aussieht und funktioniert, selber machen.

❶ Mehl, Eier, Salz und soviel Wasser, wie nötig, zu einem dickflüssigen Teig rühren. Mit einer Spätzlepresse in kochendes Salzwasser drücken. Aufwallen lassen, sobald die Nudeln oben schwimmen, sind sie gar.

❷ Die feingehackte Zwiebel im heißen Öl andünsten, die Tomaten hinzufügen und eine halbe Stunde köcheln, bis sie völlig zerschmolzen sind. Dabei sparsam salzen, großzügig pfeffern.

❸ Zum Schluß die entgräteten Sardellen, die abgetropften Bigoli und gehackte Petersilie daruntermischen. Mit grob gemahlenem Pfeffer abschmecken.

Für 6 Personen:
Bigoli: 400 g Mehl,
2 Eier, 1/2 TL Salz,
ca. 1/8 l Wasser

Außerdem: 1 Zwiebel,
1/8 l Olivenöl, 1 Tasse
geschälte Tomaten, Salz,
Pfeffer, 100 g Anchovis,
Petersilie

Zigeuner-Nudeln

❶ Gehackte Zwiebel und Knoblauch im heißen Öl andünsten. Hackfleisch hinzufügen und braten, bis es krümelig geworden ist.

❷ Tomaten mitsamt dem Saft aus der Dose und das Tomatenmark unterrühren. Die Paprika putzen, in winzige Würfel schneiden und mit der sehr feingehackten Petersilie unterrühren.

❸ Salzen, pfeffern und auf mittlerem Feuer leise eine halbe Stunde köcheln. Dabei immer wieder rühren, falls die Sauce anzusetzen droht, einen Schuß Wasser, Wein oder Brühe angießen.

❹ Zum Schluß sollte die Sauce aromatisch duften und dick eingekocht sein. Die Sahne unterrühren und die inzwischen in Salzwasser knapp gargekochten Nudeln hinzufügen. Gut mischen und noch einige Minuten köcheln.

Für 4 Personen:
1 Zwiebel, 2 Knoblauch-
zehen, 2 EL Olivenöl,
200 g Hackfleisch,
1 kleine Dose Tomaten,
1 EL Tomatenmark,
1 kleine gelbe oder rote
Paprikaschote, 1 Bund
Petersilie, Salz, Pfeffer,
4 EL süße Sahne, 250 g
Rigatoni (kurze, dicke,
gerippte Nudeln)

Penne mit Paprika und Kümmel

Kümmel ist in Italien eher ungewöhnlich – er paßt jedoch verblüffend gut zu beidem, zum gedünsteten Paprika wie zu den Nudeln.

❺ Paprika entkernen, in Streifen schneiden, zusammen mit feingehackter Zwiebel und durch die Presse gedrücktem Knoblauch im heißen Öl andünsten. Die Tomaten hinzufügen, mit dem Kochlöffel ein wenig zerdrücken, salzen, pfeffern und Kümmel darüberstreuen.

❻ Zum Schluß gehackte Petersilie zum Gemüse geben. Einige Minuten köcheln, bis die *Penne* gar sind. Sie abgetropft untermischen.

❼ Alles zwei bis drei Minuten durchziehen lassen, bevor serviert wird.

Für 4 Personen:
je 1 gelbe und rote
Paprikaschote, 1 weiße
Zwiebel, 2 Knoblauch-
zehen, 4 EL Olivenöl,
1 Tasse geschälte Toma-
ten ohne Saft, Salz,
Pfeffer, 1 gehäufter TL
Kümmel, glattblättrige
Petersilie, 300 g Penne
(kurze Maccaroni)

Bandnudeln in zweierlei Farben

Helle Nudeln aus üblichem Nudelteig, der für die dunklen Nudeln mit Kakaopulver eingefärbt wurde. Eine pfiffige Idee für alle, die immer auf der Suche nach neuen Kombinationen sind.

❶ Aus Mehl, Eiern und Salz einen glatten Nudelteig kneten. In die Hälfte davon das Kakaopulver einarbeiten. Beide Sorten zu Kugeln geformt, in Folie gepackt eine halbe Stunde ruhen lassen. Dann wie gewohnt dünn ausrollen und zu Bandnudeln schneiden. In reichlich Salzwasser bißfest kochen.

❷ Inzwischen den Speck in feine Streifen schneiden, im heißen Öl andünsten, Pinienkerne sowie die Lorbeerblätter, die das Öl parfümieren sollen, dazugeben.

❸ Vor dem Servieren die gehackte Petersilie sowie einen Schuß Nudelwasser unterrühren. Die heißen Nudeln untermischen, dabei mit Salz und Pfeffer abschmecken.

Für 6 Personen:
Nudeln: ca 400 g Mehl, 4 Eier, 1/2 TL Salz, 1 gehäufter EL Kakaopulver

Außerdem: 100 g durchwachsener Speck (am besten luftgetrocknet) in Scheiben, 1/8 l Olivenöl, 60 g Pinienkerne, 3-4 Lorbeerblätter, glatte Petersilie, Salz, Pfeffer

Pasta mit Kalbsnierchen

❶ Die frischen Nieren sorgfältig häuten, jegliches Fett entfernen, auch die inneren, weißen Harnstränge herausschneiden. Die Nieren in dünne Scheibchen schneiden und portionsweise, damit die Hitze nicht nachläßt, im rauchend heißen Öl rasch anbraten, dabei salzen und pfeffern. Herausheben und warm stellen.

Für 4 Personen:
2 Kalbsnieren, 2 EL Öl, Salz, Pfeffer, 2 EL Butter, 1 weiße Zwiebel, 2-4 Knoblauchzehen, 1/4 l Rotwein, 300 g Spaghetti, Petersilie

❷ Im verbliebenen Fett die Butter erhitzen, darin die feingehackte Zwiebel und Knoblauchzehen andünsten. Mit Wein ablöschen, rasch um gut die Hälfte einkochen, bevor die Nieren mitsamt dem inzwischen ausgetretenen Saft hinzugefügt werden. Einige Minuten sanft köcheln, mit Salz und Pfeffer abschmecken.

❸ Inzwischen die Spaghetti bißfest kochen, tropfnaß mit den Nierchen mischen, mit gehackter Petersilie bestreuen und sofort servieren.

Penne mit Steinpilzsauce

❶ Die getrockneten Pilze mit etwas kochendem Wasser überbrühen und einweichen. Schließlich feinhacken und mit feingehackter Zwiebel und Knoblauch im heißen Öl andünsten.

❷ Das Hackfleisch sowie die geriebene Möhre hinzufügen. Scharf anbraten, schließlich Tomatenmark unterrühren, mit Rotwein ablöschen, Tomaten und Kräuter hinzufügen. Salzen und pfeffern, eine halbe Stunde leise köcheln.

❸ Feingehackte Petersilie und die sorgfältig geputzten, von Gräten und Kopf gesäuberten Sardellen unterrühren. Mit Zitronensaft großzügig würzen.

❹ Inzwischen die Nudeln in reichlich Salzwasser bißfest kochen. Abgießen und unter die Sauce mischen. Alles miteinander einige Minuten schmurgeln lassen.

Für 4 Personen:
25 g getrocknete Steinpilze, 1 Zwiebel, 2-3 Knoblauchzehen, 3 EL Olivenöl, 100 g Schweinehack, 1 Möhre, 1 EL Tomatenmark, 1 Glas Rotwein, 1 Tasse geschälte Tomaten, 1 Rosmarinzweig, einige Salbeiblätter, Salz, Pfeffer, Petersilie, 200 g frische Sardellen, Zitronensaft, 350 g Penne

Spaghetti mit Meeresfrüchten

Für 4 Personen:
Je eine großzügig bemessene Handvoll Venus-, Herz- und Miesmuscheln (letztere möglichst klein!), 200 g ausgelöste, rohe Garnelen, 4 Scampi, 1 Zwiebel, 3 Knoblauchzehen, 4 EL Olivenöl, 1 Bund glatte Petersilie, 1 Glas trockener Weißwein, 2 reife Fleischtomaten, Salz, Pfeffer, 350 bis 400 g sehr dünne Spaghetti

❶ Die Muscheln sehr gründlich in mehrmals erneuertem Wasser waschen und entsanden, die Miesmuscheln dabei gründlich abbürsten. Ebenso Garnelen und Scampi säubern.

❷ In einer tiefen Pfanne die feingehackter Zwiebel und Knoblauchzehen im Olivenöl weich dünsten, ohne sie zu bräunen. Die fein gehackte Petersilie, Muscheln, Garnelen und Scampi hinzufügen und rasch anrösten. Mit dem Wein ablöschen und ein paar Minuten köcheln.

❸ Unterdessen die zwei Tomaten häuten, entkernen, in Würfel schneiden und zu den Meeresfrüchten geben. Alles kräftig aufkochen, mit Salz und Pfeffer abschmecken.

❹ Die knapp gar gekochten Spaghetti ebenfalls in die Pfanne geben, alles mischen und noch eine Minute durchziehen lassen, bevor serviert wird.

Spaghetti mit buntem Paprika

Für 4 Personen:
Je 1 rote, gelbe und
grüne Paprikaschote,
1 Schalotte, 2 Knob-
lauchzehen, 2 EL Butter,
50 g gekochter Schinken
in dünnen Scheiben,
1 Sherryglas Weißwein,
1/8 l Sahne, Salz,
Pfeffer, 400 g Spaghetti

❶ Elektroofen auf 225 Grad vorheizen. Die Paprikaschoten auf einem Stück Alufolie in den Backofen (Gas: Stufe 4) legen, 20 Minuten rösten, bis die Haut Blasen wirft. Haut abziehen, dabei alle Kerne im Innern herausstreifen. In einer Schüssel dabei den Paprikasaft aus dem Innern auffangen.

❷ Schalotte und Knoblauch fein hacken, in der heißen Butter in einem Topf andünsten. Den Schinken in schmale Streifen schneiden, mit dem ebenso in Streifen geschnittenen Paprika und ihrem Saft hinzufügen.

❸ Mit Wein ablöschen, mit Sahne auffüllen. Einige Minuten sanft köcheln, bis sich alles cremig verbunden hat.

❹ Die Sauce mit Salz und Pfeffer abschmecken und mit den frisch gekochten Spaghetti mischen.

Spaghetti mit geschmolzenen Tomaten und Auberginen

Für 4 Personen:
1 mittelgroße Aubergine,
6 EL Olivenöl, Salz,
1 weiße Zwiebel, 2 Knob-
lauchzehen, 500 g reife
Fleischtomaten, reich-
lich Basilikum, Pfeffer,
etwa 400 g Spaghetti

❶ Die Aubergine in zentimetergroße Würfel schneiden. In 2 EL Öl auf kräftigem Feuer schön knusprig braten. Erst dann salzen und auf Küchenpapier abtropfen lassen.

❷ In derselben Pfanne in weiteren 2 EL Öl feingeschnittene Zwiebel und Knoblauchzehen weich dünsten. Die gehäuteten, entkernten und fein gehackten Tomaten hinzufügen. Nur einmal durchschwenken, die Auberginenwürfel und das feingeschnittene Basilikum hinzufügen.

❸ Die Sauce mit Salz, Pfeffer und dem restlichen Olivenöl würzen. Nicht mehr kochen lassen, sondern mit den frisch gekochten, heißen Spaghetti mischen.

Spaghetti
mit Schinken und Erbsen

Für 4 Personen:
4 Frühlingszwiebeln,
4 EL Butter, 100 g ge-
kochter Schinken in
3 mm dicken Scheiben,
150 g tiefgekühlte feine
Erbsen, je 1/2 Glas
trockener Weißwein und
Kalbsfond, Salz, Pfeffer,
1 Prise Cayennepfeffer,
etwa 400 g Spaghetti

❶ Das Weiß der Frühlingszwiebeln in feine Ringe schneiden und in 4 EL Butter andünsten. Den fein gewürfelten Schinken und die Erbsen hinzufügen.

❷ Mit Wein und Kalbsfond auffüllen. Einige Minuten köcheln, bis die Erbsen aufgetaut sind. Mit Salz, Pfeffer und Cayenne würzen.

❸ Zum Schluß das in feine Ringe geschnittene Frühlingszwiebelgrün unterrühren. Die abgetropften Spaghetti damit mischen.

Spaghetti mit Walnußsauce

Für 4 Personen:
100 g ausgelöste Wal-
nußkerne, 50 g Pinien-
kerne, jeweils 2 EL
frisch geriebener Parme-
san und Pecorino, 50 g
Butter, 1 Knoblauch-
zehe, eine Handvoll
Basilikumblätter, 0,1 l
süße Sahne, etwa 4 EL
Olivenöl, Salz, Pfeffer,
etwa 400 g Spaghetti

❹ Alle Soßenzutaten zu einer cremigen Masse mixen, dabei das Öl erst hinzufügen, wenn sich alles bereits gut miteinander verbunden hat.

❺ Unmittelbar vor dem Servieren einen Schuß kochend heißes Nudelwasser hinzufügen und erneut durchmixen. Die heißen Spaghetti damit behutsam mischen und sofort servieren.

Spaghetti
mit Thunfisch und Tomaten

❶ Den Knoblauch in Scheibchen schneiden und im heißen Öl rasch andünsten. Die gehäuteten, entkernten und gewürfelten Tomaten hinzufügen und einige Minuten einkochen. Den abgetropften Thunfisch zerpflücken und hinzufügen.

❷ Mit Salz und Pfeffer abschmecken und zum Schluß die feingehackten Kräuter unterrühren. Die abgetropften Spaghetti mit dieser Sauce mischen.

Für 4 Personen:
4 Knoblauchzehen, 3 EL
Olivenöl, 500 g reife
Tomaten, 1 Dose Thun-
fisch (in Olivenöl), Salz,
Pfeffer, 1 EL Majoran-
blätter, frisch, 2 Stengel
glatte Petersilie, etwa
400 g Spaghetti

Bandnudeln mit Kartoffeln
und Basilikumsauce

Eine Spezialität aus Ligurien. Trenette sind schmale Bandnudeln, die wie Spaghetti aus Hartweizengrieß und Wasser, ganz ohne Eier, hergestellt werden. Sie sind dadurch fest im Biß, kernig im Geschmack.

❶ Für den Pesto die Pinienkerne in einer trockenen Pfanne rösten, bis sie duften und ihr Fett abgeben; etwas abgekühlt mit den Knoblauchzehen, Basilikumblättern und Käse in den Mixer füllen.

❷ So lange zerkleinern und immer wieder einen Schuß Öl hinzufügen, bis eine dicke, glatte, leuchtend grüne Sauce entsteht, evtl. salzen.

❸ Die Kartoffeln schälen, in pommes-frites-große Stifte schneiden. In reichlich Salzwasser zwei Minuten vorkochen, dann die Trenette hinzufügen und alles miteinander garen.

❹ Schließlich abgießen, dabei etwas Kochwasser auffangen. Nudeln und Kartoffeln in eine weite, vorgewärmte Schüssel füllen.

❺ Den mit einem Schuß Kochwasser nochmals aufgemixten Pesto hinzufügen und alles rasch, aber behutsam mischen.

Für den Pesto:
50 g Pinienkerne,
1 Knoblauchzehe, etwa
2 Handvoll frische
Basilikumblätter (ca.
30 Stück), je 1 EL frisch
geriebener Parmesan
und alter Pecorino,
6 EL Öl, Salz

Außerdem:
200 g Kartoffeln, 300 g
Trenette

Pfannengemüse – aus der Mittelmeerküche

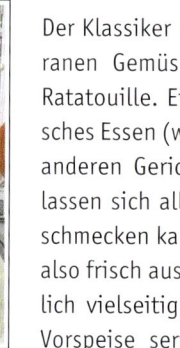

Bringen die Sonne auf den Tisch

Paprika in allen Farben, Auberginen, Zwiebeln, Knoblauch, Tomaten, Zucchini in allen Größen, Formen und Farben – Gemüse, wie man es rund ums Mittelmeer liebt, in der Sonne gewachsen, den Duft der Sonne in sich. Man sollte ihm ruhig die Hauptrolle zugestehen, dem Fleisch mehr eine Begleiterrolle zuschieben.

Jetzt kommen diese mediterranen Gemüse aus hiesigem Anbau in geradezu üppiger Fülle auf den Markt, zusammen mit den Herbstgemüsen, wie dem ersten zarten Wirsing oder Lauch und den Pilzen. Wir wollen heute zeigen, was man alles daraus machen kann. Dafür haben wir uns natürlich in der Mittelmeerküche umgesehen.

Ratatouille & Co

Der Klassiker unter den mediterranen Gemüsegerichten ist die Ratatouille. Ein unerhört praktisches Essen (was übrigens für die anderen Gerichte auch gilt: Sie lassen sich alle gut vorbereiten, schmecken kalt so gut wie warm, also frisch aus der Pfanne), herrlich vielseitig: Man kann es als Vorspeise servieren, zusammen

mit einem Spiegelei als Imbiß, als Beilage (z. B. zum Lammkotelett) oder als Basis für einen Auflauf (z. B. mit gekochten Kartoffelscheiben vermischt, mit Käse bestreut und schön knusprig überbacken).

Wichtig für eine gelungene Ratatouille wie auch für die anderen Pfannengemüse: Die Zutaten müssen alle separat angebraten werden, erst dann werden sie vermischt und dürfen eine Weile miteinander schmurgeln, damit sie sich auch im Geschmack verbinden.

Ein Wort zu den Gemüsen

All diese Gemüse, die noch den Duft der Sonne in sich tragen, gehören nicht in den Kühlschrank! Dort verlieren sie Aroma, sie werden schlaff und müde.

Besser: nur soviel einkaufen, wie man in den nächsten Tagen verzehren kann und stets bei Zimmertemperatur aufbewahren.

Für Paprika und Zucchini ist auch der Keller oder das Frischhaltefach im Kühlschrank erlaubt. Eine schöne Schale oder ein Korb mit den bunten Gemüsen ist schließlich in der Küche ein willkommener und dekorativer Farbfleck.

Worauf Sie beim Einkauf achten sollten:

Auberginen: Sie müssen glänzen, fest und prall sein, auf keinen Fall bereits sich weich oder welk anfühlen. Der grüne Stielansatz sollte wirklich grün sein, nicht bereits schwärzlich oder braun verfärbt. Die Dornen, die dort sitzen, müssen stechen! Achten Sie auch darauf, keine zu großen Exemplare zu kaufen. Am besten sind mittelgroße Auberginen, die nicht zu dick sind.

Paprika: Es gibt rote und gelbe Paprika, die jeweils im unreifen Zustand grün sind. Erst ausgereift leuchten sie in ihrer Farbe, erst dann ist auch ihr Geschmack ausgeprägt; dann lassen sie sich auch am besten häuten. Fest müssen sich die Früchte anfühlen, die Schale prall und glänzend. Achten Sie auf faule Stellen – die Paprika dann zurückweisen!

Knoblauch: Frischer Knoblauch fühlt sich ebenfalls fest an, bei bereits getrocknetem Knoblauch muß die Schale rascheln. Junger Knoblauch allerdings hat eine noch weiche, biegsame Schale. Sie muß frisch duften, darf auf keinen Fall schmierig oder gar angeschimmelt sein.
Der beste Knoblauch kommt aus der Provence und hat bis zu walnußgroße Zehen; seine Schale ist lila.

Tomaten: Die wundervollen roten Früchte (die es übrigens auch in gelb gibt!) sind die vielseitigsten, die beliebtesten unter all den Mittelmeergemüsen. Und seit die Gemüsebauern in Holland ihnen wieder ihren Geschmack zurückgegeben haben, den sie jahrelang zu Gunsten von Schnittfestigkeit vernachlässigt hatten, kann man sie tatsächlich wieder mit Freude genießen!

Zucchini: Eine tolle Vielfalt, die uns dieses Gemüse liefert – dunkel-, hellgrün oder gelb, rund, schlank, knubbelig, fingerkurz oder dick und ellenbogenlang. Auch Zucchini müssen natürlich straff und fest sein, nicht etwa auf Fingerdruck sich wattig anfühlen. Die Schale muß matt schimmern, sollte absolut intakt sein, nicht aufgerissen oder eingeschnitten.

Zwiebeln: Sie führen ein Schattendasein in der Küche. Man legt Wert darauf, daß stets welche im Haus sind, aber kaum jemand achtet darauf, daß man perfekte Qualität kauft.
Auch Zwiebeln müssen fest sein, ihre Schale vor Trockenheit rascheln, kein Schimmel darf sie entstellen. Die Farbe – weiß, rot, die gelbliche Haushaltszwiebel – kann man nach Gusto wählen. Weiße Zwiebeln sind die mildesten, rote Zwiebeln kräftiger im Geschmack, und die üblichen Zwiebeln sind herzhaft.

Zucchini in vielen Formen und Farben

Zum Beispiel runde Zucchini aus Nizza – sie sind beliebt zum Füllen. Immer dabei: Knoblauch!

Steinpilze

Wirsing: Der erste Wirsing, der im Oktober auf den Markt kommt, ist besonders zart. Die äußeren Blätter haben noch nicht die feste Struktur, die sie später im Jahr bekommen. Die Köpfe sind noch locker. Der Geschmack ist gemüsig, weniger „kohlig".

Steinpilze: Sie sollten ganz frisch sein. Man spürt das an der festen Struktur. Der Fuß ist dann fast weiß, der Hut schimmert matt hell- bis dunkelbraun – je nachdem, wo der Pilz gewachsen ist. Schmierige Pilzhüte sollte man meiden, solche Pilze sind innen meist voller Maden und nur noch für den Kompost gut. Pilze nie lange lagern. Höchstens bis zum nächsten Tag im Kühlschrank, am besten zwischen Küchenpapierlagen, die jegliche Feuchtigkeit sofort aufsaugen. Es ist übrigens eine Uraltmär, daß man Pilzgerichte nicht aufwärmen darf. Das darf man selbstverständlich, vorausgesetzt, das Gericht hat nicht bei Zimmertemperatur herumgestanden, sondern wurde stets gekühlt und zugedeckt aufbewahrt, nie länger als bis zum nächsten Tag. Pilze kann man übrigens wunderbar einfrieren: Roh in Scheibchen geschnitten nehmen sie zwar viel Platz weg, sind aber, wenn man sie gefroren in die Pfanne gibt, fast wie frisch.

Unser *Tip:* Die Pilze in der trockenen Pfanne dünsten, bis sie alles Wasser abgegeben haben und wieder trocken sind, dann salzen, pfeffern und mit wenig Olivenöl beträufeln. Rasch abkühlen und in Plastikdosen verpackt schnell einfrieren. Vor dem Gebrauch die Pilze im Kühlschrank auftauen und wie gewohnt weiterverarbeiten: als Ragout, als Sauce oder als Belag für eine salzige Quiche.

DIE REZEPTE

Ratatouille

Für 4 Personen:
Je 1 gelbe, grüne und
rote Paprikaschote,
1 Aubergine, 1-2 Zucchi-
ni, 4 Stengel Bleichselle-
rie, 1 Zwiebel, 2-4 Knob-
lauchzehen, 4 EL Oli-
venöl, Salz, Pfeffer,
eventuell etwas Brühe,
Basilikum, eventuell
Chilipulver

Mehr als nur eine Beilage, vielmehr ein ganzes Essen, das den Duft des Sommers in sich birgt. Man kann Ratatouille als Vorspeise servieren, mit frischem, knusprigem Baguette. Man kann sie als Beilage zum Schnitzel, zum gegrillten Lammkotelett oder einfach zu üppigem Knoblauchbrot reichen.

Und man kann sie, einen Rest etwa, unter frisch gekochte Nudeln mischen – so steht im Handumdrehen ein köstliches Essen auf dem Tisch.

❶ Die Paprikaschoten schälen. Dafür gibt es zwei Möglichkeiten: Entweder auf einem Stück Alufolie in den 250 Grad heißen Ofen legen und rösten, bis die Haut dunkle Blasen schlägt – die Früchte dann in einem Plastikbeutel eine halbe Stunde schwitzen lassen, sie lassen sich dann bequem und kinderleicht schälen.

❷ Oder die Früchte halbieren, ihre Kerne herausstreifen. Die Hälften mit einem Kartoffelschäler schälen, so daß die feste Haut dünn weggeschnitten wird. Das Paprikafleisch in knapp zentimetergroße, sehr starke Würfel schneiden.

❸ Aubergine, Zucchini und die Selleriestangen in genauso große Würfel schneiden. Zwiebel und Knoblauch sehr fein hacken.

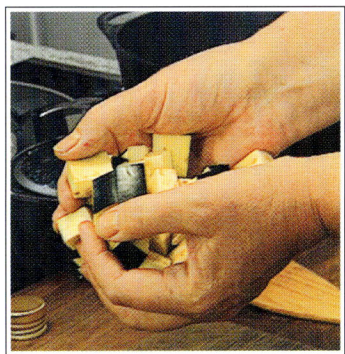

Zuerst längs in Streifen schneiden. Dann quer würfeln.

❹ In einer großen, tiefen Pfanne das Öl stark erhitzen. Zuerst die Auberginenwürfel darin anbraten; sie sollen richtig appetitlich braun sein, bevor die anderen Gemüse hinzukommen.

❺ Die Zwiebeln und den Knoblauch jedoch schon nach wenigen Minuten hinzufügen, damit sie weich werden können; dann Zucchini, Sellerie und zum Schluß noch ganz kurz die Paprikawürfel.

❻ Sollten die Gemüse nicht genügend Saft abgeben, mit einem Schuß Brühe oder Fond benetzen. Aber niemals so viel, daß das Gemüse darin schwimmt – es soll nur feucht wirken. Mit Salz und Pfeffer würzen und verschwenderisch mit zerzupftem Basilikum bestreuen. Wer es scharf mag, kann mit Chili würzen.

Caponata

Schmeckt ebenfalls frisch aus der Pfanne, also heiß, wunderbar, aber auch kalt, als Vorspeise, zum Beispiel an einem heißen Spätsommertag.

❶ Die Auberginen in nicht zu kleine Würfel schneiden: etwa drei Zentimeter Kantenlänge. Im heißen Öl in einer großen Pfanne langsam aber geduldig braten, bis die Würfel rundherum schön gebräunt und innen gar sind. Salzen, pfeffern und beiseite stellen.

❷ In derselben Pfanne die in feine Ringe gehobelte oder nicht zu fein gewürfelte Zwiebel andünsten, den grob gehackten Knoblauch hinzufügen und langsam schmurgeln, bis die Zwiebel weich ist.

Für 4 bis 6 Personen: 2 mittelgroße Auberginen, 3 EL Olivenöl, Salz, Pfeffer, 1 große weiße Zwiebel, 4-5 Knoblauchzehen, 2-3 EL Pinienkerne, Rosinen, 3-4 festfleischige, reife Tomaten, 2 TL Origano, 2 EL Zucker, 3-4 EL Rotweinessig, Basilikum

Zuerst die Tomaten mit heißem Wasser überbrühen und sofort im Eiswasser abschrecken, dann kann man den Tomaten wunderbar und ganz leicht die Haut abziehen!

❸ Inzwischen die Tomaten überbrühen, häuten, entkernen, würfeln, zu den Zwiebeln geben und schmelzen lassen. Alles mit Salz und Pfeffer würzen, zwischen den Handflächen zerrebbelten Origano unterrühren.

❹ Schließlich auch die Auberginenwürfel untermischen. Die Gemüse jetzt an den Rand der Pfanne schieben, in der Mitte eine freie Fläche schaffen und die Hitze verstärken. In der leeren Mitte den Zucker schmelzen und richtig karamelisieren lassen. Bevor er zu dunkel wird, mit Essig ablöschen. Die Pinienkerne und die Rosinen hinzufügen. Alles gründlich mi-

schen und vom Feuer nehmen. Etwas durchziehen lassen, bevor serviert wird.

❺ Erst dann das feingeschnittene Basilikum darüberstreuen.

❻ Dazu reicht man frisches Weißbrot und als Getränk einen jungen, fruchtigen Rotwein.

Tip: Sollte noch etwas übrigbleiben, kann man die Caponata mit frisch gekochter Pasta und etwas Mozzarella vermischen

Pastasauce
mit frischen Steinpilzen

Für 4 Personen:
250 g Steinpilze, 2 EL
Olivenöl, 2-3 Knoblauch-
zehen, 1 Tasse gewürfel-
tes, frisches Tomaten-
fleisch, 2 EL fein ge-
hackte Petersilie, Salz,
Pfeffer, 250 g hausge-
machte, hauchdünne
Bandnudeln

❶ Die Pilze putzen, in sehr dünne Scheibchen schneiden und im heißen Öl in einer Pfanne andünsten.

❷ Knoblauch fein hobeln, zusammen mit den Tomatenwürfeln und der Petersilie hinzufügen, salzen und pfeffern.

❸ Zwei Minuten dünsten, die frisch gekochten Nudeln tropfnaß hinzufügen und miteinander mischen. Dazu paßt ein Rotwein.

Steinpilze aus der Pfanne

❶ Die Pilzfüße mit einem scharfen Messer bis zum Hut längs mit dicht nebeneinander gesetzten Schnitten einschneiden, so daß sie wie Pinsel aussehen. Kopfüber in die Pfanne setzen.

❷ In die Einschnitte ein Gemisch aus Knoblauch und Petersilie stopfen. Salzen, pfeffern und mit dem restlichen Öl beträufeln.

Für 4 Personen:
4 schöne etwa gleich
große Steinpilze, 3 EL
Olivenöl, 2 EL fein
gehackter Knoblauch,
4 EL gehackte, glatte
Petersilie, Salz, Pfeffer

Steinpilze mit Knoblauch und Petersilie

❸ Die Einschnitte in den Pilzen sind wichtig, damit die Stiele schneller gar werden und die Gewürze besser eindringen können.

❹ Etwa 15 bis 20 Minuten braten, bis die Pilze gar sind, dabei einen Deckel aufsetzen, damit die Pilze im zirkulierenden Dampf garziehen können.

❺ Als Vorspeise, Zwischengericht oder als Beilage servieren. Dazu trinkt man einen kräftigen Weißwein, z. B. einen Chardonnay aus der Toskana.

Piemontesische Kohlröllchen

Läßt sich gut vorbereiten und dann ohne Qualitätsverlust wieder aufwärmen. Die Röllchen schmecken sogar kalt wunderbar!

❶ Die Kohlblätter ablösen, häßliche, störrische oder gar angewelkte Außenblätter wegwerfen. Die schönen Blätter in Salzwasser

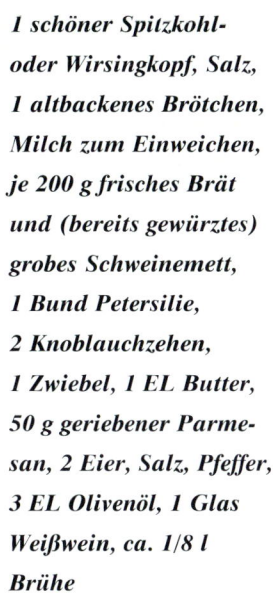

Für 4 bis 6 Personen:
1 schöner Spitzkohl-
oder Wirsingkopf, Salz,
1 altbackenes Brötchen,
Milch zum Einweichen,
je 200 g frisches Brät
und (bereits gewürztes)
grobes Schweinemett,
1 Bund Petersilie,
2 Knoblauchzehen,
1 Zwiebel, 1 EL Butter,
50 g geriebener Parme-
san, 2 Eier, Salz, Pfeffer,
3 EL Olivenöl, 1 Glas
Weißwein, ca. 1/8 l
Brühe

blanchieren und kalt abschrekken. Zwischen Küchentüchern gut
abtrocknen. Dicke Rippen herausschneiden.

❷ Falls sich die Blätter nicht
leicht ablösen lassen, den ganzen
Kohlkopf ins kochende Wasser
tauchen – die Blätter werden
dann weich und biegsam.

❸ Für die Füllung das Fleisch mit
der Petersilie und Knoblauch mischen, dabei auch die gehackte,
in Butter weich gedünstete Zwiebel und das in Milch eingeweichte Brötchen hinzufügen.

❹ Käse und Eier hinzufügen, alles
zu einer geschmeidigen Farce verarbeiten, mit Salz und Pfeffer
würzen.

❺ Jeweils einen Eßlöffel davon in ein Blatt wickeln, aufrollen, die Seiten nach unten klappen. Mit der Nahtstelle nach unten in heißes Öl setzen und sehr langsam rundum golden braten.

❻ Mit etwas Brühe und Weißwein ablöschen, zugedeckt 20 Minuten schmoren. Als Getränk reichen wir einen Wein aus dem Piemont. Dazu paßt am besten ein duftiges Kartoffelpüree.

Kartoffelpüree
mit Olivenöl & Basilikum

Für 4 Personen:
500 g Kartoffeln, mehlig-festkochend, 500 g junger Lauch (Porree) – geputzt gewogen, Salz, ein wenig gemahlener weißer Pfeffer, ca. 1/8 l Olivenöl, Basilikum

❶ Kartoffeln schälen und mit dem gewaschenen, kleingeschnittenen Lauch in einen Topf geben. Mit Wasser knapp bedecken, salzen und eine gute halbe Stunde kochen, wobei das Wasser zur Hälfte verdampfen soll.

❷ Mit dem Stampfer zu Püree verarbeiten oder durch die Gemüsemühle drehen, kräftig pfeffern und mit Olivenöl abrunden.

❸ Erst ganz zum Schluß das in feine Streifen geschnittene Basilikum unterrühren und zwar reichlich davon!

Tomaten gefüllt mit Blattspinat

Für vier Personen:
8 mittelgroße Tomaten,
500 g Blattspinat, Salz,
4 Eier, hartgekocht,
Pfeffer, Muskatnuß, 40 g
Butter oder Margarine

❶ Von den Tomaten einen Deckel abschneiden und das Innere mit einem scharfkantigen Teelöffel herauskratzen.

❷ Spinat waschen und in kochendem Salzwasser zusammenfallen lassen. Sofort abgießen, in eiskaltem Wasser abschrecken und ausdrücken. Locker verzupfen.

❸ Eier pellen, fein hacken. Mit dem Spinat vermischen, würzen und in die Tomaten füllen. Die Tomaten in eine Pfanne setzen, Butterflöckchen darauf verteilen.

❹ Nach Belieben die abgeschnittenen Tomatenkappen daraufsetzen. Mit einem Deckel verschließen und etwa 20 Minuten sanft schmurgeln.

❺ Paßt wunderbar zu kurzgebratenem Fleisch (Steak, Schnitzel oder Kotelett).

Gefüllte Gurke

Für 4 Personen:
4 eher kleine Gemüse-
gurken, 3 Brötchen vom
Vortag (oder Weißbrot),
1/8 l lauwarme Milch,
3 rohe Eier, 1 großes
Bund gemischte Kräuter,
1 kleine rote Paprika-
schote, 1 kleine Dose
Maiskörner, 100 g
Schinken in Scheiben,
Pfeffer, Salz

❶ Von den Gurken längs eine dikke Haube abschneiden. Das Innere herausschaben und wegwerfen.

❷ Brötchen würfeln und in der Milch einweichen. Ausdrücken und mit den Eiern, den fein gewiegten Kräutern, Paprika, Maiskörnern und dem gewürfelten Schinken vermischen. Würzen und in die Gurken füllen.

❸ Die Gurkenhälften, Füllung nach oben, nebeneinander in einer Pfanne im heißen Öl anbraten, erst, wenn sie an der Unterseite Bratspuren zeigen, den Deckel aufsetzen.
Die Gurken nunmehr auf mittlerem Feuer etwa 30 Minuten schmoren.

Blätterteigtörtchen mit Pilzen

❶ Die Teigplatten auf einer bemehlten Fläche messerrücken-dünn ausrollen.

❷ Den Käse schmelzen, mit zwei Eiern glatt rühren und mit Salz, Pfeffer, Muskat und Cayenne kräftig würzen.

❸ Diese Masse auf die Teigplatten verteilen, jeweils die Ecken hochheben und über dem Käse zusammenkleben, so daß rundum geschlossene Teigtaschen entste-hen. Mit verquirltem Ei einpinseln und bei 200 Grad im Backofen 20 Minuten golden backen.

❹ Inzwischen die Pilze putzen, in sehr dünne Scheibchen hobeln und in wenig Öl in der Pfanne anbraten. Sobald das Wasser, das dabei austritt, verkocht ist, gehackten Knoblauch und Petersilie sowie frisches Olivenöl hinzufügen.
Rund um die Teigtaschen auf die Teller verteilen.

Für 4 Personen:
4 Blätterteigplatten,
Mehl für die Arbeitsflä-che, 200 g Fontinakäse,
3 Eier, Salz, Pfeffer,
Muskat, Cayennepfeffer,
400 Steinpilze (außer-halb der Saison auch
Champignons), 3-4 EL
Olivenöl, 3-4 Knoblauch-zehen, 3-4 Stengel glatte
Petersilie

Zwiebeln mit thailändischer Füllung

Für 4 Personen:
4 große Gemüsezwiebeln,
ca. 250 g Champignons,
1 Zitrone, 125 g Kokos-flocken, 1 kleines Bund
Basilikum, 1/2 TL
Zitronengras (Citro-nelle, frisch oder ge-trocknet), 2-3 Knob-lauchzehen, 1 TL Curry,
125 g Reis (gekocht),
Salz, Pfeffer

❶ Zwiebeln vorbereiten, wie oben beschrieben, das Innere fein hak-ken. Champignons waschen, putzen und klein schneiden. Mit Zitronensaft umwenden, damit sie nicht dunkel anlaufen. Die Schale von 1/4 Zitrone abreiben.

❷ Kokosflocken mit 1/4 l ko-chendheißem Wasser übergießen, 1/4 Stunde quellen lassen und dann fest ausdrücken – die dabei erhaltene Flüssigkeit (Milch) wird verwendet; die Kokosflocken für Gebäck nehmen. Basilikum hacken. Das Zitronengras fein aufschneiden. Die Knoblauchzehen schälen und durch die Presse drücken.

❸ Das Zwiebelinnere mit den vorbereiteten Zutaten vermischen. Curry und Reis hinzufügen, Füllung mit Salz und Pfeffer (nach Belieben auch mit Chilischoten sowie frischem Ingwer oder Galgant) abschmecken.

❹ In die Zwiebeln füllen und diese in einer Pfanne in heißem Öl anbraten, etwas Wasser angießen, dann zugedeckt auf mittlerem Feuer etwa 40 Minuten weich schmoren.

Zwiebeln mit Würstelfüllung

❶ Die Zwiebeln schälen, vorsichtig mit einem scharfkantigen Löffel die inneren Schalen auslösen, es sollen nur noch zwei, drei Außenschichten stehen bleiben.

❷ Die ausgehöhlten Zwiebeln 10 Minuten in Salzwasser blanchieren (wenn Sie die Zwiebeln weich mögen) oder roh lassen (wenn Sie sie knackig vorziehen). Das Zwiebelinnere fein hacken.

❸ Das Wurstbrät aus dem Darm drücken, mit gehacktem Zwiebelherz, Kümmel, Tomatenmark sowie Sherry vermischen (entweder mit einer Gabel oder im Mixer). Die Masse salzen, pfeffern, kräftig abschmecken und mit der gehackten Petersilie vermischen und schließlich in die Zwiebeln füllen.

❹ Die gefüllten Zwiebeln in einer Pfanne im heißen Öl anbraten, etwas Brühe, Wein oder Sherry angießen und das Ganze zugedeckt für etwa eine Stunde schmoren, bis die Zwiebeln weich sind.

❺ Als Beilage passen Brot, Kartoffelpüree und Salat.

Für 4 Personen:
4 große Gemüsezwiebeln,
250 g rohe Schweins-
bratwürste, 1/2 TL Küm-
mel, 1 guter EL Toma-
tenmark (aus Dose oder
Tube), 1 Schuß Sherry
(Fino oder Amontilla-
do), Salz, Pfeffer,
1/2 Bund glattblättrige
Petersilie, Öl, Brühe,
Weißwein oder Sherry

Und als Getränk: Bier, Apfelwein, leichter Wein – weiß, rot oder Rosé.

Spinat-Spaghetti aglio-olio

❶ Spaghetti in sprudelnd kochendem Salzwasser (in einem möglichst großen Topf; 10 g Salz je Liter Wasser) knackig gar, also al dente, kochen. Herausheben, nur 1/2 Minute abtropfen lassen, dann sofort mit der während des Kochens vorbereiteten Sauce umwenden.

❷ Mit etwas frisch geriebenen Parmesan bestreuen oder den Käse wie auch die Pfeffermühle auf dem Tisch bereithalten, damit sich jeder nach Geschmack bedienen kann.

❸ Sauce: Alle Zutaten miteinander vermischen – Knoblauchzehen zuvor in feinste Streifen schneiden.

Für 4 Personen:
400 g grüne Spaghetti (Spinat-Spaghetti), Salz, frisch
geriebener Parmesan (Parmigiano Reggiano), frisch
gemahlener Pfeffer

Sauce: 6 EL Olivenöl (kaltgepreßt, extra vergine),
3 Knoblauchzehen, je 1 Stückchen rote und grüne Chili-
schote, in Ringe geschnitten

Zwiebeln
mit Lamm-Spinat-Füllung

❶ Zwiebeln vorbereiten, wie im Rezept oben angegeben. Das Innere fein hacken.

❷ Das Lammfleisch schnetzeln, mit den Zwiebeln und geachtelten Knoblauchzehen im Öl kroß braten. Mit Rotwein ablöschen, fast vollkommen verkochen lassen. Nach Belieben mit dem würzigen Essig aromatisieren, abkühlen lassen.

❸ Spinat waschen und in kochendem Salzwasser zusammenfallen lassen. Abschrecken, abtropfen lassen und gut ausdrücken. Dann locker verzupfen, mit Parmesankäse, Pfeffer und dem Lammfleisch vermischen.

❹ Diese Masse in die Zwiebeln füllen. Sie in einer Pfanne in heißem Öl anbraten, erst dann die Füllung kreuzförmig mit Anchovisfilets belegen. Schließlich zugedeckt auf mittlerem Feuer etwa 45 Minuten backen.

❺ Dazu passen kleine Pellkartöffelchen.
Und als Getränk ein mittelschwerer Rotwein, zum Beispiel Rioja, Bordeaux oder Chianti.

Für 4 Personen:
4 große Gemüsezwiebeln, 250 g schieres Lammfleisch (etwas durchwachsen, aber nicht zu fett), 2-4 Knoblauchzehen, 2 EL Öl, 1 Südweinglas Rotwein, nach Belieben ein Schuß Aceto Balsamico, 250 g Blattspinat, Salz, 3 EL geriebenen Parmesan, Pfeffer, 8 Anchovisfilets

Tip: Anstelle von Spinat den würzigeren Mangold oder Rote-Rüben-Blätter nehmen.

Zucchiniröllchen mit Mozzarella und Tomaten

❶ Die Zucchini längs in dünne Scheiben hobeln. In heißem Öl rasch auf beiden Seiten braten, dabei salzen und pfeffern sowie mit durchgepreßtem Knoblauch würzen. Den Knoblauch aber erst zum Schluß hinzufügen, damit er in der heißen Pfanne nicht verbrennt.

❷ Den Mozzarella in Würfel schneiden. Jeweils einen Käsewürfel, einen Löffel Tomatenpüree und ein Petersilien- sowie Basilikumblatt auf das eine Ende jeder Zucchinischeibe setzen, das freie Ende darüberwickeln, so daß ein Röllchen entsteht. Sie nebeneinander in eine flache, feuerfeste Form schichten.

❸ Die restlichen Käsewürfel und die gehäuteten, ebenfalls gewürfelten Eiertomaten dazwischen verteilen. Salzen, pfeffern und großzügig mit Olivenöl beträufeln.

❹ Die Form für etwa 20 Minuten in den auf 220 Grad vorgeheizten Backofen schieben. Falls Sie Mikrowelle zuschalten können, die 2. Stufe wählen und den Auflauf nur 10 Minuten backen.

Für 4 Personen:
1 kg mittelgroße Zucchini, 6 EL Olivenöl, Salz, Pfeffer, 4 Knoblauchzehen, 400 g Mozzarella, 1 Paket Tomatenpüree (ohne Gewürze), je 1 Bund glatte Petersilie und Basilikum, 500 g reife Eiertomaten

Zucchini und Auberginen mit Minze und Knoblauch

❶ Die Zucchini längs in 2 mm dicke Scheiben schneiden – am besten geht das auf einem gut geschärften Gurkenhobel.

❷ Die Auberginen in etwa 3 mm dicke Scheiben schneiden – vorzugsweise schräg, mit einem scharfen, großen Messer.

❸ Die Gemüsescheiben im Öl goldbraun braten, sogleich auf eine passende Platte legen, jeweils in Reihen. Besonders hübsch sieht das auf einer großen Platte aus, wenn schmale, grüne Zucchini-Streifen die breiteren, dunkelvioletten Auberginen-Felder unterteilen. Salzen und pfeffern, abkühlen lassen, aber nicht in den Kühlschrank stellen.

❹ Etwa eine Stunde vor dem Servieren den Knoblauch fein hacken und die abgezupften Minzeblättchen in feine Streifen schneiden.

Für 4 Personen:
500 g Zucchini (so klein wie möglich), 500 g Auberginen, 6-8 EL Olivenöl zum Braten, Salz, Pfeffer, 1 Knolle junger Knoblauch, 4 Stengel frische Minze, Olivenöl zum Beträufeln, 1 Zitrone (Saft)

Gleichmäßig über die Gemüsescheiben streuen. Etwas frisches, aromatisches Olivenöl darüberträufeln und kurz vor dem Servieren den Zitronensaft daraufträpfeln.

Steinpilze mit Röstkartoffeln

Für 4 Personen:

800-1000 g Steinpilze,

4-6 Knoblauchzehen,

50 g Butter, Petersilie,

Salz, Pfeffer

Röstkartoffeln:

1 kg frisch gekochte

Kartoffeln, 100 g Butter,

Salz, Pfeffer

❶ Die Pilze sorgfältig putzen, dicke Schwämme und wurmige Stellen wegschneiden. Die Pilze möglichst nicht waschen, weil sie sonst Wasser aufsaugen – in jedem Falle nur kurz abbrausen und gleich abtrocknen. In Scheiben schneiden. In eine trockene, große Pfanne breiten, auf starkem Feuer so lange ohne Fett braten, bis alles ausgetretene Wasser verkocht ist.

❷ Inzwischen den Knoblauch schälen und klein würfeln. Erst über die Pilze streuen, wenn die Pfanne wieder trocken ist; jetzt die Butter und die gehackte Petersilie hinzufügen, salzen und pfeffern. Gründlich durchschwenken, bis alle Pilze von Butter überzogen glänzen.

❸ Zum Rösten müssen die Kartoffeln wirklich frisch gekocht sein: Noch heiß pellen, in einer großen Pfanne mit der Bratschaufel zerdrücken, dabei flöckchenweise die Butter hinzufügen. Salzen, pfeffern und langsam unter gelegentlichem Wenden und Drehen golden und kroß braten. Steinpilze und Kartoffeln mischen und heiß servieren.

❹ Auf diese Weise kann man auch Mischpilze, Maronen, Rotkappen, Reizker oder Champignons zubereiten. Dazu paßt ein Salat und Bier oder ein trockener Weißwein, z.B. ein Riesling Kabinett vom Juliusspital in Würzburg.

Steinpilz im Kastanienblatt

Dieses Rezept haben wir von Alain Ducasse aus dem Louis XV in Monaco mitgenommen: so einfach, daß es genial ist!

❶ Den Steinpilz sauber wischen, jedoch den Schwamm nicht wegschneiden. Den Hut mit Öl einpinseln, mit dem Schwamm nach oben auf ein Bett von Kastanienblättern legen, großzügig mit Öl beträufeln und salzen.

❷ Die Blätter so zusammenfalten, daß der Steinpilz völlig davon umhüllt ist. In einen Topf oder eine feuerfeste Form betten, mit einem Deckel verschließen und für 30 bis 50 Minuten (je nach Größe!) in den 250 Grad heißen Backofen stellen.

❸ Im Topf auf den Tisch bringen und erst am Tisch den Deckel abheben – so daß ein betörender Duft entströmt. Den Steinpilzhut aus den Blättern packen und mit allem Saft, der sich in Blättern und Topf gesammelt hat, übergießen.

Zutaten pro Person:
1 makellos schöner,
mindestens zehn Zenti-
meter großer Steinpilz-
hut, Olivenöl, Salz,
Edelkastanienblätter

❹ Nur ein köstliches, saugfähiges Weißbrot dazu reichen. Und einen großen, vollen Weißwein: Meursault, Montrachet oder auch einen Elsässer Tokai oder Riesling Grand Cru.

Pfifferlinge mit Petersilie

Auf diese Weise zubereitet, lassen sich die Pfifferlinge vielfältig weiterverwenden – zum Beispiel in einem Omelett. Oder mit 1/4 l süßer Sahne oder Crème fraîche angereichert als Beilage zu Semmelknödeln. Oder mit einem Schuß trockenem Vermouth Noilly Prat abgelöscht zu Fisch. Oder mit einem guten Schuß Portwein oder Madeira angegossen zu Fleisch jeglicher Art. Man kann in Olivenöl dünsten, zusätzlich mit etwas Knoblauch würzen, statt Petersilie, Basilikum oder Kerbel nehmen, mit Chili schärfen und mit Ingwer aromatisieren. Der Phantasie sind kaum Grenzen gesetzt, und statt Pfifferlingen können Sie alle Arten von Pilzen verwenden.

❶ Die Pfifferlinge putzen. Kleine Exemplare ganz lassen, größere halbieren oder sogar vierteln.

❷ In einer große Pfanne auf mittlerem Feuer die feingeschnittene Zwiebel in der Hälfte der heißen Butter weich dünsten, nicht bräu-

Für 4 Personen:
1 kg frische Pfifferlinge,
1 Zwiebel, 40 g Butter,
1 Bund glattblättrige
Petersilie, Salz, Pfeffer

nen. Die Hälfte der feingehackten Petersilie hinzufügen und kurz mitdünsten. Erst jetzt die Pilze hinzufügen.

❸ Einige Minuten unter ständigem Wenden dünsten, salzen und pfeffern. Die restliche Petersilie und Butter ganz zum Schluß hinzufügen und unterschwenken.

Zauberkünstler Hackfleisch –
auf russische Art

Ein Prachtstück: unsere Hackfleischtorte!

Hackfleisch ist wahrscheinlich ein Zauberkünstler!

Diesmal: auf russische Art

Hackbraten, Hackbällchen, Hackfleischfüllung, Hackfleischauflauf, italienischer Hackfleischsugo, chinesische Hackfleischklößchen, Thailändischer Hackfleischsalat, englischer Hackfleischpie ... aus Hackfleisch läßt sich wirklich alles machen. Hackfleisch liebt man auf der ganzen Welt.

Wir haben uns diesmal von russischen Rezepten inspirieren lassen, weil Hackfleisch dort eine besonders wichtige Rolle spielt. Ein Paradegericht der russischen Küche ist die Pirogge, eine Art Pastete oder Hackfleischtorte. Sie sieht prächtig aus, eignet sich obendrein wunderbar für Gäste, weil sie alles erfüllt, was man als Gastgeber braucht:

Man kann sie wunderbar vorbereiten, also seine Gäste entspannt und gelassen begrüßen. Und sie sieht immer noch eindrucksvoll aus, selbst wenn die Gäste sich verspäten.
Und sie schmeckt traumhaft gut, garantiert auch dem mäkeligsten Besucher.

Hackfleisch-Tips

Böswillige könnten sagen: „Selbst die älteste Kuh wird genießbar, wenn man sie durch den Wolf dreht und zu Hackfleisch macht." Richtig daran ist: Auch die Teile vom Rind werden zum Genuß, die einfach in die Pfanne gelegt zur zähen Schuhsohle würden. Für Hackfleisch nimmt man jene Stükke, die sich eben nicht zum Kurzbraten oder für zartes Siedfleisch eignen. Deshalb ist Hackfleisch nicht teuer.

Häufig wird Hackfleisch gemischt: halb vom Rind und halb vom Schwein. Der Hackfleischteig wird dadurch fetter, also geschmeidiger, auch geschmackvoller – denn Fett, das ist ja klar, dient der Geschmacksverbesserung. Früher hat man übrigens tatsächlich das Fleisch mit einem Messer gehackt – das feinere Schabefleisch, wie man in Berlin noch heute zum Tatar sagt, wurde wirklich mit dem Messer geschabt! Heute treibt man das Fleisch durch den Fleischwolf – der Metzger hat dafür starke Maschinen.

Im Haushalt, wo man früher kraftvolle Apparate verwendete, mit denen man das in Würfel geschnittene Fleisch von Hand „durchdrehte", sind diese Maschinen selten geworden. Manche große Küchenmaschinen verfügen noch über einen Fleischwolfaufsatz. Die meisten Mixer allerdings bieten nur noch die Möglichkeit, das Fleisch mit einem rotierenden Messer zu zerhacken. Das tut der Struktur des Fleisches nicht gut, es wird dadurch schmierig und viel zu weich. Deshalb sollte man sein Hackfleisch lieber beim Metzger kaufen, und zwar immer frisch! Das ist besonders wichtig, weil durch die immens vergrößerte Oberfläche, die den Bakterien eine riesige Angriffsfläche bietet, das durchgedrehte Fleisch sehr schnell verdirbt.

Hackfleisch muß frisch sein!

Die sogenannte Hackfleischverordnung schreibt vor, daß der Metzger bereits durchgedrehtes Fleisch nicht lagern darf. Das wird in den Läden auch sehr streng kontrolliert; im Haushalt sollte man sich ebenfalls an diese Regel halten, das Hackfleisch nicht länger als 12 Stunden aufbewahren, und zwar im Kühlschrank, bei höchstens 4-6 Grad – so kann nichts passieren!

Hackfleisch-Gewürze

Das Schöne am Hackfleisch: Man kann es mit nahezu allem würzen, wonach einem der Sinn steht. Es gibt nichts, was nicht paßt. Kein

Wunder also, daß man Hackfleischrezepte rund um die Welt kennt, mit den exotischsten Gewürzen, von Ingwer bis Zitronengras, sämtlichen Kräutern, von der braven Petersilie über den interessanten Dill bis zum chinesischen Koriandergrün. Man kann mit Pilzen würzen, frischen, kurz gedünsteten oder getrockneten, die viel intensiver wirken.

Eine russische Hackfleischwürze sind: saure Gurken. Sie haben absolut nichts mit den Essig- oder Gewürzgurken zu tun. Sie sind vielmehr milchsauer vergoren, wie man das etwa vom Sauerkraut kennt: Die Gurken werden in eine Salzlake gelegt, wo sie nach einigen Tagen einen Fermentierungsprozeß durchmachen. Dabei verwandelt sich der Geschmack, die Farbe und die Konsistenz. Man ißt diese Gurken nicht nur gerne pur, sondern verwendet sie kleingehackt im Hackfleischteig als ganz spezielles Gewürz.

Saure Gurken gehören in Hackfleischteig auf russische Art

Für 6 bis 8 Personen:
Hefeteig für eine Spring-
form von 30 cm Durch-
messer oder ein großes
Backblech: 1 Würfel
Hefe (42 g), 750 g Mehl,
1 Prise Zucker, 1/8 l
lauwarme Milch,
1 TL Salz, 2 Eier,
100 g Butter, ca. 1/8 l
lauwarmes Wasser

Hackfleischfüllung:
10 bis 20 g getrocknete
Steinpilze, 1 1/2 bis
2 altbackene Brötchen,
2 Zwiebeln, 4 EL Butter,
2-4 Knoblauchzehen,
1 Bund Petersilie, 500 g
gemischtes Hackfleisch,
1 Ei, Salz, Pfeffer,
Cayennepfeffer, Piment
und Zucker, 1-2 saure
Gurken

Außerdem: Butter für
die Form, 1 Ei zum
Bestreichen

DIE REZEPTE

Russische Hackfleischtorte: Pirogge

Eine Pirogge wird in einer Pie- oder Springform gebacken, für viele Gäste auch auf einem Blech, und sie wird wie ein Kuchen aufgeschnitten.

❶ Für den Teig die Hefe mit einem Löffel Mehl, Zucker und der warmen Milch verrühren und zugedeckt zehn Minuten gehen lassen.

❷ Der Vorteig hat dann Schaum gebildet und sieht aus, als ob er brodelt. Diesen Vorteig zum rest-

lichen Mehl in eine Rührschüssel geben. Die Eier hinzufügen und mit den Knethaken der Küchen-

maschine zu einem geschmeidigen Teig verarbeiten, dabei das Salz und stückchenweise die zimmerwarme, weiche Butter und soviel Wasser hinzufügen, wie nötig ist, damit der Teig weich genug ist.

❸ Wenn der Teig absolut glatt wirkt und Blasen schlägt, mit bemehlten Händen zu einer Kugel formen und unter einem Tuch bei Zimmertemperatur eine Stunde gehen lassen.

❹ Inzwischen für die Füllung die Pilze mit wenig kochendem Wasser bedecken und einweichen. Auch das Brötchen in heißem Wasser einweichen.

❺ Zwiebeln würfeln und in der Butter andünsten, die feingehackten Pilze hinzufügen und eine Weile mitdünsten. Das Einweichwasser angießen und verkochen lassen, bis die Zwiebeln ganz weich sind. Beiseite stellen und abkühlen lassen. Fein gehackte Petersilie unterrühren. Den Teig erneut durchwalken, dann fingerdick zu einem Kreis ausrollen.

❻ Die vollständig abgekühlte Zwiebelmischung mit Hackfleisch, dem Ei und dem eingeweichten, gut ausgedrückten Brötchen mischen. Die Füllung mit Salz, Pfeffer, Cayenne, Piment und Zucker

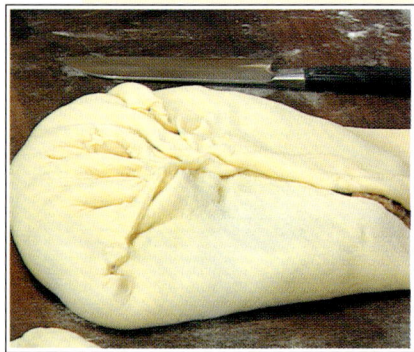

würzen, dabei sehr kräftig abschmecken. Nun die sauren Gurken würfeln und in den Hackfleischteig geben.

❼ Die Farce zu einer Kugel formen, flachdrücken und in die Mitte der Teigfläche setzen. Den Teig darüber zusammenschlagen und gut zukniffen. Die Pirogge vorsichtig stürzen und mit der Nahtseite nach unten in eine ausgebutterte Form oder auf ein Backblech betten. Das Ei mit zwei Löffeln Wasser verquirlen, die Teigoberfläche damit einpinseln. Mit einer Gabel Verzierungen ziehen. Wer mag, kann jetzt noch aus Teigresten Verzierungen formen und auf der Oberfläche anbringen.

❽ Die Pirogge unter einem Tuch eine weitere halbe Stunde an einem warmen Ort gehen lassen und schließlich im 200 Grad heißen Ofen ungefähr eine Stunde golden backen.

Tip: Die Pirogge schmeckt warm mit einem Salat als ganze Mahlzeit und ist kalt ein köstlicher Happen auf einem Buffet. Dazu gibt es einen kräftigen Rotwein.

Piroschki

Es sind die kleinen Schwestern der großen Piroggen, entweder von Portionsgröße oder noch kleiner, also zierliche, mundgerechte Happen. Für letztere empfiehlt sich statt des Hefeteigs ein fertig gekaufter Blätterteig – nicht nur, weil der gar keine Arbeit macht, sondern auch, weil man daraus

die kleineren Täschchen formen kann.

❶ Die Teigplatten aus der Packung nehmen und nebeneinander auf der Arbeitsfläche ausbreiten.

Zehn Minuten auftauen lassen. Auf der nunmehr mit Mehl bestäubten Fläche messerrückendünn (also 3 mm) ausrollen. Die Teigfläche mit Eiweiß einpinseln.

Für 4 bis 6 Personen:
1 Paket tiefgekühlter Blätterteig, Mehl zum Ausrollen, Eiweiß zum Bepinseln, Eigelb und Sahne für die Oberfläche

Füllung: 1,5 bis 2 altbackene Brötchen, ca. 3-4 EL Milch, 1 Zwiebel, 2 EL Butter, 2-3 Knoblauchzehen, 1 Bund Petersilie, 500 g gemischtes Hackfleisch, 1 Ei, Salz, Pfeffer, 1 EL scharfer Senf, 1 TL Delikateßpaprika, reichlich Dill

❷ Die Zutaten der Füllung vermengen und mit den Gewürzen abschmecken. Jeweils einen kleinen Löffel Füllung in regelmäßigen Abständen die linke Kante entlang auf die Teigfläche setzen. Den Teig von links nach rechts darüber klappen, so daß die Füllung davon bedeckt ist, den Teig rund um die Füllung gut festdrücken. Mit einem Teigrädchen oder mit einem Messer mundgerechte Täschchen ausschneiden. Sie auf ein mit Backpapier belegtes Blech setzen mit Eigelb einpinseln, das mit etwas Sahne glatt gequirlt wurde. Bei 200 Grad im vorgeheizten Ofen etwa 15 Minuten backen, bis die Piroschkis goldbraun geworden sind. Dazu paßt eigentlich jedes Getränk, wir bevorzugen ein kühles Bier.

Hackfleischbällchen

Für 4 bis 6 Personen:
1 Portion Hackfleisch-
teig, Mehl zum Wenden,
Semmelbrösel zum
Panieren, Öl zum
Backen

❶ Aus dem Teig mit angefeuchteten Händen kleine, höchstens walnußgroße Bällchen formen. Sie zuerst in Mehl wenden – das geht am einfachsten und gleichmäßigsten, wenn man das Mehl in eine flache Schale füllt und die Bällchen darin hin und her bewegt.

❷ Dasselbe auch mit Semmelbröseln tun: Die Bällchen darin umherbewegen, bis sie vollkommen von Bröseln überzogen sind.

❸ In reichlich Öl schwimmend knusprig backen.
Auf original russische Art die Bällchen flach drücken, panieren und wie ein Kotelett ausbacken.

Tip: Dazu serviert man einen Knoblauchdip: saure Sahne mit gehacktem Knoblauch und Paprika und Champignons in Butter gedünstet mit Zwiebeln und Sahne.

Pelmeni

Für 6 Personen:
1 Portion Nudelteig
(Maultaschenteig),
fertig gekauft oder
selbstgemacht (Rezept
siehe Tip), 1 Portion
Hackfleischteig (siehe
Rezept Piroggen),
1 Eiweiß

Außerdem: 100 g Butter,
1-2 EL Delikateßpapri-
ka, 200 g saure Sahne

Sozusagen die russische Variante zu unseren Maultaschen oder den italienischen Ravioli: Die Hackfleischfarce wird jetzt in Nudelteig gepackt, kleine Täschchen daraus geformt und in Salzwasser gargekocht. Man serviert Pelmeni entweder in Fleischbrühe, lieber aber mit brauner Butter, in der Paprika sanft angeröstet wurde, und einem dicken Klacks saurer Sahne.

❶ Den Nudelteig auseinanderrollen, die Fläche mit Eiweiß einpinseln.

❷ Senkrecht den linken Rand entlang teelöffelweise Häufchen von Füllung nebeneinander setzen, den Teig von links nach rechts darüber klappen, rund um die Füllung festdrücken und mit einem Messer oder besser mit einem Teigrädchen kleine Täschchen ausschneiden.

❸ Mit der restlichen Füllung ebenso verfahren, bis aller Teig aufgebraucht ist. Die Täschchen auf einem mit Mehl bestäubten Tuch nebeneinander liegend aufbewahren, damit sie nicht zusammenkleben!

❹ Die Täschchen schließlich in reichlich Salzwasser sanft kochen, wenn sie oben schwimmen noch etwa 2 bis 3 Minuten (je nach Größe) ziehen lassen, bis sie gar sind.

❺ Mit einer Schaumkelle herausheben, gut abtropfen lassen und schließlich servieren: in tiefen Tellern anrichten, entweder mit Fleischbrühe begießen oder mit Paprikabutter: dafür die Butter sanft schmelzen, das Paprikapulver hineinrühren, eine Minute schmurgeln, aber nicht zu heiß werden lassen, sonst schmeckt der Paprika bitter.

❻ Klecks von Paprikabutter auf die Pelmeni tropfen und jeweils einen großzügigen Klecks saurer Sahne darauf setzen: Dazu reichen wir einen trockenen Weißwein.

Tip: Der Nudelteig ist schnell gemacht: 500 g Mehl auf die Arbeitsfläche häufen, in die Mitte eine Vertiefung drücken und dort hinein 4-5 Eier gleiten lassen. 1/2 TL Salz hinzufügen. Mit einer Gabel die Eier verquirlen, dabei mit Mehl vom Rand mischen. Schließlich den Teig mit der Hand mischen, dabei eßlöffelweise lauwarmes Wasser hinzufügen, ca. 1/8 l, soviel, wie nötig ist, um einen weichen, geschmeidigen Nudelteig zu erzielen. Den Teig zu einer Kugel formen, in Folie wickeln und eine Stunde ruhen lassen, damit sich der Kleber im Mehl entwickeln kann. Erst dann den Teig auf einer bemehlten Arbeitsfläche mit dem Nudelholz oder mit Hilfe der Nudelmaschine dünn ausrollen.

Gefüllte Kartoffeln

❶ Die Kartoffeln schälen, oben quer eine Kappe abschneiden, mit einem scharfkantigen Löffel oder einem sogenannten Pariser Apfelausstecher aushöhlen – so, daß rundum noch einen halben Zenti-

meter dicker Rand stehen bleibt. Die Kartoffeln von Wasser bedeckt aufbewahren, bis die Füllung fertig ist, damit sie sich nicht verfärben.

❷ Das Kartoffelfleisch fein hakken, mit der ebenfalls fein ge-

hackten Zwiebel in der heißen Butter andünsten, durch die Presse gedrückten Knoblauch und fein gehackte Petersilie hinzufügen.

Alles gründlich mischen und schließlich abkühlen lassen.

❸ Erst jetzt mit dem Hackfleisch gründlich mischen, dabei das ge-

würfelte Ei einarbeiten. Mit Salz, Pfeffer, Paprika kräftig abschmekken.

❹ Diese Farce in die Kartoffeln verteilen und gut festdrücken. Die gefüllten Kartoffeln in einem breiten, flachen Bräter, der sie möglichst alle nebeneinander aufnehmen kann, in heißer But-

Für 4 bis 6 Personen:
8 bis 10 gleich große und
schön gleichmäßig
geformte Kartoffeln,
100 g Butter, ca. 1/4 l
Fleischbrühe, 200 g
dicker, saurer Rahm
(Crème fraîche), 1 große
Zwiebel, 2-3 Knoblauch-
zehen, Petersilie, 300 g
gemischtes Hackfleisch,
1 Ei, 1-2 TL Delikateß-
paprika, Salz, Pfeffer

Rote-Bete-Salat:
3-4 Rote-Bete-Knollen,
3-4 EL milder Essig
(Apfelessig), 10 schwar-
ze Pfefferkörner,
6 Pimentkörner, Salz,
2 EL Öl, 1-2 Zwiebeln
(je nach Größe), 2 Früh-
lingszwiebeln, 100 g
dicker, saurer Rahm

ter anbraten. Behutsam die Brühe angießen, im Backofen bei 220 Grad oder auf dem Herd (dort zugedeckt!) eine gute halbe Stunde schmoren, bis die Kartoffeln weich sind.

❺ Dann erst den Rahm über die Kartoffeln verteilen, alles gleich-

mäßig mit Paprika bestäuben und weitere zehn Minuten schmoren, bis sich alles gut verbunden hat. Die Kartoffeln am besten in ihrer Form zu Tisch bringen.

❻ Dazu einen Salat aus Roter Bete reichen, den man schon am Morgen zubereiten sollte: Dafür die roten Beten gut sauber bürsten, dabei die Schale nicht verletzen, damit die Wurzeln nicht „ausbluten", also ihre Farbe und Saft verlieren.

❼ Die Rote Bete dann schälen, noch warm in Scheiben, diese quer in Streifen und sie schließ-

lich in knapp einen Zentimeter große Würfel schneiden. Sofort mit einer Marinade aus Essig, fein zerriebenem Pfeffer und Piment sowie Salz und Öl mischen.

❽ Erst unmittelbar vor dem Servieren die in feine Würfel geschnittenen Zwiebeln und die in Ringe geschnittenen Frühlings-

zwiebeln untermischen. Ganz zum Schluß dann den Rahm! Noch einmal abschmecken und zu Tisch bringen.

Dazu reicht man ein Bier.

ZUSATZREZEPTE

Sauerkraut-Piroggen

Für 6 bis 8 Personen:
Teig: 25 g Hefe, 200 ccm
lauwarmes Wasser,
450 g Mehl, 1 kleines Ei,
1/2 TL Salz, 1 EL
flüssige Butter

Füllung: 1 große Zwie-
bel, 2 Knoblauchzehen,
2 EL Butter, 500 g
Schweinehack, 500 g
Sauerkraut, 20 g ge-
trocknete Steinpilze,
Salz, Pfeffer, Brühe,
2 Eier

❶ Zunächst den Teig ansetzen: die Hefe im lauwarmen Wasser auflösen, die Hälfte des Mehls unterquirlen, in der warmen Küche eine halbe Stunde gehen lassen.

❷ Das restliche Mehl in die Küchenmaschine füllen, den Knetarm langsam laufen lassen, den Hefeansatz langsam hinzufügen. Rühren, bis ein weicher Teig entstanden ist. Erst jetzt Salz, Butter und Ei unterrühren. Zugedeckt erneut eine halbe Stunde gehen lassen.

❸ Den Teig auf der bemehlten Arbeitsfläche durchwalken und jetzt zugedeckt ruhen lassen, bis die Füllung zubereitet ist: feingehackte Zwiebel und Knoblauch in der heißen Butter andünsten. Das Fleisch hinzufügen und braten, bis es krümelig geworden ist.

❹ Das zerzupfte Sauerkraut und die zerkrümelten Pilze hinzufügen, gründlich mischen. Salzen und pfeffern. Nur soviel Brühe angießen, daß nichts anbrennen kann. Zugedeckt 20 Minuten köcheln und abkühlen lassen.

❺ Ein Ei unter die feste Masse mischen. Den Teig einen halben Zentimeter dick ausrollen, Quadrate von etwa 12 Zentimetern schneiden. Jeweils etwas Füllung in die Mitte setzen, den Teig darüber zusammenschlagen und an den Seiten nach unten klappen, damit nirgends Füllung hervorschaut. Die Teigtaschen-Nahtstelle nach unten auf ein mit Backpapier ausgelegtes Blech setzen.

❻ Die Täschchen mit verquirltem Ei einpinseln, nach Belieben zusätzlich mit Teigornamenten schmücken, die man aus Resten ausstechen oder radeln kann.

❼ Piroggen auf ein mit Backpapier belegtes Blech setzen.

Die Oberfläche mit verquirltem Ei einpinseln und bei 200 Grad etwa 20 Minuten goldbraun backen. Sie schmecken warm ebenso gut wie kalt.

Hackfleisch im Brioche

Brioche nennt man einen Hefeteig, der von Butter nur so strotzt, in dem auch noch viele Eier stekken – dadurch wird er besonders saftig, krumig, unendlich zart, aber natürlich auch ganz schön kalorienreich. Gefüllt mit Hackfleisch wird daraus eine herrliche Vorspeise, der nur noch ein leichtes Essen, zum Beispiel ein Gemüse-Eintopf zu folgen braucht.
Eine originelle Sache auch fürs Partybuffet – macht Eindruck und läßt sich gut vorbereiten. Dazu schmeckt am besten ein bunter Salat.

❶ Am einfachsten gelingt der Teig, wenn man alle Zutaten (bis auf die Butter) zunächst mit der Küchenmaschine zu einem geschmeidigen Teig rührt, erst dann flöckchenweise die zimmerwarme Butter hinzufügt und gründlich einarbeitet. Der Teig ist jetzt sehr klebrig und weich. Deshalb wird er nur mit einem Hauch Mehl überpudert, mit dem Teigschaber zu einer Kugel geformt und zugedeckt über Nacht in den Kühlschrank gestellt. Am nächsten Tag ist die Butter wieder fest geworden und gibt dem Teig Halt.

❷ Für die Füllung die gewürfelten Brötchen mit der Milch beträufeln und einweichen. Die gehackten

Zwiebeln in der heißen Butter weich dünsten. Abgekühlt mit den Brötchen, dem durch den Wolf gedrehten oder (mit seinem Fettrand!) im Zerhacker zerkleinerten Schinken und dem Schweinehack sowie den Eigelb gründlich mischen. Mit Salz, Pfeffer, Majoran, Thymian und Paprika sehr kräftig abschmecken. Zum Schluß die feingehackte Petersilie einarbeiten.

❸ Eine Kastenform ausbuttern. Den Boden etwa zwei Zentimeter dick mit Teig auslegen, ihn an den Seiten etwas hochziehen, damit auch dort ein etwa zwei Zentimeter dicker Rand entsteht.

❹ Die Hackfleischfarce zu einer Wurst formen und in diese vorbereitete Kuhle betten. Mit dem restlichen Teig zudecken. Ein Tuch darüber breiten und bei warmer Zimmertemperatur eine gute halbe Stunde gehen lassen.

❺ Erst dann die Oberfläche mit verquirltem Ei einpinseln. Die Form in den 200 Grad heißen Ofen schieben, das Hackfleisch im Brioche 55 bis 60 Minuten backen, bis die Garprobe zeigt, daß auch das Fleisch im Inneren gar ist: mit einem Holzstäbchen einstechen und an die Lippe halten, sobald es

sich warm anfühlt, kann man die Form herausholen.

❻ Mindestens eine Viertelstunde ruhen lassen, bevor der gefüllte Kuchen aus der Form gestürzt und in Scheiben geschnitten wird. Man kann ihn aber auch gut abkühlen lassen und kalt aufschneiden. Die gut fingerstarken Scheiben auf Tellern anrichten und mit einem kleinen Salat aus bunten Blättern dekorieren.

Für 6 bis 8 Personen:
Teig: 500 g Mehl,
20 g Hefe, 1 EL Zucker,
4 EL Milch, 6 kleine
Eier, 400 g Butter

Füllung: 2 altbackene
Brötchen, ca. 1/8 l lauwarme Milch, 2 große
Zwiebeln, 2 EL Butter,
200 g gekochter Schinken, 200 g Schweinehackfleisch, 1 TL
Majoran, 1 TL Thymian, Delikateßpaprika,
Salz, Pfeffer, 2 Eigelb,
2 Bund Petersilie

Außerdem: Butter für
die Form, Eigelb zum
Einpinseln

Hackfleisch-Torte

Sieht prächtig aus und schmeckt immer wieder gut. Das Prinzip ist ganz einfach: Den Blätterteig entnimmt man der Tiefkühltruhe, als Füllung eignet sich jede beliebige Hackfleischfüllung, ganz nach Gusto und Vorräten. Zum Beispiel so:

❶ Die Teigplatten aus der Packung nehmen, nebeneinander auf der bemehlten Arbeitsfläche ausbreiten und etwas antauen lassen. Dann aufeinandergestapelt messerrückendünn ausrollen.

❷ Eine mit Butter ausgestrichene Springform mit zwei Dritteln des Teiges ausschlagen.

❸ Für die Füllung die gehackten Zwiebeln in der heißen Butter andünsten, die ebenfalls gehackten Pilze (im elektrischen Zerhacker darauf achten, daß sie nicht zu fein zerkleinert werden) hinzufügen. So lange braten, bis ihr Saft völlig verkocht ist.

❹ Erst jetzt das Fleisch hinzufügen und braten, bis es seine rohe Farbe verloren hat. Salzen, pfeffern, mit Thymian und Pastetengewürz abschmecken. Schlückchenweise nur den Wein angießen; er soll jeweils völlig verkochen, darf nicht als Flüssigkeit im Topf sichtbar bleiben. Abkühlen lassen. Käse, Eier und Crème fraîche verquirlen und unter die Füllung mischen. In die ausgeschlagene Form verteilen und glattstreichen.

❺ Den restlichen Teig als Deckel über die Füllung breiten, rundum an den Rändern gut festdrücken – wenn man sie zuvor mit Eiweiß einpinselt wird die Naht garantiert dicht. Ein markstückgroßes Loch in die Mitte stechen, damit Dampf entweichen kann.

❻ Aus Teigresten Ornamente ausstechen oder formen und mit Eiweiß auf der Oberfläche festkleben. Alles mit Eigelb einpinseln, das mit etwas Sahne glatt gerührt wurde. Bei 200 Grad im vorgeheizten Ofen eine gute Stunde backen, bis die Oberfläche goldbraun leuchtet.

Für 4 bis 6 Personen (oder eine Springform von 26 cm Durchmesser): 1 Paket tiefgekühlter Blätterteig, Mehl zum Ausrollen, 1 Eigelb, verquirlt mit 2-3 EL Sahne, zum Bestreichen des Teigdeckels, 1 Eiweiß zum Festkleben der Teigornamente und des Deckels, Butter zum Ausstreichen der Form Füllung: 2 Zwiebeln, 2 EL Butter, 250 g frische Champignons, 500 g gemischtes Hackfleisch, Salz, Pfeffer, Thymian, 1 EL Pastetengewürz, 1/8 l Rotwein, 100 g geriebener Käse, 2 Eier, 2 EL Crème fraîche

Fleisch-Piroschki mit Eiern

❶ Den Teig wie beschrieben zubereiten und gehen lassen. Für die Füllung die Pilze einweichen. Die fein gewürfelten Zwiebeln in Butter andünsten, das Fleisch hinzufügen und auf nunmehr starker Hitze kräftig anbraten.

❷ Tomaten häuten, entkernen, würfeln und zum Fleisch geben. Kräftig würzen und den Wein angießen. Ohne Deckel eine halbe Stunde sanft köcheln.

❸ Die Füllung abkühlen lassen, die gewürfelten Eier sowie gehackte Petersilie untermischen.

❹ Den Teig knapp fingerdick ausrollen. Mit einer Tasse Kreise ausstechen, jeweils einen Löffel Füllung auf eine Hälfte setzen, die freie Fläche mit Ei einpinseln und über die Füllung klappen. Rundum gut zusammendrücken, damit die Halbmonde dicht bleiben.

Für 6 Personen:
1 Portion Piroggenteig (Hefeteig), 25 g getrocknete Steinpilze, 2 Zwiebeln, 4 EL Butter, 500 g Hackfleisch, 2 Tomaten, Salz, Pfeffer, Piment, je 1 Messerspitze gemahlener Kreuzkümmel und Cayennepfeffer, 1 Glas Weißwein, 2 hartgekochte Eier, Petersilie, 1 mit 2 EL Sahne verquirltes Ei zum Bepinseln

Gefüllte Zucchini

❶ Die Zucchini längs halbieren, mit einem scharfkantigen Löffel das Fleisch bis auf einen ein Zentimeter dünnen Rand herausschaben.

❷ Mit den gehackten Pilzen und Schalotten in der Butter mit Thymian weich dünsten, salzen und pfeffern. Die gehackte Petersilie hinzufügen und alles abkühlen lassen. Das Hackfleisch mit der Crème fraîche mischen. Die Pilze im Mixer zerkleinern.

❸ Unter das Fleisch mischen, die Farce mit Salz, Pfeffer und Cayennepfeffer abschmecken. In die Zucchinihälften füllen. Nebeneinander in eine feuerfeste Form setzen. Mit Olivenöl beträufeln.

❹ Die gefüllten Zucchini im Backofen bei 200 Grad eine halbe Stunde schmoren.

❺ Falls nicht genügend Saft austritt, soviel Brühe angießen, daß der Boden der Form bedeckt ist.

Für 4 Personen (4 bis 6 kleine Zucchini):
Füllung: 300 g Champignons, 2 Schalotten, 2 EL Butter, Thymian, Salz, Pfeffer, einige Petersilienstengel, 300 g Hackfleisch, 200 g Crème fraîche, Cayennepfeffer, Olivenöl

Gefüllter Wirsing

In der Gegend um Grasse, dem Parfumzentrum in Südfrankreich, ist dieses Gericht eine geschätzte Spezialität. Man liebt es vor allem im Winter, weil es sehr deftig und kräftig ist. Es heißt Fassum, ein Begriff, der sich vom lateinischen farsire = füllen, stopfen ableitet, das Wort, dem auch der Begriff Farce entstand. Fassum ist die Spezialität von Grasse, ein Gericht aus der Familienküche, das man eigentlich nie in Restaurants aufgetischt bekommt. Jede Hausfrau hat dafür, versteht sich, ihr ureigenes Rezept. In die Farce gehören Reste vom Pot-au-feu, Kartoffeln mit Wurstbrät, gepökelter Schweinebauch, Hammel – die Mischung bestimmt der Vorrat oder der eigene Gusto. Die Kohlblätter werden durch ein Netz zusammengehalten, das sogenannte fassumier, das man in den Haushaltsgeschäften von Grasse kaufen kann – natürlich tut ein Tuch dieselben Dienste.

❶ Den Wirsing in Blätter zerteilen, die größeren in Salzwasser blanchieren, die kleinen aus der Mitte in Streifen schneiden.

❷ Zwiebel und Knoblauch im Olivenöl weich dünsten. Alle Fleischsorten, die gedünstete Zwiebel, die inneren Wirsing- und Mangoldblätter durch den Wolf drehen. Reis, Ei, Erbsen und Gewürze hinzufügen. Mit den Händen zu einer geschmeidigen Farce mischen und sehr kräftig abschmecken.

❸ Ein ausreichend großes Küchentuch in ein Salatsieb breiten, die äußeren Blätter darauf auslegen. Die Farce daraufbetten, die Blätter darüber zusammenschlagen, so daß der Kohlkopf wieder seine ursprüngliche Form hat. Das Tuch darüber zubinden. In Brühe sanft drei Stunden lang ziehen lassen. Den gefüllten Wirsing wie eine Torte in Stücke aufschneiden. Mit Salzkartoffeln und einer Tomatensauce servieren.

Für 4 bis 6 Personen:
1 Wirsingkopf, Salz,
1 große Zwiebel, 3-4
Knoblauchzehen, 2 EL
Olivenöl, 350 g gepökelter, frischer Schweinebauch, mitsamt der
Schwarte, ca. 300 g
Reste vom Schmorbraten, gekochtem Rindfleisch oder Endstücke
vom Roastbeef, 500 g
Mangoldblätter, 50 g
Reiskörner, 1 Ei, 150 g
Erbsen (tiefgekühlt),
Salz, Pfeffer, Thymian,
Basilikum, Petersilie,
1 Sardellenfilet

Gefüllte Tomaten

❶ Die feingehackte Zwiebel mit den durchgepreßten Knoblauchzehen in zwei Eßlöffeln Öl weich dünsten, die gehackte Petersilie untermischen und abkühlen lassen.

❷ Die Masse mit den feingeschnittenen Basilikumblättern unter das Hackfleisch mischen. Ei, mit Milch angefeuchtete Semmelbrösel und Gewürze hinzufügen. Alles gründlich vermengen.

❸ Diese Farce in die ausgehöhlten Tomaten füllen. Den zuvor am Blütenansatz quer abgeschnittenen Deckel wieder aufsetzen. Die gefüllten Früchte nebeneinander in eine feuerfeste Form betten. Mit dem restlichen Öl beträufeln.

❹ Im 250 Grad heißen Ofen etwa 30 bis 40 Minuten schmoren. Sobald der Bodensatz zu sehr bräunt, mit einem Schuß Brühe oder Wasser ablöschen.

Für 4 bis 6 Personen (für 6 große Tomaten): 1 große Zwiebel, 4 Knoblauchzehen, 6 EL Olivenöl, 1 Bund Petersilie, 1 Bund Basilikum, Salz, Pfeffer, 500 g Rinderhackfleisch, 1 Ei, 75 g Semmelbrösel, 3-4 EL Milch, Cayennepfeffer, Brühe oder Wasser zum Ablöschen

Königsberger Klopse

Eine besonders feine Variante dieses leider so unterschätzten Gerichts – leider ist es ja vielerorts zu fader Krankenhauskost verkommen. Dabei sind liebevoll und sorgfältig zubereitete Königsberger Klopse eine umwerfende Delikatesse. Sie machen durchaus ein wenig Mühe – aber probieren Sie's: Es lohnt sich!

❶ Das Brötchen würfeln, mit Sahne beträufeln und einweichen.

❷ Die feingehackte Zwiebel in der Butter weich dünsten. Abgekühlt mit dem Brötchen mischen und zusammen mit den beiden Fleischsorten durch den Wolf drehen, dabei auch die Petersilienblättchen (die Stengel für den Sud beiseite legen) und die entgrätete Sardelle mitlaufen lassen.

❸ Die Masse mit den angegebenen Gewürzen kräftig abschmekken und das Ei hinzufügen. Inzwischen das Wurzelgemüse für den Sud kleinhacken, in der Fleischbrühe mit dem Lorbeerblatt und den Petersilienstengeln etwa 10 Minuten auskochen.

❹ Aus dem Fleischteig höchstens tischtennisballgroße Klopse formen, in der leise siedenden Brühe etwa 15 bis 20 Minuten garziehen lassen, auf keinen Fall kochen, weil sonst die Klopse hart werden.

❺ Die Klopse mit einer Schaumkelle herausheben und warm stellen. Die Brühe durch ein Sieb filtern, rasch, auf starker Flamme jetzt um gut die Hälfte einkochen.

❻ Inzwischen die Eigelb mit der Sahne verquirlen. In den Sud rühren, der jetzt höchstens noch 3/8 l messen sollte. Unter ständigem Rühren erneut erhitzen und dabei andicken lassen. Wobei der Sud nicht ins Kochen geraten sollte, weil sonst die Eier ausflocken und nicht mehr binden können. Die Sauce kräftig abschmecken, mit Zitronensaft nach Gusto würzen, reichlich Kapern einrühren. Die Klopse in dieser Sauce erwärmen. Dazu schmecken am besten Salzkartoffeln!

Für 4 Personen:
1 altbackenes, entrindetes Brötchen (75 g),
3-4 EL Sahne, 1 Sardelle (Anchovis), 1 große Zwiebel, 2 EL Butter,
1 Bund Petersilie, 300 g Kalbfleisch (Schulter oder Nuß), 250 g Schweineschulter, Salz, Pfeffer,
1 TL Pastetengewürz (Spice Islands), eine Prise Cayennepfeffer, etwas abgeriebene Zitronenschale, Muskat, 1 Ei

Für den Sud:
1 Zwiebel, 1 Lauchstange, 1 Möhre, 1 Lorbeerblatt, 1 l Fleischbrühe, 1/4 l Sahne, 3 Eigelb, 3-4 EL winzige Kapern, Zitronensaft

Rheinisches Muschelessen

Muscheln kommen gottlob bereits geputzt und gewaschen in unsere Geschäfte

Jedenfalls die aus Holland, wo man die Muscheln langsam sich entsanden läßt

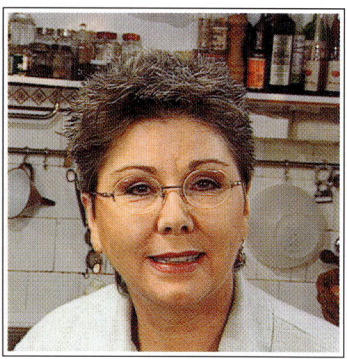

Eine fröhliche Einladung im Herbst

Wenn die Abende länger werden, lädt man wieder gern zum Essen ein. Man sitzt am liebsten rund um einen Tisch versammelt, hat Muße und Zeit zum Schwatzen und zum Genießen. Am schönsten sind dann doch die Menüvorschläge, die der Hausfrau wenig Arbeit, dafür den Gästen um so mehr Spaß machen. Wie wär's zur Abwechslung mal mit einem zünftigen Muschelessen?

Wo kommen die Muscheln her?

Im Rheinland sind Miesmuscheln ja geradezu Nationalgericht. Muscheln kann man hier überall gut und frisch kaufen. Sie kommen im allgemeinen aus Holland, sie sind nicht teuer, und die Qualität ist gut. Sie stammen aus sauberen Gewässern, sind im allgemeinen ausreichend lange in immer frischem Wasser entsandet worden; Ihr Fleisch ist hellgelb, schön fest und die Muscheln schön groß. In anderen Regionen Deutschlands findet man in den Fischgeschäften Muscheln auch aus Spanien, Italien oder aus Frankreich. Bei spanischen Muscheln muß man manchmal aufpassen, sie sind zwar billig, aber nicht immer sind sie bester Qualität, ihr Fleisch ist blaß, man muß sie häufig noch sorgfältig entbarten und entsanden. Das macht viel Mühe! Beste Qualität kommt aus Frankreich: sie werden unter dem Namen Bouchots angeboten, sind kleiner als die holländischen, dafür hocharomatisch und würzig.

Was ist mies an den Muscheln?

Gar nichts! Die Vorsilbe Mies- bei den Muscheln, auch Pfahlmuscheln genannt, weil sie an Holzpfählen wachsen und gemästet werden, hat nichts mit übel oder schlecht zu tun, sondern leitet sich von Moos ab – damit ist zunächst einmal gemeint, daß Muscheln wie Moos an den Pfählen und Baumstämmen unter Wasser wachsen. Und zweitens deutet das Wort auch auf jene Bartfäden

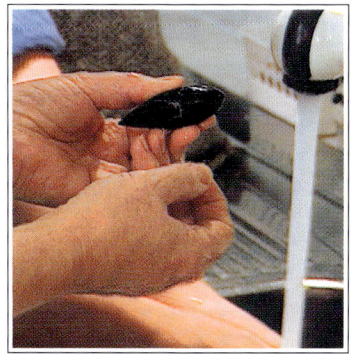

Trotzdem muß man Muscheln nochmals gründlich durchspülen, bevor man sie zubereitet

hin, mit denen die Muscheln sich an ihrem Pfahl festhalten. Diesen Bart muß man, sollte das nicht bereits geschehen sein – denn meist werden Muscheln heutzutage geputzt verkauft – entfernen.

Wie man Muscheln vorbereitet

Die Bartfäden lassen sich mit einem festen Ruck aus der Schale herausziehen, dafür muß man sie zwischen einer Messerklinge und dem Daumen fassen und herausrupfen. Danach müssen die Muscheln verlesen werden: Geöffnete Muscheln wegwerfen, sie sind verdorben. Alle übrigen gründlich waschen, wenn nötig sogar regelrecht bürsten und schließlich in immer wieder gewechseltem Wasser sich entsanden lassen.

Wie man die Muscheln serviert

Am besten sind tiefe Teller zum Essen, flache Teller auf dem Tisch

stehen zum Aufsammeln der Muschelschalen bereit. Außerdem gibt es für jeden eine Tasse für den Muschelsud.

Es werden dazu serviert: knuspriges Baguette oder gebuttertes Vollkornbrot und zwei Saucen. Die heißen Muscheln werden in einer großen Schüssel serviert, am besten mit Deckel, damit sie schön heiß bleiben.

Wie man Muscheln ißt

Die Natur hat den Muscheln ihr eigenes Besteck mitgegeben. Man zupft das Muschelfleisch mit Hilfe einer ausgeleerten Muschelschale als Zange aus den Schalen.

Anschließend kann man seine Finger in bereitstehenden Fingerschalen säubern. Eine Zitronenscheibe im lauwarmen Wasser sorgt nicht nur für ein dekoratives Aussehen, sondern nimmt vielmehr auch den Meeresduft von den Fingern.

Muschelessen: Mit einer leeren Schale zupft man Muschelfleisch heraus

Für 6 Personen:
4-5 kg Miesmuscheln,
2 Lauchstangen, 2 Möh-
ren, 1 große Zwiebel,
2-3 Knoblauchzehen,
50 g Butter, 2 Lorbeer-
blätter, 1/2 TL Pfeffer-
körner, Salz, 1/4 l Weiß-
wein, 1/4 l Wasser,
Zitronensaft

DIE REZEPTE

Grundrezept:
Muscheln auf rheinische Art

Man rechnet als Hauptgericht mindestens ein Pfund, aber auch bis zu einem Kilo Muscheln pro Person. Wenn es eine sättigende Vorspeise gibt und anschließend noch ein üppiges Dessert, könnte man mit etwas weniger auskommen. Besser allerdings ist es, wenn man ein wenig mehr zubereitet. Dann reicht es am nächsten Tag auch noch für einen eleganten Salat, für eine Suppe oder eine hübsche Vorspeise (siehe Zusatzrezepte).

❶ Die Muscheln gründlich wie vorher beschrieben säubern.

❷ Lauch, Möhren und Zwiebel putzen, schälen, unschöne Stel-

len oder Außenblätter entfernen. Lauch in feine Ringe schneiden, Möhren in streichholzfeine Streifen hobeln und Knoblauchzehen und Zwiebel fein würfeln.

❸ In einem großen Topf die Butter erhitzen, das Lorbeerblatt und die Pfefferkörner darin anrösten, die vorbereiteten Gemüse hinzufügen und darin andünsten. Dabei sofort salzen, so bleibt die leuchtende Farbe erhalten. Erst dann mit Weißwein und Wasser ablöschen, mit Zitronensaft würzen.

❹ Die Muscheln portionsweise hinzufügen und jede Portion unter geschlossenem Deckel fünf Minuten heftig kochen. Dabei ab und zu den Topf hochnehmen und rütteln und schütteln, damit die Muscheln umhergewirbelt werden und auch zuoberst liegende an den Topfboden gelangen.

❺ Immer soviel Muscheln auf einmal kochen, daß es für eine Runde reicht. Während diese verspeist werden, gleich die nächste Portion in den Topf werfen.

Die Saucen

So richtig rheinisch sind sie nicht – aber sie schmecken so wunderbar zu den Muscheln. Und weil sie so kalorienarm sind, kann man sie sich auch ruhig ohne schlechtes Gewissen leisten:

Chiliwürziger Kräuterdip

❶ Petersilie abzupfen, die Blätter mit den entkernten Chilies und geschälten Knoblauchzehen im Mixer oder im Mixbecher pürieren, dabei nach und nach soviel Olivenöl hinzufügen, bis die Sauce leuchtend grün und dickcremig ist.

❷ Die Sauce mit Salz, Pfeffer und Zucker würzen.

Für 6 Personen:
1 dicker Bund glatte
Petersilie, 2 grüne
Chilischoten, 2-3 Knob-
lauchzehen, ca. 1/8 l
Olivenöl, Salz, Pfeffer,
1 Prise Zucker

Herzhafte Knoblauchmayonnaise

Wichtig: Alle Zutaten sollten Zimmertemperatur haben, damit sie gut miteinander emulgieren können.

❶ Knoblauch schälen, mit Eigelb, Salz und Senf in den Mixbecher der Küchenmaschine oder in ein schmales Gefäß füllen. Zuerst auf langsamer Stufe, dann nach und

Für 6 Personen:
4-5 Knoblauchzehen,
2 Eigelb, Salz, 1/2 TL
scharfer Senf, ca. 1/8 l
Olivenöl, Pfeffer, eine
Prise Cayennepfeffer,
1 Prise Zucker, Zitro-
nensaft

nach schneller werdend mixen oder mit dem Mixstab pürieren, dabei langsam mit dünnem Strahl das Öl hinzufließen lassen.

❷ Die Knoblauchmayonnaise mit Pfeffer, Cayennepfeffer, Zucker und Zitronensaft abschmecken.

Tip: Wer die Mayonnaise leichter haben will, der arbeitet ein Eiweiß unter. Zusätzlich kann man die fertige Mayonnaise mit etwas saurem Rahm (10%) strecken.

Die richtigen Getränke

Klassisch zum rheinischen Muschelessen ist natürlich ein Kölsch, das zischt – selbstverständlich paßt auch der Weißwein, mit dem wir auch gekocht haben, ein knackiger Mosel beispielsweise, denn von der Mosel hat man immer schon in Köln traditionellerweise seinen Wein bezogen. Und wer weder auf das eine noch auf das andere Lust hat, der trinkt einen erfrischenden, eisgekühlten Kräutertee.

Zum Beispiel von Verveine, auf deutsch Eisenkraut. Mit seinem würzigen Zitronenduft ist er eine herrliche Ergänzung zu den Muscheln.

Für 6 Personen:
1 Händchen voll getrocknete Eisenkrautblätter bzw. Verveine (Drogerie oder Feinkostladen), Zucker nach Geschmack, Zitronensaft

Kräuter-Drink

❶ Die Blätter mit einem Liter Wasser überbrühen, mit wenig Zucker und etwas Zitronensaft würzen.

❷ Nach 15 Minuten abseihen und abkühlen lassen.

❸ Eisgekühlt servieren.

Muschelsuppe

❶ Die sorgfältig geputzten Muscheln zunächst in wenig Wasser und etwas Wein fünf Minuten kochen. Abkühlen, bis man sie anfassen kann, dann aus ihren Schalen zupfen.

❷ Den Sud durch eine Filtertüte filtern, um jegliche Sandkörner zurückzuhalten.

❸ Die Schalotten fein würfeln und in Butter andünsten, feingewürfelten Knoblauch sowie je eine Tasse winzige Kartoffel-, Lauch-, Möhren- und Selleriewürfel dazugeben. Etwa fünf Minuten dünsten, aber keinesfalls bräunen. Mit Muschelsud auffüllen und die Sahne angießen. Die Kräuter von den Stielen zupfen, die Stiele bündeln und in den Suppentopf geben und mitkochen.

❹ Alles nunmehr etwa zwanzig Minuten köcheln, bis die Gemüse weich sind und die Kartoffeln sich nahezu aufgelöst und so die Suppe ein wenig gebunden haben. Die Kräuterstiele wieder herausfischen und wegwerfen.

❺ Die Suppe schließlich mit Salz, Pfeffer, Muskat, Cayenne, Zucker und Zitrone abschmecken. Die ausgelösten Muscheln darin erwärmen, feingehackte Kräuter einrühren und in tiefen Tellern oder Suppentassen servieren.

❻ Dazu ißt man geröstetes Weißbrot oder Knoblauchbrot.

Für 4 bis 6 Personen:
2 kg Miesmuscheln, 1/4 l
Weißwein, 1/2 l Wasser,
2 Schalotten, 2 EL But-
ter, 2 Knoblauchzehen,
je 1 Tasse winzig klein
gewürfelte Kartoffeln,
Lauch, Möhre und
Sellerie, Salz, Pfeffer,
einige Petersilien-
oder Kerbelstengel,
1/4 l Sahne, Muskat,
Cayennepfeffer, Zucker,
Zitronensaft

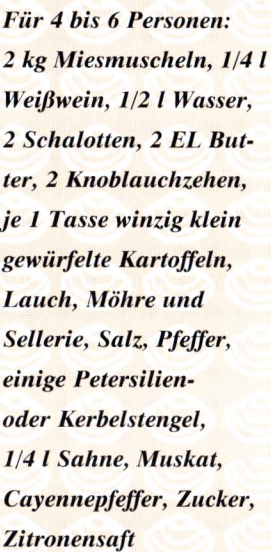

Für 6 Personen:
3-4 kg Miesmuscheln,
1/2 l Wasser, 2 Schalotten, 2 Stengel Zitronengras, 1 walnußgroßes Stück Ingwerwurzel,
3-4 Knoblauchzehen, je 2 rote und grüne Chilischoten, 4 EL Fischsauce, Salz, Pfeffer, 3 Stengel Thaibasilikum,
6-7 Zitronenblätter

Muscheln auf thailändische Art

Duftet verführerisch nach Asien. Man braucht dafür ein paar Kräuter aus dem Asienladen: vor allem Zitronengras, auch Zitronenblatt, Chilis, Thaibasilikum und Ingwer. Und dann geht es im Prinzip ganz einfach nach dem Grundrezept:

❶ Die Muscheln gründlich waschen, in mehrmals gewechseltem Wasser durchspülen, damit aller Sand herausgelöst wird. Mit einer Bürste abschrubben und die struppigen Bartfäden entfernen.

❷ Für den Sud Schalotten in feine Ringe, Zitronengras schräg in sehr feine Scheibchen schneiden, Ingwer und Knoblauch fein würfeln und in einen ausreichend großen Topf füllen. Rote und grüne Chilischoten hinzufügen. Wasser angießen, mit Fischsauce würzen, einige Minuten lang köcheln. Die Muscheln hinzufügen und zugedeckt etwa fünf Minuten auf

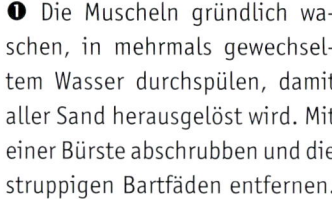

starkem Feuer kochen. Salzen, pfeffern, die in Stücke gerissenen Zitronenblätter sowie die abgezupften Basilikumblätter hinzufügen und neben dem Feuer weitere fünf Minuten ziehen lassen. Muscheln, die sich nicht geöffnet haben, wegwerfen!

❸ Wer mag, der serviert dazu lockeren, verführerisch riechenden Thai-Duftreis – wird manchmal auch als Jasminreis angeboten. Und dazu reicht man einen würzigen Thai-Dip.

Thaiduftender Gurkendip

Für 6 Personen:
1 Salatgurke, je 1 TL
gehackter Ingwer,
Knoblauch, rote und
grüne Chilies, 2 Scha-
lotten, Thaibasilikum,
Schnittlauch, 3 EL
Fischsauce, 3 EL Was-
ser, Zucker, Zitronen-
saft, 1 TL Sesamöl,
1 Zitronenblatt

❶ Die Salatgurke schälen, längs halbieren und wenn nötig entkernen. Die Hälften quer in halbzentimeterdicke Scheiben schneiden und mit Ingwer, Knoblauch, Chilies, in feine Scheibchen gehobelten Schalotten und Kräutern in einer Schüssel mischen.

❷ Mit Fischsauce, Wasser, Zucker, feingeschnittenem Zitronenblatt, Zitronensaft und Sesamöl anmachen.

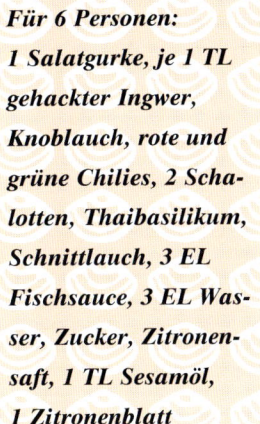

Tip: Auch hier passen unsere Getränke bestens – eventuell auch ein Zitronengrastee (siehe Seite 36).

Noch ein *Tip* zum Zerkleinern von Zitronenblättern: Zuerst den Stengelfortsatz der Zitronenblätter abziehen, die Blätter der Länge nach aufwickeln und dann in feine Streifen schneiden. Die Blätter sind hart, schmecken aber intensiv und duften nach Zitrone.

Gestürzter Apfelkuchen –
Tarte Tatin

Jetzt ist Apfelzeit – und diese beste aller Apfeltorten ist gerade in diesem Fall als Nachtisch perfekt, weil die Muscheln ja ein so kalorienarmer Genuß sind (jedenfalls fast!) und wir uns daher anschließend ein üppiges Dessert gönnen dürfen.

Die Tarte Tatin – angeblich erfunden von zwei Schwestern diesen Namens in Zentralfrankreich, denen aus Mißgeschick der Apfelkuchen heruntergefallen sein soll; er wird nämlich nach dem Backen gestürzt. Er gilt übrigens als der Gipfel der Backkunst. Dabei ist es wirklich kinderleicht, wenn man weiß wie.

Allerdings: Man braucht dafür eine unten geschlossene Form, die einen planen Boden hat, weil

man darin auf der Herdplatte zunächst einen Karamel kochen muß. Sie können sich jedoch auch wunderbar mit einer Bratpfanne behelfen – falls Sie Sorge um ihren Griff haben: einfach mit Alufolie umwickeln!

❶ Den Teig rasch zusammenkneten und in einer Plastikfolie ge-

hüllt ca. 1/2 Stunde im Kühlschrank ruhen lassen

❷ Inzwischen die Äpfel schälen, vierteln und vom Kerngehäuse befreien. In Zitronensaft wenden, damit sie sich nicht verfärben. Die Rosinen in Apfelschnaps einweichen.

❸ Die Butter in der Backform oder Pfanne auf der Herdplatte aufschäumen lassen.

❹ Den Zucker darin schmelzen. Sobald er sich gut mit der Butter verbunden hat, aber noch hell ist, die Apfelviertel dicht an dicht in die Form setzen, mit der Rundung nach unten – denn diese Seite wird später ja die Oberfläche der Tarte sein.

❺ Dabei die Rosinen so dazwischen verteilen, daß sie – ebenfalls an der Oberfläche – hübsch aussehen. Die Äpfel auf sanftem Feuer köcheln, bis sich der Karamel blond färbt.

❻ Schließlich den Teig knapp 1/2 cm dünn ausrollen und als

Deckel über die Äpfel in die Form breiten, dabei rundum einschlagen, so daß der Teig die Äpfel regelrecht umfaßt.

Tip: Am einfachsten läßt sich der Teigboden transportieren, wenn man ihn auf einem ausreichend großen Stück Klarsichtfolie auswellt!

❼ Die Form in den 200 Grad (Gas: Stufe 3) heißen Ofen stellen. Die Tarte Tatin etwa 35-40 Minuten backen, bis der Teigboden schön braun und gar ist.

❽ Etwas auskühlen lassen, danach eine passende Platte auf die Form legen, die Tarte kopfüber stürzen; jetzt sitzt der Teig unten, wie es sich gehört, und die herrlich buttrigen, karamelisierten Äpfel obenauf.

❾ Am besten schmeckt die Tarte Tatin, wenn sie lauwarm serviert und gegessen wird.

Dazu paßt ein dicker Klecks halbsteif geschlagener Sahne.

Apfeltarte

Für eine Form von 24 cm:
Süßer Mürbeteig:
200 g Mehl, 100 g Butter, 60 g Zucker, 1 Ei, 1 Prise Salz

Belag:
750 g säuerliche Äpfel (zum Beispiel Jakob Lebel – eine alte Kuchenapfelsorte, die leider rar geworden ist – oder Boskoop), Zitronensaft, 75 g zerlassene Butter, 50 g Mandelstifte, 50 g in 2 EL Rum eingeweichte Rosinen, 50 g Zucker zum Bestreuen

❶ Aus den angegebenen Zutaten einen Mürbeteig herstellen und ihn ruhen lassen.

❷ Auf einem Klarsichtfolienblatt ausrollen und damit in die eingefettete Springform einsetzen.

❸ Darauf die je nach Größe geviertelten oder nur halbierten Äpfel anordnen, die dank Zitronensaft rundum schön hell geblieben und fächerartig eingeschnitten sind, damit sie gleichmäßig garen. Mit flüssiger Butter bestreichen und mit Zucker bestreuen.

❹ Rosinen und Mandelstifte erst eine Viertelstunde, bevor der Kuchen gar ist, darüberstreuen, damit sie nicht verbrennen.

❺ Den Apfelkuchen auf der untersten Schiene oder sogar direkt auf dem Ofenboden bei 200 Grad etwa 50 Minuten backen, bis er schön goldbraun geworden ist. Dabei dürfen die Apfelseiten ruhig ein wenig angebrannt wirken – das fördert das Aroma!

❻ Dazu gibt es frisch geschlagene, mit Vanille gewürzte Sahne!

Muscheltopf mit gebundenem Sud

Im Sommer bis zum ausgehenden Winter kommen die besten Muscheln von der Nordseeküste, und zwar aus Holland, ansonsten kaufen Sie Muscheln aus Spanien (die großen aus Galizien) oder Frankreich (die kleinen Bouchots).

❶ Die Muscheln sorgfältig waschen, bürsten, die geöffneten wegwerfen. Die herausschauenden Bärte abreißen.

❷ Suppengrün und Zwiebeln putzen und würfeln. Vom Dill die Blätter abzupfen und für später angefeuchtet beiseite legen, die Stiele fein hacken. Eine Schüssel, in der die Muscheln später auch serviert werden, in den Backofen stellen und bei 150 Grad vorwärmen oder mit kochendheißem Wasser anwärmen.

❸ 25 g Butter in einem großen Topf zerlassen und die gewürfelten Gemüse und gehackten Dillstengel darin andünsten. Ehe sie zu Rösten beginnen, mit dem Wein angießen, die Muscheln in den Topf geben und den Deckel auflegen. Erhitzen, bis sich die Muscheln geöffnet haben und der Sud heftig kocht.

❹ Jetzt die Muscheln mit einem Schaumlöffel herausheben und in einer vorgewärmten Schüssel zugedeckt beiseite stellen. Sollten die Muscheln nicht genügend Wasser abgegeben haben – 1/4 l Flüssigkeit muß es mindestens sein –, mit Wasser oder Wein auffüllen.

❺ Fenchelsamen, Pastis, Orangenschale, Zitronensaft und Ge-

Für 4 Personen als Vorspeise und für 2 Personen als Hauptgericht: 1,5 kg schöne, frische Miesmuscheln, 1 großes Bund Suppengrün (Lauch, Möhre, Petersilie, Sellerie), 2 Zwiebeln, 3 Bund Dill, 50 g Butter, 1 Glas trockener Weißwein, 1 TL Fenchelsamen, 1 Schnapsgläschen (2 cl) Pernod oder Pastis, 1 Stück Orangenschale (von unbehandelter Orange oder Pomeranze = Bitterorange), 1 EL Zitronensaft, Pfeffer, Cayennepfeffer, Salz, 1 knapper EL Mehl

würze hinzugeben und etwa drei Minuten einkochen. Die zurückgelegten Dillblättchen hacken.

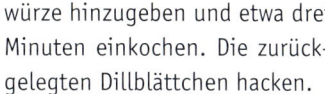 Die Sauce mit einem Klümpchen aus mit der restlichen Butter verknetetem Mehl binden – einfach einrühren und kurz aufkochen lassen. Abschmecken und den Dill untermischen, dann die Muscheln samt Schalen hinzugeben und noch einmal aufwärmen. Durchmischen und in die Schüssel füllen. Dazu gibt's nur Brot und einen trockenen Weißwein.

Venus- oder Miesmuscheln mit Stangensellerie

Für 4 Personen:
1 bis 1 1/2 kg frische
Vongole oder Miesmu-
scheln, 2 EL Olivenöl,
1 Möhre, 1 Zwiebel,
2 Knoblauchzehen,
4 Stengel Bleichsellerie,
1 kleines Bund Blatt-
petersilie

Für die Marinade:
1 Glas trockener Weiß-
wein, 2 EL Weißweines-
sig, 6 EL Olivenöl, frisch
gemahlener Pfeffer, Salz

Im Mündungsgebiet des Po und in den Lagunen von Chioggia und Venedig werden die besten Venusmuscheln, italienisch vongole, gezogen. Die Feinschmecker ganz Italiens – und zunehmend auch Deutschlands! – lieben sie heiß! Inzwischen gibt es sie Gottseidank bei guten Fischhändlern und Lieferanten italienischer Restaurants.

Vongole schmecken vorzüglich „in bianco", also mit etwas gehackter Zwiebel, Knoblauch und Petersilie in Olivenöl gedünstet, gesalzen, gepfeffert und mit Weißwein angegossen, eventuell mit einer Chilischote geschärft. So zubereitet mischt man sie auch gerne unter Spaghetti. Natürlich kann man das Rezept auch mit Miesmuscheln zubereiten.

❶ Muscheln sorgfältigst waschen – lassen Sie sie ruhig einmal eine Stunde in Wasser liegen, in das Sie eine ganze Handvoll Salz geworfen haben – dann entsanden sie sich mit Freude.

❷ In einem ausreichend großen Topf Olivenöl erhitzen, die gewürfelte Möhre mit der gehackten Zwiebel darin glasig schwitzen. Dann erst die Knoblauchzehen (nur geviertelt) hinzufügen. Kurz anziehen lassen, die Muscheln hineingeben und sich öffnen lassen – dazu den Deckel auflegen.

❸ Die Muscheln herausheben und den Sud, der sich gebildet hat, kräftig einkochen. Durch ein feines Sieb passieren, dabei die zurückbleibenden Gemüse fest auspressen. Sud fünf Minuten stehen lassen, dann vorsichtig abgießen, so daß der gesamte eventuell noch vorhandene Sand auf dem Gefäßboden zurückbleibt.

❹ Die Zutaten der Marinade in den Sud geben, alles mit dem Stabmixer oder dem Schneebesen aufschlagen, bis eine cremige Sauce entstanden ist.

❺ Die lauwarmen Muscheln mit den in feine Scheibchen geschnittenen Selleriestangen und abgezupfter Petersilie in einer Schüssel mit der Marinade umwenden. Vor dem Servieren noch einige Minuten durchziehen lassen.

❻ Dazu gibt's Weißbrot und einen Weißwein aus Venetien – es paßt sogar ein Prosecco.

Miesmuscheln überbacken

Diese Art der gratinierten Muscheln haben wir in Ligurien kennengelernt. Meist ißt man sie als Vorspeise, im Sommer aber auch als kleines Hauptgericht.

❶ Die Muscheln kochen und zubereiten, wie im Rezept Muscheln in Portwein (s. S. 209) angegeben – statt des Portweins mit trockenem Weißwein angießen – nur 2 EL Öl zum Dünsten verwenden. Von den Muscheln dann jeweils eine Schale abbrechen, die Füllung über die Muschel in die verbleibende Schalenhälfte häufen.

❷ Sellerie ganz fein hacken, mit Senf und Semmelbrösel vermischen und in die Muscheln füllen.

❸ Die Muscheln nebeneinander in eine feuerfeste Form setzen, zunächst mit dem Kochsud, dann mit dem restlichen Olivenöl beträufeln.

❹ Für drei bis vier Minuten unter den heißen Grill oder für 10 bis 12 Minuten in den auf 220 Grad vorgeheizten Backofen schieben.

Tip: Die Muscheln vor dem Beträufeln mit Olivenöl mit etwas geriebenem Ziegenkäse bestreuen. Dazu gibt es Weißbrot und einen jungen, trockenen Weißwein.

Für 4 Personen:
1 Zwiebel, 1 Bund Suppengrün (Lauch, Möhre, Sellerie, Petersilie), 2 Knoblauchzehen, 2 Tomaten, 4 EL Olivenöl, 1,5 kg Miesmuscheln, Salz, Pfeffer, 1/4 l trockener Weißwein, 1 kleine getrocknete Chilischote, 3 Stangen Bleich- oder Staudensellerie, 2 EL Senf, 8 EL Semmelbrösel

Miesmuscheln in Fenchelsuppe

❶ Miesmuscheln zubereiten, wie im Rezept Muscheln in Portwein (s. S. 209) angegeben – nur die Hälfte des Olivenöls nehmen und auch jeweils die Hälfte der Zwiebel und des Knoblauchs zurückbehalten. Die fertig gekochten Muscheln etwas abkühlen lassen, aus den Schalen lösen und beiseite stellen. Den Sud abseihen – wenn er sandig sein sollte, durch einen Kaffeefilter gießen und bereitstellen.

❷ Unterdessen den Fenchel waschen, putzen, harte Teile abschneiden, das zarte Grün beiseite legen. Fenchel grob hacken.

❸ Das restliche Öl in einem Topf erhitzen, Safran hinzufügen. Zwiebel und Knoblauch darin an-

Für 4 Personen:
1 Zwiebel, 1 Bund Suppengrün (Lauch, Möhre, Sellerie, Petersilie), 4 Knoblauchzehen, 2 Tomaten, 4 EL Olivenöl extra, 1,5 kg Miesmuscheln, Salz, Pfeffer, 1 kleine getrocknete Chilischote, 1/4 l trockener Weißwein, 2 schöne Fenchelknollen (ca. 400 g), 1 Messerspitze Safran, 1 EL Zitronensaft

dünsten, den Fenchel dazugeben und ebenfalls etwas andünsten und den Zitronensaft hinzufügen. Dann mit gut 1/2 Liter Wasser aufgießen, salzen und pfeffern, den Deckel auflegen und den Fenchel in 15 Minuten weich kochen.

Pürieren und durch ein Sieb passieren.

❹ Die Muscheln in der Fenchelsuppe wieder erwärmen, das zurückgelegte Grün hacken und darüberstreuen.

❺ Dazu gibt es Weißbrot (Baguette), eventuell auch trockenen Weißwein.

Wer mag, der dünstet mit Butter und reichert die Suppe mit etwas Sahne an.

Muschelsuppe mit Ingwer und Safran

❶ Muscheln waschen und vorbereiten wie im vorhergehenden Rezept. Zwiebeln pellen und fein würfeln, Champignons putzen und in feine Scheibchen schneiden. Knoblauch und Ingwer ebenfalls schälen und fein hacken.

❷ 2 EL Olivenöl erhitzen, Knoblauch und Ingwer dazugeben und

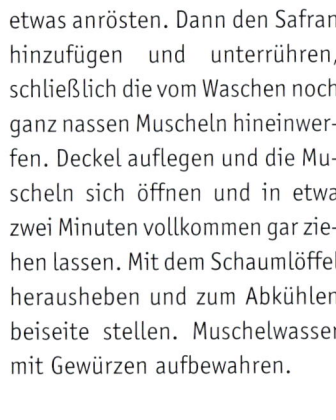

etwas anrösten. Dann den Safran hinzufügen und unterrühren, schließlich die vom Waschen noch ganz nassen Muscheln hineinwerfen. Deckel auflegen und die Muscheln sich öffnen und in etwa zwei Minuten vollkommen gar ziehen lassen. Mit dem Schaumlöffel herausheben und zum Abkühlen beiseite stellen. Muschelwasser mit Gewürzen aufbewahren.

❸ Gleichzeitig in dem restlichen Öl die Zwiebeln und die Champignons andünsten. Salzen, reichlich pfeffern und den Wein angießen. Kurz aufwallen lassen, dann bei milder Hitze durchkochen, bis die Pilze weich sind.

❹ Vier Suppenteller oder -tassen vorwärmen. Die Muscheln aus ihren Schalen lösen. Basilikumblättchen von den Stengeln zupfen, besonders große Blätter zerreißen.

❺ Die Pilze in den Mixer geben, das Muschelwasser hinzugießen und alles pürieren. Bei laufender Maschine mit kochendheißem Wasser und der Sahne aufgießen, abschmecken.

❻ Muscheln in den vorgewärmten Tassen oder Tellern verteilen und mit der Champignoncreme übergießen. Mit Basilikum bestreut servieren.
Dazu paßt ein Sherry, vorzugsweise ein mittelschwerer, also ein trockener (dry) Amontillado.

Für 4 Personen:
1 kg Muscheln (siehe vorstehendes Rezept), 2 große Zwiebeln, 250 g frische Champignons oder Egerlinge, 2 Knoblauchzehen, 1 daumenkuppengroßes Stück frische Ingwerwurzel, 4 EL Olivenöl, 1 Döschen oder Tütchen Safran, Salz, Pfeffer, 1 Glas trockener Weißwein, 1/2 l Wasser, 150 g frische süße Sahne auf keinen Fall „wärmebehandelt“, 1 kleines Bund frisches Basilikum (ersatzweise ein anderes würziges Kraut)

Miesmuscheln in Portwein

Für diese Vorspeise braucht man weißen, trockenen Portwein – der normale Tawny Port wäre zu kräftig. Ersatzweise kann man leichten trockenen Sherry (Manzanilla) nehmen.

❶ Zwiebel, Suppengemüse und Knoblauch fein hacken. Tomaten überbrühen und pellen, die Kerne auslösen, das Fruchtfleisch ebenfalls hacken.

❷ Olivenöl in einem großen Topf erhitzen, Zwiebel und Suppengrün darin anschwitzen, aber nicht rösten. Nach etwa 5 Minuten Knoblauch hinzufügen, nach weiteren zwei Minuten die Tomaten.

❸ Unterdessen die Muscheln waschen, bürsten und die Fäden abziehen. Nur die fest geschlossenen Muscheln verwenden. Wenn die Tomaten ihre Flüssigkeit ausgeschwitzt haben, salzen, pfeffern, die Chilischote hinzufügen und den Portwein angießen.

❹ Beim ersten Aufkochen die Muscheln dazugeben, Deckel auflegen und die Muscheln sich öffnen lassen – das dauert nur zwei bis drei Minuten, dann sind die Muscheln gut und auch noch schön zart. Kocht man sie länger, werden sie klein und hart.

❺ Dazu gibt es Weißbrot, frisch aufgebacken oder getoastet und mit frischem Knoblauch abgerieben, sowie weißen Port oder einen kräftigen Weißwein (Chardonnay, Grauburgunder).

Für 4 Personen:
1 Zwiebel, 1 Bund Suppengrün (Lauch, Möhre, Sellerie, Petersilie), 2 Knoblauchzehen, 2 Tomaten, 3 EL Olivenöl, 1,5 kg Miesmuscheln, Salz, Pfeffer, 1 kleine getrocknete Chilischote, 1/4 l trockener weißer Portwein

Der große Festtagsbraten oder: Roastbeef auf die feine englische Art

Für 4 bis 6 Personen:
1 Zwiebel, 100 g mehlige
Kartoffeln, 1 Stück
Ingwerwurzel (ca. 2 cm
lang), 75 g Butter, 1 EL
Currypulver, 1 Stern-
anis, 1 Chilischote (oder
1 großzügige Messer-
spitze Cayennepfeffer),
1 Sellerieknolle von
400 bis 500 g, 1 l Hüh-
nerbrühe, Salz, Pfeffer,
Zitronensaft, 2 altbacke-
ne Scheiben Weißbrot,
Koriandergrün, 1 Früh-
lingszwiebel oder Kerbel

Vorspeise:
Exotische Selleriecremesuppe

❶ Die Zwiebel, die Kartoffeln und den Ingwer schälen, beziehungsweise putzen und in kleine Würfel schneiden.

❷ Zwiebel in zwei Eßlöffeln heißer Butter andünsten, Kartoffeln und Ingwer dazugeben. Das Currypulver darüberstäuben und kurz mitschwitzen lassen.

❸ Sternanis und Chilischote (oder Cayennepfeffer) hinzufügen, schließlich auch den geschälten, gewürfelten Sellerie und sofort mit Brühe auffüllen. Salzen, pfeffern, zugedeckt etwa 20 bis 25 Minuten leise köcheln, bis alles Gemüse weich ist.

❹ Mit dem Pürierstab oder im Mixer fein zerkleinern (Chilischote und Sternanis vorher herausnehmen), nach Belieben zusätzlich durch ein Sieb streichen.

❺ Zurück in den Topf füllen, aufkochen, mit Zitronensaft, wenn nötig auch mit Salz und Pfeffer nachwürzen.

❻ Das Weißbrot in halbzentimeterkleine Würfel schneiden. In zwei Eßlöffeln Butter langsam rundum goldbraun braten.

❼ Vor dem Servieren die Suppe noch einmal erhitzen, die restliche, eiskalte Butter hinzufügen und mit dem Mixstab untermixen. In Suppentassen oder -tellern anrichten, mit Korianderblättern und feingeschnittener Frühlingszwiebel, eventuell auch mit Kerbel garnieren.

❽ Die Suppe heiß zu Tisch bringen. Die gerösteten Weißbrotwürfel getrennt dazu reichen, damit sich jeder nehmen kann. So bleiben die Croutons knusprig.

Hauptgericht: Englisches Roastbeef mit Kartoffelgratin

Auch wenn man nur zu viert ist, sollte man unbedingt ein großes Bratenstück zubereiten. Es gelingt dann einfach besser, bleibt saftiger. Und außerdem schmeckt Roastbeef auch kalt wunderbar. Man hat so gleich auch für den nächsten Tag die Grundlage für ein herrliches Essen. Servieren Sie zum dünn (mit dem elektrischen Allesschneider) aufgeschnittenen kalten Fleisch knusprige Bratkartoffeln und eine Remouladensauce mit feingehackten Gürkchen, Kapern und Kräutern.

❶ Die Fettschicht vom Fleisch mit einem scharfen Messer kreuzweise einschneiden, dabei möglichst bis auf die Sehnenschicht hinab schneiden und sie durchtrennen; das verhindert, daß sie sich zusammenzieht und den Braten krümmt.

❷ Pfeffer und Piment im Mörser zerkleinern, das Bratenstück damit rundum fest einreiben, schließlich mit Öl einmassieren. Einwirken lassen, bis die Vorbereitungen für das Kartoffelgratin erledigt sind.

❸ Erst unmittelbar bevor der Braten in den Ofen kommt, salzen.

Das ist wichtig, weil sonst das Salz dem Fleisch Saft entzieht. Das Fleischstück auf den eingeölten Rost des Backofens setzen.

❹ Für das Gratin die Kartoffeln schälen, auf dem Gemüsehobel in 3 mm starke Scheiben schneiden. In einer flachen, mit Butter ausgestrichenen Auflaufform verteilen, dabei salzen und pfeffern und mit dem zwischen den Handflächen verriebenen Majoran würzen.

Tip: Im Sommer nimmt man natürlich frischen Majoran, jetzt im Winter muß man auf getrockneten zurückgreifen – übrigens darf dieser nicht schon jahrelang in Ihrer Küche herumstehen, dann hat er nämlich alle Würzkraft verloren!

❺ Die Sahne mit der Milch angießen; die Flüssigkeit sollte gerade knapp die Oberfläche erreichen (notfalls noch einen weiteren Schuß hinzufügen).

❻ Die Form auf den Boden des auf 250 bis 275 Grad vorgeheizten

Für 4 bis 6 Personen:
2 kg Rinderlende, sauber pariert (also von überflüssigen Flachsen befreit) jedoch mit ihrer Fettschicht, 1 EL Pfefferkörner, 1 TL Pimentkörner, 1 TL Salz, 2-3 EL Olivenöl

Majoran-Kartoffelgratin:
1 kg vorwiegend festkochende Kartoffeln, 2 EL Butter, Salz, Pfeffer, 2 EL getrockneter Majoran, ca. 1/4 l Sahne, 1/4 l Milch

Backofens stellen. (Bei Heißluft etwa 10 bis 20 Grad weniger rechnen!) Nach zehn Minuten, wenn die Sahne bereits zu kochen beginnt, das vorbereitete Roastbeef auf dem eingeölten Rost auf die unterste Schiene in den Ofen schieben. Darauf achten, daß das Fleisch exakt über der Bratenform mit den Kartoffeln sitzt.

❼ Das Fleisch weiterhin auf stärkster Stufe etwa 10 Minuten anbraten. Den Ofen dann auf 100 Grad

213

zurückschalten (bei Heißluft 80 Grad), das Fleisch in der nunmehr nachlassenden Hitze weitere 45, höchstens 60 Minuten langsam garziehen lassen. Dabei tropft der Fleischsaft in den Kartoffelgratin und gibt ihm würzigen Geschmack.

❽ Den Braten aus dem Ofen holen, vor dem Anschneiden noch mit Alufolie zugedeckt 10 bis 15 Minuten ruhen lassen, damit sich das Fleisch entspannt und die Säfte sich verteilen können.

❾ Zum Servieren das Fleisch mit einem großen, scharfen Messer in nicht zu dicke Scheiben schneiden, etwa knapp einen halben Zentimeter stark, und auf einer Platte anrichten. Mit dem Kartoffelgratin zu Tisch bringen.

❿ Dazu schmeckt ein erfrischender Salat, zum Beispiel ein Feldsalat, der mit feingewürfelten Zwiebeln angemacht ist oder bunt gemischt, mit Chicorée, Fenchel, Frisée und Radicchio, mit einer Senf-Vinaigrette.

Tip: Außerdem gibt's dazu Meerrettichspäne, die ganz leicht hergestellt sind: Eine frische Meerrettichstange schälen, sie auf die Arbeitsfläche stützen und längs mit einem scharfen Messer hauchfeine Späne abschaben. Dies als letztes, unmittelbar vor dem Servieren erledigen, weil sonst der Meerrettich sich dunkel färbt und außerdem seine Würzkraft verliert.

Dessert: Sachertorte

❶ Die Kuvertüre in einer Schüssel im Wasserbad oder in der Mikrowelle schmelzen (5 Minuten bei 600 Watt). Die Eier trennen – es darf kein Eigelb ins Eiweiß gelangen, weil es sonst nicht steif wird.

❷ Die Butter dick und schaumig rühren, dabei Puderzucker und Vanillezucker hinzufügen. Nach und nach die Eigelb einarbeiten. Erst wenn sich alles innig verbunden hat, die geschmolzene Schokolade hinzufügen. Eiweiß mit einer Prise Salz und dem Zucker schlagen, bis die Masse dick und cremig ist, auf keinen Fall so lange schlagen, daß sie flockig wirkt. Behutsam unter die Eigelb-Schokoladenmasse ziehen.

Für eine Springform von 24 cm Durchmesser: 130 g bittere Kuvertüre, 6 Eier, 130 g Butter, 120 g Puderzucker, 1 Päckchen Vanillezucker, 1 Prise Salz, 100 g Zucker, 130 g Mehl, Butter und Semmelbrösel für die Form, 150 g Aprikosenkonfitüre, ca. 250 g Dunkle Kuvertüre für die Glasur

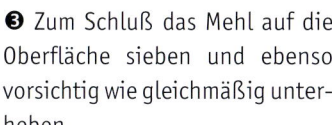

❸ Zum Schluß das Mehl auf die Oberfläche sieben und ebenso vorsichtig wie gleichmäßig unterheben.

❹ Diese Teigmasse in eine mit Butter ausgestrichene, mit Bröseln ausgestreute Form geben und glatt streichen.

❺ Im 170 Grad heißen Ofen zunächst 10 Minuten backen, dann auf 150 Grad herunterschalten und den Kuchen weitere 55 bis 60 Minuten backen.

Tip: Unbedingt die Garprobe machen: Ein Holzstäbchen, in der Kuchenmitte bis zum Boden gestochen muß sich an der Lippe warm anfühlen.

Tip: Es gibt fertige Aprikosenglasur zu kaufen, die man nur noch erwärmen muß.

❽ Für die Schokoladenglasur die Kuvertüre in Stücke schneiden und vorsichtig schmelzen. In die Mitte des Kuchens gießen, mit einer Palette oder einem breiten Messer verstreichen, bis die Oberfläche davon gleichmäßig überzogen ist. Auch rundum den Rand gleichmäßig damit bestreichen.

❾ Die Sachertorte endgültig abkühlen lassen. Bevor die Glasur jedoch endgültig fest wird, die Tortenstücke mit einem Messer markieren, damit später beim Anschneiden die Glasur nicht zersplittert. Zum Anschneiden in jedem Fall ein in heißem Wasser angewärmtes Messer benutzen.

Tip: Sollte nach dem Abkühlen der Schokoladenüberzug graue Streifen zeigen, ist das nicht schlimm: Die Kuvertüre ist dann ein wenig zu heiß gewesen. Einfach noch einmal Kuvertüre schmelzen, diesmal darauf achten, daß sie höchstens 32 Grad erreicht – Sie können das mit den Lippen überprüfen: Die geschmolzene Schokolade muß sich dort fast ein wenig kühl anfühlen. Die Torte erneut mir Schokolade überziehen. Dazu schmeckt ein Orangen-Confit.

Orangen-Confit

❻ Den Kuchen in der Form zunächst fünf Minuten auskühlen lassen, bevor er aus der Form gelöst und auf ein Kuchengitter gestürzt wird. Auf ein Stück Alufolie stellen, die die herabtropfende Schokolade auffängt, wenn der Kuchen damit überzogen wird.

❼ Zunächst jedoch mit Aprikosenkonfitüre bestreichen: sie dafür erhitzen und, wenn große Fruchtstücke sichtbar sind, durch ein Sieb streichen.

❶ Zucker und Wasser zu einem hellen Karamel kochen. Mit dem Orangensaft ablöschen. Den Sud etwas einkochen, er soll fast schon sirupartig sein.

❷ Die Orangen mit einem Messer bis auf ihr Fruchtfleisch schälen, die einzelnen Filets aus ihren Kammern schneiden.

❸ Den Orangensirup mit Orangenlikör parfümieren; die Orangenfilets darin köcheln, bis sie vom Sirup überzogen wirken. Abkühlen lassen.

Für 4 bis 6 Personen:
100 g Zucker, 2 EL
Wasser, 1/4 l frisch
gepreßter durch ein Sieb
gefilteter Orangensaft,
4 Orangen, 2 EL Orangenlikör (Contreau)

Yorkshire-Pudding

Natürlich hat dieser Pudding nichts mit einem Dessert zu tun, wie die meisten Puddings, die man in England schätzt – und wie es übrigens früher auch bei uns gang und gäbe war: Vielmehr ist ein Pudding eine Art Mehlspeise, mit viel Eiern, auch Gemüse oder Fleisch als zusätzlicher Zutat, die in einer bestimmten Form im Wasserbad gebacken wurde.

Diese sogenannte Puddingform sieht bei uns eher aus wie eine Gugelhupfform, die man mit einem Deckel verschließen kann. In England kennt man ganz verschiedene Formen, je nach Art des Puddings. Die spezielle Form für Yorkshire-Pudding ähnelt dem, was man in Süddeutschland Pfitzaufform nennt. Sie besteht aus sechs oder neun töpfchenartigen Förmchen, die aneinander hängen. Dort hinein füllt man den Teig, übrigens eine Art Pfannkuchenteig, der im Backofen luftig und duftig aufgeht. Wenn man die Form unter das Fleisch stellt, kann der Saft hineintropfen und gibt dem Yorkshire-Pudding sein Aroma. Natürlich geht's auch ohne diese Form: Man kann sich mit einem ganz normalen Bräter oder einer flachen, feuerfesten Schüssel gut behelfen. In diesem Fall wird der Pudding zum Servieren wie ein Blechkuchen oder Lasagne in Stücke geschnitten.

❶ Eier, Salz, Mehl und Milch mit dem Schneebesen glatt quirlen und eine halbe Stunde kalt stellen.

❷ In der Form das Schmalz oder die Butter erhitzen, den Teig erneut aufschlagen und in die Form gießen. Sie wie den Kartoffelgratin unter das Fleisch direkt auf den Boden des Backofens stellen und ganz genau so backen, wie im Rezept dafür beschrieben.

❸ Dabei geht der Teig auf, fast wie ein Soufflé, bekommt eine wunderschön braune Oberfläche und duftet unwiderstehlich!

Welcher Wein zum Roastbeef

Die Frage ist im Prinzip ganz leicht zu entscheiden, einen Fehler machen kann man gar nicht: Es paßt jeder gute, kräftige Rotwein. Nur Leichtgewichte, etwa ein deutscher Trollinger oder Portugieser, ein Vernatsch aus Südtirol, ein Bardolino oder ein zu simpel strukturierter Landwein aus Frankreich vermögen dem Fleisch nicht standzuhalten.

Es kann jeder muskulöse, also kräftige, breitschultrige Wein zum rosa gebratenen Fleisch getrunken werden. In jedem größeren Rotwein-Anbaugebiet gibt es entsprechende Weine.

Wer sich sehr an die englische Lebensart halten will, wird sicherlich einen Claret wählen, also einen Wein aus Bordeaux.

Dieses Gebiet gehörte schließlich 300 Jahre lang zu England! Es kam im Jahre 1152 durch die Heirat von Eleonore d'Aquitaine (auch de Guyenne oder du Poitou genannt) mit Henry Plantagenet, der 1154 König Heinrich II. von England wurde, an die englische

Krone und gehörte erst seit der Eroberung durch Karl VII. während des Hundertjährigen Krieges im Jahre 1453 wieder zu Frankreich. Die Engländer, die in ihrem Land Weißwein anbauen konnten, waren dem Wein aus Bordeaux rasch zugetan und gaben diese Liebe niemals auf. So entwickelte sich zwischen Bordeaux und den englischen Häfen ein reger Verkehr, die Engländer wurden zu den weitaus bedeutendsten Abnehmern des Bordelaiser Weins. Früher wurde er selbstverständlich im Faß verschifft und in England abgefüllt, erst nach dem Zweiten Weltkrieg ging man mehr und mehr dazu über, die Spitzenweine nur noch in Flaschen, die auf dem Château abgefüllt waren, zu verkaufen.

Die reichen Engländer liebten allerdings auch immer wieder die großen Weine aus Burgund, wovon allerdings mengenmäßig viel weniger zur Verfügung stand, der in früheren Zeiten daher noch viel teurer war als ein guter Bordeaux.

Ihre Liebe zum Wein veranlaßte sie im übrigen, als Napoleon mit der Kontinentalsperre die Ausfuhr von Bordeaux-Weinen nach England unterband, in den von ihnen kontrollierten Gebieten nach Ersatz Ausschau zu halten. So entdeckten sie die Qualitäten des Portweins und des Weins aus Jerez, welchen Namen sie alsbald,

der leichteren Aussprache wegen, zu Sherry veränderten. Port und Sherry sind seither fester Bestandteil englischer Lebensart – vor oder nach dem Essen genossen, je nach Typ.

Wir tranken zur Selleriesuppe einen alten Sherry Amontillado, also einen dunkleren, leicht oxidativen Typ, nicht so schwer wie ein Oloroso, aber kräftiger als ein Pale, Fino oder Manzanillo. Übrigens in einer spanischen Urform nicht mit einem süßen Wein verschnitten, sondern absolut trocken – so paßt er noch besser zu der würzigen Suppe.

Noch einmal zurück zu den Engländern: In ihren Kolonien begannen sie ebenfalls mit dem Weinbau. Und so kommen zu uns heute aus Übersee ebenfalls Weine, die gut zum Roastbeef passen: etwa Cabernert-Sauvignon, Mer-

lots und Shiraz aus Australien und Neuseeland sowie Südafrika (von hier auch Pinotage). Hervorragende Rotweine dieser Rebsorten kommen heute auch aus Kalifornien (auch Zinfandel), aus Chile und Argentinien.

Doch zurück nach Europa! An der Spitze dürfte noch immer das Bordelais stehen. Vor allem ein gutes Château aus einer Appelation Controlée, etwa aus dem Haut-Médoc und dem Médoc, insbesondere aus einem seiner hervorragenden Weinorte mit eigener Benennung. Das sind Moulis und Listrac, Margaux, St. Estéphe, St. Julien und Pauillac, aus Graves, Pomerol und St. Emilion, ferner kommen in Frage einige der wesentlich preiswerteren Gewächse der Premiéres Côtes de Blaye, der Côtes de Bourg und der Côtes des Francs sowie aus Canon Fronsac.

Auch im Südwesten Frankreichs findet man hervorragende, dichte Rotweine, etwa den Cahors oder den Madiran, die bestens passen.

Wuchtige Weine kommen von der Rhône, das kann ein relativ preiswerter Côtes-du-Rhône sein, ein Hermitage, Cornas oder Châteauneuf-du-Pâpe, Vacqueyras und andere kleinere Appellationen. Schließlich liefern die Provence und das Languedoc mit verschiedenen Appellationen eine Menge ausreichend gut konstituierter Rotweine.

Vergessen wir nun nicht die Rotweine aus Burgund, die alle die nötige Wucht besitzen. Es kann aber auch eine der Dorf-Appellationen aus dem Beaujolais sein, etwa Fleurie, Chenas, Chiroubles, St.-Amour, Moulin-à-Vent, Morgon.

Aus Italien bieten sich zum Roastbeef an: Barob und Barbaresco, die unbestrittenen Stars aus dem Piemont. Es kann aber auch ein guter Nebbiolo, ein kräftiger Barbera oder ein Gattinara sein. Aus dem Veltlin kommen, ebenfalls aus der Nebbiolo-Rebe, der Sfurzat, Grumello und Inferno. Im gesamten Norditalien, in der Lombardei, im Trentino wie in Südtirol, in Venetien bis hinüber nach Friaul, baut man ausgezeichnete Cabernet-Sauvignon-

und Merlot-Weine aus, im letztgenannten Gebiet bieten sich auch die heimischen Reben Refosoco und Pignolo an. Aus Venetien können Sie einen mächtigen Amarone aus eingetrockneten Weinbeeren versuchen.

Die Toskana kann mit einer ungeheuren Zahl von hervorragenden Weinen aufwarten – greifen Sie aber zu den kräftigeren Varianten, und nehmen Sie lieber eine Chianti-Riserva (kräftiger und länger gelagert) als einen einfachen Chianti: In den verschiedenen Anbaugebieten der Chianti-Weine (Chianti Classico, Chianti Rufina, Chianti Colli Senesi, Chianti Colli Fiorentini und Chianti Colli Pisani) muß man sich sein/e Castello/i oder Podere suchen.

Außerdem gibt es aus der Toscana – neben den berühmten Vini da Tavola aus nicht klassifiziertem Anbau (entweder weil die Rebsorten anders als gesetzlich vorgeschrieben zusammengestellt sind oder weil ein anderer Ausbau erfolgte) die Appellationen Brunello di Montalcino, VinoNobile di Montepulciano und Artimino. Empfehlenswert aus Süditalien noch der Aglianico del Vulture.

Spanien bietet mannigfach kräftige Weine, an erster Stelle die Weine aus dem Rioja, aus Navarra, Ribera del Duero, Valdepenas und Penedes.

Aus Österreich bieten sich die kräftigen Blaufränkisch und Zweigelt aus Niederösterreich und dem Burgenland an, von dort auch hervorragende Cabernets.

Wenn Sie, wie wir, einen deutschen Rotwein wählen, sollten Sie zu einem Spät- oder Frühburgunder, einem Lemberger, eventuell einer Domina oder einem der seltenen Zweigelt greifen. Und nehmen Sie unbedingt eine trockene Spätlese oder einen im Barrique (darunter versteht man ein kleines, neues Faß aus – meist französischer – Eiche) ausgebauten Wein, der genügend Kraft besitzt. Welches Anbaugebiet, bleibt Ihrem persönlichen Geschmack überlassen – die meisten wuchtigen Rotweine gibt es, das bringen Geographie und Klima sozusagen automatisch mit sich, in Baden. Hier ist, ebenso wie im Rheingau und an der Ahr, der Spätburgunder die Hauptsorte. Lemberger kommen vor allem aus Württemberg, Frühburgunder und Domina aus Franken.

Zum Dessert, der Sachertorte mit Orangen-Confit, haben wir dann einen Champagner ausgewählt, und zwar einen Rosé, der mehr Wucht besitzt und eine leichte Bitterkeit, die wunderbar mit der Schokolade und den Orangen harmoniert.

Prost!

ROASTBEEF-SAUCEN KALT UND HEISS

Senfsauce

❶ Das Senfpulver mit den Senfkörnern in der aufschäumenden Butter andünsten. Es darf dabei jedoch nicht bräunen. Mit Brühe auffüllen und leise um knapp ein Drittel einköcheln. Die Crème fraîche hinzufügen. Einmal aufkochen.

❷ 2 EL der Sauce mit dem Eigelb verquirlen, sie hineinrühren und unter ständigem Rühren erhitzen, bis die Sauce dick wird. Salzen, pfeffern mit Worcestershiresauce und Zitronensaft abschmecken. Zum Schluß rühren Sie reichlich Schnittlauchröllchen in die Sauce.

Für 4 Personen:
2 gehäufte EL englisches
Senfpulver (Colmans),
1 TL helle Senfkörner,
1/4 l Fleischbrühe oder
Kalbsfond (beides Fer-
tigprodukte), 2 EL But-
ter, 100 g Crème fraîche,
2 Eigelb, Salz, Pfeffer,
je ein Spritzer Worcester-
shiresauce und Zitro-
nensaft, Schnittlauch

Kräutersauce

Eine Variante zur bekannten Frankfurter oder Grie Soß, die angeblich Goethes Lieblingssauce gewesen sein soll. Sie brauchen dafür jede Menge frischer Kräuter. Sieben verschiedene sollen es sein: zum Beispiel Kerbel, Petersilie, Dill, Schnittlauch, Borretsch, Liebstöckel, auch Sauerampfer und Estragon. In Frankfurt und Umgebung kann man sie, fix und fertig zusammengestellt, als Paket kaufen. Anderswo muß man schauen, was der Markt so an Kräutern bietet.

❶ Die Kräuter im Mixer fein zerkleinern, das ganze Ei hinzufügen und aufmixen. Langsam das Öl hinzufließen lassen.

❷ Mit dem Zitronensaft, Salz, Pfeffer, Senf und der Worcestershiresauce kräftig würzen und die saure Sahne mitmixen.

Für 4 Personen:
Zwei große Handvoll
geputzter Kräuter (das
heißt: bereits von den
harten Stielen gezupfte
Blätter), 1 Ei, knapp
1/8 l Öl, Zitronensaft,
Salz, Pfeffer, 1/2 TL
Senf, ein Spritzer
Worcestershiresauce,
200 g saure Sahne

219

Zwiebelsauce

❶ Die Zwiebeln in Ringe hobeln, in der heißen Butter weich dünsten, ohne daß sie bräunen. Schließlich mit Mehl überstäuben und gründlich durchrühren, damit das Mehl sich mit der heißen Butter innig verbindet. Mit ein wenig Rotwein ablöschen. 15 Minuten leise durchkochen, dabei immer wieder einen Schuß Rotwein angießen.

❷ Die Sauce im Mixer glatt pürieren, am besten zusätzlich noch durch ein Sieb streichen. Salzen, pfeffern und mit der kalten Butter aufschlagen: Zuerst mit einem Löffel einrühren oder auch nur einschwenken. Dann mit dem Mixstab aufschlagen damit die Sauce schön bindet und schaumig wird.

Für 4 Personen:
250 g Zwiebeln, 3 Knoblauchzehen, 2 EL Butter oder Margarine, 1 EL Mehl, 1/2 l Rotwein, Salz, Pfeffer, 50 g eiskalte Butter in Flöckchen, Kerbelblättchen

Tomatensauce

Eine Sauce, die um so besser wird, je länger man sie köcheln läßt. Falls sie dabei zu stark einzudicken droht, mit einem Schuß Wein, Brühe oder auch einfach mit Wasser verdünnen. Diese Sauce läßt sich im übrigen auch wunderbar einfrieren: in Joghurtbechern oder entsprechenden Gefrierdosen – so haben Sie rasch eine Mahlzeit zur Hand.

Für vier Personen:
1 große Zwiebel, 3 Knoblauchzehen, 3 EL Olivenöl, 1 Dose geschälte Tomaten (etwa 450 g), 1 Glas Rotwein oder Brühe (auch halb und halb), 1 Lorbeerblatt, 1 TL Oregano, Salz, Pfeffer, 1 getrocknete Chilischote

❶ Die feingehackte Zwiebel und den durch die Presse gedrückten Knoblauch in dem heißen Olivenöl weich dünsten. Möglichst einen flachen, weiten Topf, besser sogar eine tiefe Pfanne dafür nehmen – darin kann die Sauce besser einkochen. Die Tomaten mitsamt ihrem Saft hinzufügen, mit Wein oder Brühe auffüllen. Die Gewürze zur Sauce geben. Auf kleinem Feuer mindestens 1/2 Stunde leise köcheln lassen.

❷ Wer mag, mixt die Sauce vor dem Servieren glatt. Vorher sollten Sie das Lorbeerblatt und die Chilischote erst herausfischen.

Tip: Gut für die Gesundheit wie für den Geschmack ist ein Schuß frisches Olivenöl, das Sie immer zum Schluß in die Sauce rühren.

Ein paar Worte über Curry

Ein Curry ist eine indische Spezialität. Man schätzt Currys aber auch in Thailand und in Malaysia – überall da, wo vorwiegend subtropische oder sogar tropische Temperaturen herrschen.

Verstehen Sie bitte unter Curry nicht ausschließlich jenes leuchtend gelbe Gewürzpulver gleichen Namens. Curry ist vielmehr der Begriff für eine Zubereitungsweise. Das Wort stammt aus der Tamilsprache, einer der Hochsprachen Indiens. Dort heißt „Kari": viel Sauce. Und genau das ist mit Curry auch gemeint: ein Gericht mit reichlich Sauce, also das, was wir normalerweise mit Ragout oder Gulasch bezeichnen.

Aus Kari haben die Engländer Curry gemacht. Sie haben während ihrer Kolonialzeit die leichten, erfrischenden Currys kennen und schätzen gelernt und auch gleich eine fertige Gewürzmischung nach Europa mitgebracht.

Diese Würzmischung hat allerdings kaum Ähnlichkeit mit der Originalmischung, der Garam Masala, die indische Hausfrauen verwenden. Es gibt verschiedene Möglichkeiten, eine solche Garam Masala herzustellen. Fast jede indische Hausfrau stellt sich ihre

Masala selbst her. Man kann auf Vorrat gleich eine größere Menge davon produzieren. Allerdings empfiehlt es sich nur dann, wenn man häufiger Currys bereitet. Denn die pulverisierten Gewürze verlieren rasch an Aroma und sollten deshalb bald verbraucht werden.

In ländlichen indischen Haushalten zerkleinern die Hausfrauen die für die Masala nötigen Gewürze auf einem zentnerschweren Granitstein mit Hilfe einer Granitwalze. Dabei beträufeln sie die

Gewürze mit einigen Wassertropfen, damit sie sich zu einer glatten Paste verbinden. Man kann jedoch auch alle Würzzutaten in einen gut funktionierenden Mixer füllen und auf hoher Geschwindigkeit zu Pulver mahlen. Eine dritte Möglichkeit besteht darin, die Gewürze im Mörser zu zerdrücken. Wichtig für die Currys ist außerdem sogenannte Kokosmilch oder Kokossahne.

Man stellt sie ganz leicht her: Frische Kokosraspel, mit heißem Wasser aufgießen, nach kurzem Ziehen durch ein Tuch filtern und gut ausdrücken. Allerdings: Das ist nur mit frisch ausgelöstem Kokosfleisch möglich.

Gewürzmischungen für Currys

Bei den Gewürzmischungen für Currygerichte unterscheidet man zwei Gruppen, die trockenen, zu Pulverform zerstoßenen oder fein zermahlenen: in Indien „Garam Masala" genannt. Und die Gewürzpasten, die mit frischen Kräutern, Zwiebeln, Ingwer und frischen Chilies hergestellt werden: die sogenannten „Taaza Masala". Beide Arten kann man gut in größeren Mengen zubereiten. Richtig aufbewahrt halten sie sich etwa sechs Monate lang

frisch. Das bedeutet für die trockenen Mischungen: in vollkommen luftdicht zu schließenden Blechbüchsen oder Gläsern – an einem dunklen Ort. Die Gewürzpasten jedoch halten sich nur im Kühlschrank, ebenfalls in luftdicht schließenden Gläsern, mit 1-2 EL Öl beträufelt, damit auch wirklich kein Sauerstoff auf die Mischung einwirken kann.

Ohne Übertreibung kann man ruhig sagen: Es gibt so viele verschiedenartige Gewürzmischungen wie Hausfrauen in Indien. Zwar hat sich auch in Südostasien der Fortschritt in Form von Supermärkten längst als Selbstverständlichkeit etabliert – zumindest in den Städten –, die Garam Masala jedoch kauft keine Hausfrau dort fertig. Selbst die dazu nötigen, einzelnen Gewürze besorgt sie sich lieber im altmodischen, meistens winzigen Gewürzladen, wo sie offen in Säcken angeboten werden und sie mit der Hand hineingreifen und so fühlen kann, ob sie auch wirklich frisch genug sind. Was säuberlich und hygienisch in Plastikbeutelchen abgepackt im chromblitzenden Supermarkt angeboten wird, ist ihr verdächtig. Um unsere Gewürzmischungen auszuprobieren, können Sie aber unbesorgt auf das hiesige Angebot zurückgrei-

fen. Manche Zutaten werden Sie nur in Reformhäusern finden.

Vieles finden Sie in gutsortierten Gewürzregalen im Lebensmittelhandel. Und frische Zutaten, wie zum Beispiel Chilies, gibt's auf Märkten oder in Feinkostläden mit großer Gemüseabteilung. Oft werden Chilies – aus Italien importiert – als Peperoni oder Peperoncini angeboten. Greifen Sie ruhig zu: Das ist im Prinzip dasselbe. Achten Sie nur darauf, daß sie mindestens etwa fünf Zentimeter lang und sehr schlank sind.

Curry-Gewürzmischungen können, müssen aber nicht scharf sein. Es gibt solche, deren Geruch allein einem schon Tränen in die Augen treibt. Und andere wieder, die sanft und mild sind. Scharf wird's vor allem durch die Chilies,

die in um so größerem Maß verwendet werden, je heißer es ist. Da in unseren Breitengraden die Hitze erträglich bleibt, sind deshalb unsere Vorschläge etwas weniger feurig. Wem es aber immer noch zu scharf sein sollte, der kann während der Zubereitung beim Mischen der Gewürze die Dosierung nach seinem Gusto ändern.

Tip: Waschen Sie sich sofort besonders gründlich die Hände, wenn Sie mit Chilies hantiert haben. Und fassen Sie sich nicht ins Gesicht, an den Mund oder in die Augen. Der Chili-Saft brennt höllisch! Und er ist nur durch mehrmaliges Schrubben zu entfernen.

Garam Masala Nr. 1

(Paßt zu allen Fleischgerichten)

❶ Alle Kardamomkapseln unter ständigem Rühren in einer trockenen Pfanne rösten. Nach etwa 6 Minuten herausnehmen, kurz abkühlen lassen, die Samenkerne auslösen, die Hülle wegwerfen.

❷ Kerne zusammen mit allen übrigen Gewürzen in der Pfanne weitere 8 Minuten rösten, dabei rühren und darauf achten, daß sich nichts zu dunkel färbt. Im Mixer oder Mörser zu feinem Pulver zermahlen.

*Für etwa 2 Tassen:
5 EL Kardamomkapseln, 6 EL Koriandersamen, 2 EL Fenchelsamen, 8 Zimtstangen, 1 Muskatnuß, 2 EL dunkle Senfsamen, 1 EL Gewürznelken, 4 EL Kreuzkümmel, 3 EL weiße Pfefferkörner*

Garam Masala Nr. 2

(Paßt besonders gut zu Geflügel-Curry)

❶ Eine große Pfanne trocken, also ohne jede Zugabe von Fett und Flüssigkeit, sehr heiß werden lassen.

❷ Alle Gewürze, bis auf die Kardamomkapseln und die Chilies, hineingeben und unter ständigem Rühren so lange rösten, bis sie sich leicht bräunlich färben und in der Pfanne zu springen beginnen (etwa 10 Minuten).

❸ Die Chilies vom Stiel befreien, die Kerne vollständig herausschütteln und wegwerfen. Die Schoten in der heißen Pfanne ganz kurz mitrösten.

❹ Die Kardamomkapseln nun in einer zweiten Pfanne rösten, mit den Fingern aufbrechen, die Samen herausschütteln und zu den übrigen Gewürzen geben, die Hüllen wegwerfen. Alle Gewürze in einen Mixer geben und zu feinem Pulver mixen oder in einem Mörser sehr fein zerstoßen.

Anmerkung:

Die meiste Schärfe sitzt bei Chilies in den Kernen. Deshalb sollten Sie sie gewissenhaft entfernen. Falls Sie keine Chilies finden sollten: Lassen Sie sie zunächst in der Zubereitung weg, und mischen Sie zum Schluß je nach Geschmack 1 TL bis EL Cayennepfeffer unter – Cayennepfeffer ist nichts weiter als gemahlene rote Chilies. Nur: Er muß frisch sein – er verliert rasch sein Aroma. Übrig bleibt dann nur noch eine beizende Schärfe.

Für etwa 2 Tassen:
4 EL Kreuzkümmel,
4 EL Koriandersamen,
3 EL Gewürznelken,
4 EL Fenchelsamen,
5 Zimtstangen (je etwa 5 cm Länge), 2 EL schwarzer, ganzer Pfeffer, 10 EL ganze Kardamomkapseln,
2 bis 4 rote, getrocknete Chilies

Taaza Masala

(Feuchte Würzmischung, paßt zu allen Fleisch-, Geflügel-Currys)

❶ Den Bockshornklee über Nacht in Wasser einweichen. Am nächsten Tag mit 1 Eßlöffel Einweichwasser, Ingwer, geschälten und grobgehackten Zwiebeln, Pfefferminzblättern, abgeschälten Knoblauchzehen, entkernten und vom Stiel befreiten Chilies, den Gewürzen und Zitronensaft in den Mixer geben. So lange pürieren, bis eine glatte Paste entstanden ist.

❷ In einer Pfanne das Öl sehr heiß werden lassen, die Paste hineingeben und unter Rühren aufkochen. Vom Feuer nehmen, abkühlen lassen. Nun in ein gut schließendes Glas füllen. Obenauf muß eine Ölschicht stehen. Notfalls noch mit etwas Öl beträufeln.

Für etwa 2 Tassen:
1 EL Bockshornklee, 4 EL frischer gehackter Ingwer,
3 Zwiebeln, 50 g frische Pfefferminzblätter, 6 Knoblauchzehen, 4 frische grüne Chilies, 1 EL Kurkuma, 1 bis 2 TL Salz, 2 EL Kardamom (gemahlen), 1 EL gemahlene Gewürznelken, 1 Zitrone (Saft), 4 EL Öl

Anmerkung:

Je nachdem, ob Sie ein Lamm- oder Schweine-, Rinds- oder Geflügel-Curry zubereiten wollen, können Sie die Gewichtung leicht verändern. Für ein Lamm-Curry beispielsweise verwenden Sie auf etwa 700 g Fleisch 4 EL dieser Mischung. Ein Geflügel-Curry würzen Sie sparsamer mit etwa der Hälfte.

Curry: Die wichtigsten Gewürze

Bockshornklee gehört in kleinen Mengen in die Gewürzmischung für Currys. Kleine, quadratische, gelbliche Samenplättchen; die den Speisen einen leicht bitteren Geschmack geben. Das Grün der Pflanze wird in der indischen Küche ebenfalls als Gewürz verwendet. Es läßt sich übrigens leicht auch im Blumentopf oder im Garten ziehen.

Chilis gehören in die Familie der Paprikagewächse, botanisch Capsicum, die man wiederum in die Gewürz- und in Gemüsepaprika unterteilt. Den Gewürzpaprika kennt man auch in Asien. Er wird dort in feine Streifen geschnitten pfannengerührt, kurz im Curry mitgeköchelt, also ganz wie bei uns verwendet. Gewürzpaprika, also Chilis, kennt man in Asien in verschiedenen Sorten und verschiedener Schärfe: Die winzig kleinen sogenannten Vogelaugenchilies, etwa zwei Zentimeter groß und tütenförmig, von zwar extremer, dabei aber weicher Schärfe. Sie werden, fein zermahlen, zum Cayennepfeffer. Die nächst größere Chilisorte ist ein wenig bauchiger in der Form, ungefähr drei bis vier Zentimeter lang. Ihre Schärfe ist weitaus beißender, kratziger, im Aroma eher mit der Schärfe der Tabascosauce vergleichbar. Sie wird in Asien weniger häufig verwendet als zum Beispiel in Lateinamerika.

Die in Asien verbreitetste Chilisorte ist eine schlanke, etwa acht bis zehn Zentimeter lange Schote, von voller, weicher, aber sehr ausgeprägter Schärfe.
Alle diese Chilis werden sowohl frisch wie getrocknet angeboten. In den einzelnen Rezepten ist stets vermerkt, welche jeweils vorgeschrieben ist. In jedem Fall werden immer die Kerne entfernt, in ihnen steckt die meiste Schärfe, die meist auch etwas bitter ist. Ganz wichtig ist, daß man sich jedesmal, wenn man mit Chilis in Berührung gekommen ist, die Hände sorgfältig wäscht. Die Schärfe wirkt ätzend, und es schmerzt, wenn man sich ins Gesicht oder gar in die Augen faßt. Bei uns werden Chilis vorwiegend getrocknet angeboten. Meist handelt es sich um die kurze, breite Sorte aus Lateinamerika, die zu aufdringlich schmeckt, deshalb für die asiatische Küche nur in ganz geringen Dosen verwendet werden darf. Oft findet man auf dem Markt die frischen Peperoncini aus Italien, bei uns fälschlicherweise Peperoni genannt. Diese können Sie getrost verwenden. Ob Chilis rot oder grün sind, sagt nichts über ihre Schärfe aus, vielmehr über ihren Reifezustand: Grüne Chilis wurden im unreifen, rote im vollreifen Zustand geerntet.

Fenchelsamen: eine wichtige Zutat für Garam Masala, die indische Gewürzmischung für Currys. Sieht sehr dem Kreuzkümmel ähnlich, darf jedoch nicht mit ihm verwechselt werden, weil er völlig anders schmeckt. Fenchelsamen wird bei uns hauptsächlich zum Brotwürzen verwendet oder als Teeaufguß bei Halsschmerzen verordnet. Gehört zur Familie der Doldenblütler – ist deshalb mit dem Dill, dem Kümmel und Anis verwandt.

Kardamom: die kapselartige, dreieckige Frucht des Kardamombaums findet in der indischen Küche ihre Verwendung. Sie wird hierzulande fast ausschließlich gemahlen verkauft. Verwendung in Saucen, Ragouts, Süßspeisen, aber bei uns verwendet man es eigentlich nur zum Backen. (Sehr köstlich: eine Prise von frisch zerstoßenem Kardamom als Kaffeegewürz.)

Koriander: bei uns nur als das getrocknete Samenkorn bekannt, das meist beim Brotbacken Verwendung findet. Das frische Kraut dagegen ist in Asien etwa ebenso verbreitet wie bei uns die Petersilie. Dort heißt es deswegen auch Chinese Parsley (chinesische Petersilie). Die gefiederten Blätter strömen einen starken, ungemein aromatischen Duft aus. Grünen Koriander nennt man auch Wanzenkraut – weil die daumennagelgroßen braunen Blattwanzen ganz genau so riechen. Darf nur frisch, unmittelbar vor dem Servieren verwendet werden, weil das Aroma beim Erwärmen rasch verfliegt.

Kreuzkümmel: Cumin. Die Samen sind etwas kleiner als die Fenchelsamen, sehen aber ganz ähnlich aus. Ihr Aroma ist jedoch deutlich anders: Sie schmecken nach Kampfer und Pfeffer zugleich. Wichtiges Gewürz in der asiatischen Küche.

Kümmel: Von dieser Doldenpflanze verwendet man bei uns ausschließlich die Samenkörner. Sie sind sichelartig gebogen und haben ein sehr starkes Aroma, das man vorwiegend als Brotgewürz schätzt. Aber auch sehr fette Braten oder Eintöpfe und neue Kartoffeln werden häufig mit Kümmel gewürzt, weil er ihre Bekömmlichkeit fördern soll.

Kurkuma: auch Gelbwurz, Turmeric genannt. Die Wurzelstöcke eines der Ingwerpflanze sehr ähnlichen Gewächses. Gibt's bei uns fast ausschließlich gemahlen. Nur selten findet man die getrockneten, ganzen Wurzeln. Färbt wie Safran alles aufdringlich gelb. Das Aroma ist leicht bitter, aber sehr würzig. Kurkuma gehört unbedingt in die Curry-Würzmischung und gibt ihr erst die charakteristische Farbe.

Macis: Muskatblüte. Der getrocknete Samenmantel, der die Muskatnuß umhüllt, ist blaß-orange und kommt entweder im ganzen in den Handel oder in pulverisierter Form. Schmeckt milder als Muskatnuß und würzt vor allem Fleischfarcen und Gebäck.

Senfsaat: auch Senfkörner genannt. Die Samenkörner der Senfpflanze. Man unterscheidet die gelben Senfkörner und die braunen beziehungsweise schwarzen. Gelbe Senfsaat gibt man als scharf-aromatisches Gewürz im ganzen an saure Marinaden, auch in Fleischfarcen oder in Würsten.

Die dunklen Senfkörner werden hauptsächlich zur Senfbereitung verwendet. Beide Sorten gehören in die indische Würzmischung für Currys.

Sternanis: Früchte des gleichnamigen Baumes. Der Stern ist aus fünf bis sechs kleinen Kapseln zusammengesetzt, in denen jeweils ein glänzendes Samenkorn steckt. Sternanis spielt in der asiatischen Küche eine große Rolle. Man verwendet die ganzen Früchte, indem man sie entweder mitkocht und vor dem Servieren herausfischt, oder man zerstößt sie zusammen mit anderen Gewürzen im Mörser oder Mixer zu feinem Pulver. Sternanis hat ein deutlich würziges Aroma, das leicht herauszuschmecken ist.

Zimt: getrocknete Innenrinde des Zimtbaums, der in tropischen Gegenden wächst. Die an Holz erinnernde Rinde rollt sich nach dem Auslösen an beiden Seiten zusammen. Stangenzimt, auch als Kaneel bekannt, ist erster Qualität, wenn die Rinde so dünn wie nur möglich ist. Der sogenannte Cassiazimt hingegen, der vom Cassiabaum gewonnen wird, stammt aus einer wesentlich dickeren Rinde, die immer gemahlen wird. Was wir also als gemahlenen Zimt kaufen, Stammt von einer anderen Pflanze, die mit der Kaneelpflanze nur entfernt verwandt ist.

Kasseler im Brotteig

*Zum Hauptgericht servieren wir
einen kräftigen Rotwein aus
Italien, z.B. einen Barolo*

*Zur Vorspeise paßt wunderbar
ein trockener Weißburgunder
aus dem Kaiserstuhl. Es sollte
eine Spätlese sein.*

*Zum Dessert gibt es einen
französischen Champagner*

Ein Festessen für
die Weihnachtstage

Jede Menge Feiertage stehen vor
der Tür: Wir haben uns diesmal
ein besonders praktisches Festessen ausgedacht: Kasseler im Brotteig. Dieser Festbraten ist in meh-
rerer Hinsicht praktisch: Zuerst
ziert er in seinem knusprigen
Brotmantel als Prachtstück die
Festtafel! Es gibt Meerrettich,
dazu Rote-Bete-Gemüse und ein
sahniges Kartoffelpüree – und das
Schönste an dieser Festmahlzeit:
Sie macht wirklich nicht viel Arbeit, dafür großen Eindruck! Und
es wird jedem schmecken!

Und: Weil es sich nur lohnt ein
großes Stück einzupacken, bleibt
garantiert soviel übrig, daß man
mit dem Rest auch noch für die
weiteren Festtage etwas Gutes auf
den Tisch zaubern kann.

Als weihnachtliche Vorspeise
empfehlen wir Räucherforellen-
mousse auf bunten Salatblättern.
Natürlich darf ein festliches Dessert nicht fehlen: Zimteisparfait
mit Apfelkompott. Alles in allem:
Gerichte, die sich prima vorbereiten lassen, damit die Hausfrau
entspannt mit ihren Gästen und
ihrer Familie am Tisch sitzen
kann.

DAS FESTESSEN

Kasseler im Brotteig

Für 6 bis 8 Personen:
Brotteig:
750 g Brotmehl (Type
550), 1 Würfel Hefe
(42 g), 1 Prise Zucker,
ca. 1/2 l lauwarmes
Wasser, 1/2 TL Salz,
2 EL Schweineschmalz

Außerdem:
ca. 2,5 kg Kasseler
(ausgelöster Schweine-
rücken, gepökelt und
schwach angeräuchert),
100 g süßer Senf

Wir haben uns dafür entschieden, ein Kasseler einzupacken, weil es überall zu kaufen ist, weil es sich unkompliziert behandeln läßt, es sich kinderleicht aufschneiden läßt – und überhaupt, weil das Fleisch garantiert zart und saftig bleibt.

❶ Wie für einen ganz normalen Hefeteig einen Vorteig ansetzen: Das Mehl in die Rührschüssel der Küchenmaschine füllen. Die Hefe in etwas lauwarmem Wasser auflösen, dabei die Zuckerprise unterrühren. Zum Mehl geben, etwas vermischen und nun zugedeckt zehn Minuten gehen lassen.

❷ Schließlich die Maschine einschalten, mit den Knethaken arbeiten, das Salz und das weiche Schmalz und soviel Wasser nach und nach hinzufügen, bis der Teig sich zu einem Kloß vermischt hat, der sich absolut glatt vom Schüsselrand löst. Der Teig sollte weich sein. Ihn nur mit bemehlten Händen anfassen, damit er nicht klebt. Ihn schließlich in eine mit Mehl ausgestäubte Schüssel legen und wieder unter einem Tuch, diesmal eine halbe Stunde, gehen

lassen. Den Teig dann noch einmal durchwalken und nun zentimeterdick ausrollen.

❸ Das Kasseler sollte man ein paar Tage vorher beim Metzger bestellen: Wir brauchen den ausgelösten Kotelettstrang vom Schwein, gepökelt, ganz wenig angeräuchert, aber ansonsten roh! Das Stück sollte zweieinhalb Kilo wiegen. Das Fleischstück

rundum mit süßem Senf einstreichen. Auf den Teig setzen und darin einhüllen. Die Nahtstelle nach unten setzen.

❹ Wer mag, formt aus Resten noch Girlanden, Sterne oder Zöpfe, die mit Eiweiß auf die Oberfläche geklebt werden.

❺ Auf keinen Fall vergessen: zwei Schornsteine von der Größe eines Pfennigstücks aus der Oberfläche herausstechen, damit Dampf entweichen kann.

❻ Jetzt muß der Teig noch einmal gehen, diesmal eine halbe Stunde an einem zugfreien, warmen Ort. Erst dann wird die Oberfläche mit Wasser eingepinselt, und das Stück kommt in den Ofen: bei 180 Grad knapp zwei Stunden, bis der

Brotteig schon gebräunt und knusprig ist. Den Bratensaft, der sich gebildet, hat in eine Sauciere füllen.

❼ Jetzt mit einem Brotmesser die Kruste mit einem Schnitt oberhalb des Äquators aufschneiden, sozusagen einen Deckel abtrennen. Das Fleischstück jetzt aus seinem Sarkophag herausheben.

Noch einige Minuten ruhen lassen, damit sich die Säfte verteilen. Dann in nicht zu dicke Scheiben aufschneiden. Die Scheiben zu ihrer Bratenform zusammenschieben und das Fleischstück wieder in seine Brotkiste setzen.

❽ Den Braten nunmehr feierlich zu Tisch bringen, erst dort natürlich den Deckel abheben – auf einem Brotbrett Stücke davon schneiden. Und das Fleisch zusammen mit seinen Beilagen servieren.

BEILAGEN

Kartoffelpüree

Für 6 bis 8 Personen: 1,2 kg mehlige Kartoffeln, Salz, ca. 1/4 l Milch, ein Schuß Sahne, 3 EL Butter, Muskat, Cayennepfeffer

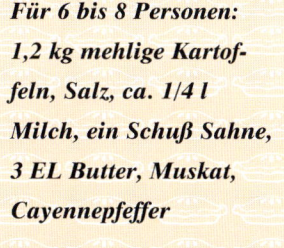

Es entsteht praktisch von selbst, wenn man wirklich mehlige Kartoffeln nimmt:

❶ Die Kartoffeln schälen, vierteln und in Salzwasser garkochen.

❷ Das Wasser dann abgießen, statt dessen die Milch hinzufügen, die Kartoffeln mit einem Stampfer zerdrücken und schließlich mit einem Schneebesen locker aufschlagen. Dabei Sahne, Butter und Gewürze hinzufügen.

❸ Das Püree sollte duftig und kräftig gewürzt sein.

Rote-Bete-Gemüse

*Für 6 bis 8 Personen:
1 kg rote Bete Knollen,
3 EL Butter, je 6-8
schwarze Pfefferkörner
und Pimentbeeren,
1/2 TL Salz, 150 g
Crème fraîche, 1-2 EL
Orangenmarmelade,
Dill*

❶ Die roten Beten schälen, in zentimeterkleine Würfel schneiden und in Butter andünsten. Es wird mit wenig Wasser aufgefüllt – die Würfel sollten nur zentimeterhoch darin liegen.

❷ Pimentbeeren, Pfefferkörner und Salz im Mörser zerreiben, die rote Bete damit würzen. Etwa zwanzig bis dreißig Minuten zugedeckt köcheln, bis die rote Bete weich ist.

❸ Die Crème fraîche und die Orangenmarmelade unterrühren und einige Minuten im offenen Topf schmurgeln lassen, bis der Zucker aus der Marmelade karamelisiert.

❹ Vor dem Servieren reichlich Dill darüberstreuen.

Apfelmeerrettich

Für 6 Personen:
1 Meerrettichstange,
1 säuerlicher Apfel
(z. B. Golden Delicious),
Zitronensaft, Salz,
Pfeffer

Unbedingt eine frische Meerrettichwurzel dafür verwenden, keinen bereits geriebenen Meerrettich aus dem Glas!

❶ Die Stange schälen, am besten in der Küchenmaschine fein reiben, dann kostet es nicht so viele Tränen. Sogleich den geschälten Apfel hinzu reiben, der sofort mit Zitronensaft vermischt werden muß, damit er schön hell bleibt.

❷ Beides mischen und mit Salz und Pfeffer abschmecken. Je länger man es durchziehen läßt, desto milder wird der Meerrettich.

Tip: Wenn Sie nicht die ganze Stange aufbrauchen, kann man sie wunderbar auf folgende Weise aufbewahren: die geschälte Stange in einem Gefrierbeutel in den Gefrierer legen, bei Bedarf herausnehmen und soviel abreiben, wie man braucht. Die Stange kann man anschließend ohne Qualitätsverlust wieder einfrieren und immer wieder verwenden!

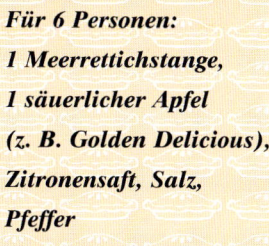

Für 6 bis 8 Portionen:
2 schöne Räucher-
forellen (à 300 g),
1 Zwiebel, 1 EL Butter,
1 Glas Weißwein, 2 Blatt
Gelatine, Salz, Pfeffer,
Cayennepfeffer,
Macis (Muskatblüte),
Worcestershiresauce,
200 g Sahne

Zum Anrichten:
je eine Handvoll
zerzupfter Salatblätter:
Frisée, Feldsalatroset-
ten, Radicchio in
verschiedenen Farben,
Chicorée

Marinade:
2 El milder Apfelessig,
2 EL Sherryessig, Salz,
Pfeffer, 2 EL Olivenöl,
2 EL aromatisches
Kürbiskernöl

Mousse von der Räucherforelle

Man muß sie bereits am Vortag zubereiten, damit sie Zeit hat, fest zu werden. Aber auch dann macht sie nicht viel Mühe:

❶ Die beiden geräucherten Forellen häuten und entgräten. Das Fleisch kalt stellen. Die Zwiebel fein würfeln, in Butter andünsten und mit dem Wein ablöschen.

Zehn Minuten köcheln. Darin die zuvor in kaltem Wasser eingeweichte Gelatine auflösen. Abkühlen lassen.

❷ Das Forellenfleisch im elektrischen Zerhacker fein pürieren, dabei löffelweise den Fond hinzufügen. Diese Masse mit den Gewürzen kräftig abschmecken.

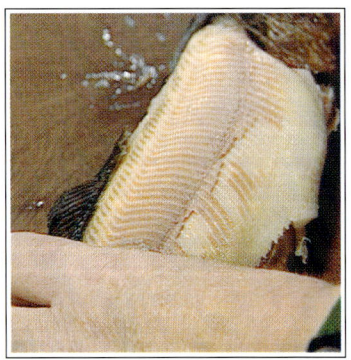

❸ Schließlich die steifgeschlagene Sahne unterziehen, in eine Schüssel oder in eine mit Klarsichtfolie ausgelegte Kastenform füllen und erstarren lassen.

❹ Zum Anrichten Nocken abstechen – dafür den Löffel immer wieder in heißes Wasser tauchen, damit sich die Nocken leicht da-

von lösen. Oder in fingerdicke Scheiben schneiden. Auf Tellern anrichten, mit zerzupften, kunterbunt gemischten Salatblättern dekorieren, die zuvor kurz in einer Marinade gewendet wurden:

❺ Dafür alle Zutaten mit einem Schneebesen verquirlen und cremig aufschlagen.

DAS DESSERT

Zimteisparfait mit Apfelkompott

❶ Eigelb und Zucker in einer Rührschüssel im heißen Wasserbad dick und heiß schlagen, dabei mit Zimt und Rum würzen. Die Milch aufkochen, die Zimtstange darin neben dem Feuer zehn Minuten ziehen lassen, erneut aufkochen und durch ein Sieb langsam unter die Eiercreme rühren. Abkühlen lassen, schließlich die

steifgeschlagene Sahne unterziehen.

❷ Eine Kastenform von einem Liter Inhalt mit Klarsichtfolie auskleiden. Die Eismasse einfüllen und gefrieren.

❸ Für das Apfelkompott die Äpfel schälen, achteln, dabei das Kern-

Für 6 bis 8 Personen:

Zimteisparfait:

5 Eigelb, 100 g Zucker,

1/2 TL gemahlener Zimt,

2 EL Rum, 1/4 l Milch,

1 Zimtstange, 1/4 l

Sahne

Apfelkompott:

1 kg Äpfel (eine Sorte

nehmen, die ihre Form

gut hält: also Boskoop,

Delicious, Elstar), 1/8 l

erstklassiger naturtrüber

Apfelsaft, 2 Sternanis,

2-3 EL Zucker, 1 Chili-

schote

gehäuse herausschneiden. Mit etwas Apfelsaft, Zucker, Sternanis und der Chilischote in einen Topf geben. Behutsam aufkochen.

Vorsicht: Das Kompott ist ganz schnell – in höchstens drei Minuten – gar. Das Apfelkompott kalt stellen.

❹ Zum Anrichten das Parfait aus der Form stürzen – mit Hilfe der Folie geht das ganz leicht. Zentimeterdicke Scheiben abschneiden und auf Desserttellern anrichten.

Das Kompott hübsch darum herum anrichten.

Resteverwertung:

Vom Kasseler bleibt hoffentlich eine Menge übrig – das ist in diesem Fall ausdrücklich erwünscht: Hier drei schnelle Ideen, was sich damit noch machen läßt:

Kasseler
mit Kürbiskernvinaigrette

Das Fleisch auf der Aufschnittmaschine kalt in sehr dünne Scheiben aufschneiden und auf Vorspeisentellern oder einer Servierplatte anrichten. Dann eine Zwiebel auf die Fleischscheiben hobeln und mit einer Kürbiskernölvinaigrette beträufeln. Für die Vinaigrette: scharfen Senf, Zitronensaft, Kürbiskernöl, Salz und Pfeffer vermischen.

Dazu gibt es herzhaftes Bauernbrot.

Kasseler-Aufstrich

Zwei Drittel Kasseler mit etwa einem Drittel Butter im Zerhacker oder in der Küchenmaschine fein pürieren. Mit Cayennepfeffer, einigen Tropfen Worcestershiresauce und Macis würzen, ein wenig geschlagene Sahne zur Auflockerung unterziehen.

Schmeckt köstlich auf geröstetem Graubrot zum Wein!

Petersiliensülze

Das Kasselerfleisch zuerst in drei Millimeter dicke Scheiben, diese in kleine Würfel schneiden. Mit viel gehackter Petersilie vermischen. Kräftig gewürzte Fleischbrühe mit Weißwein und Essig säuerlich abschmekken und mit Gelatine stützen (auf 1/4 l drei Blatt rechnen). In einer Kastenform über Nacht fest werden lassen.

Dann in Scheiben zu Bratkartoffeln servieren: ein fabelhafter Imbiß!

Saures Schweinefleisch

Für 6 Personen:
1 schönes (mageres)
Stück Schweinefleisch
(Nuß, Oberschale),
4 Möhren, 1/2 Sellerie-
knolle, 2 Stangen Porree,
2 Zwiebeln, Salz, 1/2 l
trockener, säurebetonter
Weißwein und ein Schuß
Weißweinessig, 2 Lor-
beerblätter, 2 Zweiglein
oder 1 gute Prise Thymi-
an, 1 Bund Petersilie,
1 TL Pfefferkörner,
1/2 TL Fenchelsamen

❶ Das Fleisch von allen Sehnen, Häuten und von Fett befreien.

❷ Alles Gemüse putzen und kleinschneiden: Möhren in ca. 1 cm dicke Scheiben, Sellerie in 1 cm große Würfel, Lauch (Porree) in 1 cm dicke Abschnitte, Zwiebeln vierteln und nochmals jeweils halbieren.
Alle Gemüse in Salzwasser 15 Minuten sprudelnd kochen, dann den Wein und guten Essig darangeben.

❸ Fleisch einlegen, die Gewürze hinzufügen und nun das Fleisch in 45 Minuten leise köchelnd gar ziehen lassen – mit Deckel auf kleiner Stufe.

❹ Mit Brot und Senf sowie kleinen Essiggürkchen servieren.
Dazu paßt Weißbier am besten.

Borschtsch mit Kasseler

Für die rote Nationalsuppe der Russen (auch der Polen und Ukrainer) gibt es natürlich unzählige Rezepte. Das Grundmuster aber ist stets dasselbe: Fleischbrühe (oft von der Ente) als Basis, Weißkohl oder Sauerkraut, Zwiebel und rote Bete als Gemüsegarnitur, saure Sahne als Abrundung und Dill als das charakteristische Gewürz.

Dieses Rezept kann als Hauptgericht zubereitet werden. Wenn Sie es als Vorsuppe servieren, reicht es für 8 bis 10 Personen: 1 kg mageres, gutes rohes Kasseler, die Knochen mitnehmen, zum Auskochen, Suppengrün (Wurzelwerk), Salz, Pfeffer, 1 Lorbeerblatt, 2 Zwiebeln, 1 kleiner Weißkohl, 3 mittelgroße Knollen rote Bete (ca. 600 g), 1 Bund Frühlingszwiebeln oder 2 weiße Zwiebeln, 1/4 l saure Sahne, 3 Bund Dill zum Bestreuen

❶ Aus den Knochen, Gemüsen und Gewürzen eine kräftige Brühe kochen. Abseihen und abkühlen lassen. Das Fett abheben. Danach das Kasseler wenn nötig von Fett und Flachsen befreien und in Würfel schneiden.

❷ Das abgehobene Fett der Brühe auslassen, darin den gehackten Weißkohl, die in Streifen geschnittenen roten Beten und die geputzten Frühlingszwiebeln andünsten. Mit der Brühe auffüllen, die Kasselerwürfel hinzufügen, alles etwa zehn Minuten

sanft ziehen lassen und abschmecken.

❸ Die Suppe auf Teller verteilen.
Jeweils einen Klacks Sahne in die
Mitte geben und mit dem Löffel
durchfahren, damit eine hübsche
»Fahne« entsteht. Mit nur abgezupften oder kleingehackten Dillblättchen bestreuen.

Tip: Nach Belieben das angedünstete Gemüse mit etwas Essig
oder Zitronensaft ablöschen und diese Säure zur Entfaltung des
Aromas einsetzen. Oder statt Weißkraut Sauerkraut nehmen. Auch
gut mit milchsauer (wie Salzgurken) vergorenen, eingelegten roten
Beten – was man leider bei uns nicht kaufen kann, also selbst machen muß.

Prima auch: Brühe mit Saure-Gurke-Saft anreichern!

Weiße Bohnensuppe mit Kasseler

❶ Weiße Bohnen mit reichlich frischem, kaltem Wasser bedecken,
darin über Nacht weichen lassen.
In diesem Wasser mit den angegebenen Gewürzen gar kochen – das
kann 30 Minuten dauern, wenn
die Bohnen frisch sind, bei älteren jedoch auch bis zu zwei Stunden. Die letzte halbe Stunde das
Kasselerstück mitziehen lassen.

❷ In der Zwischenzeit die Garnitur zubereiten: Alle Gemüse sowie
den Speck fein würfeln und in
Butter oder Öl knackig gar dünsten. Eventuell auch ein paar gehackte Knoblauchzehen mitdünsten. Die Kräuter abzupfen und
sehr fein hacken.

❸ Aus der Suppe die großen Ge-
müsestücke, den Kräuterstrauß
und das Kasseler nehmen, dafür
die Garnitur einrühren.

❹ Das Kasseler in mundgerechte
Würfel schneiden und in die Suppe rühren, sie schließlich abschmecken und servieren.

Für 4 bis 6 Personen:
500 g kleine weiße Bohnen, 2 Bund Suppengemüse (Lauch,
Sellerie, Möhre, Petersilienwurzeln mit Grün), 2 Zwiebeln,
Kräutersträußchen aus einem Lorbeerblatt, 2 Zweiglein
Thymian und 2 Zweiglein Bergbohnen- oder normales
Bohnenkraut, Salz, Pfeffer, 800 g ausgelöstes, rohes
Kasseler am Stück

Garnitur:
2 rote Zwiebeln, 1/4 Sellerieknolle, 1 kleine Lauchstange,
50 g Speck in Scheiben, 40 g Butter oder Olivenöl, 2-3
Stengel oder eine große Prise Bohnenkraut, 2-3 gehäufte
EL gehackte Petersilie

Weitere Würzideen:

- Ein paar gehackte Knoblauchzehen mit dem Würzgemüse dünsten.

- Salbei in Butter knusprig rösten und untermischen.

- Rote Paprikaschoten feinhacken oder im Mixer pürieren, mit gehacktem Knoblauch, Anchovis und schwarzen Oliven in kleinen Stükken unterrühren.

- Mit viel Majoran und Rosmarin kochen.

- Gehackte Chilischoten, etwas Zitronenschale und -saft an die Bohnen geben.

- Einige Kartoffeln mitkochen, so wird die Suppe sämiger. Dann noch Basilikum und Knoblauch hinzufügen.

Dicke Bohnenkerne mit Kasseler

Für 4 bis 6 Personen:
2 Pakete tiefgekühlte
Dicke Bohnen (zusammen 600 g), 1 große
Zwiebel, 2 EL Olivenöl,
4 große, vollreife
Fleischtomaten, Salz,
Pfeffer, 2 bis 4 Knoblauchzehen, ca. 500 g
frisches Kasseler (ausgelöst), 1 Bund frisches
Basilikum

❶ Bohnen auftauen lassen. Zwiebel hacken und im Olivenöl andünsten. Bohnenkerne hinzufügen.

❷ Tomaten mit kochendem Wasser überbrühen, häuten, entkernen, das Fruchtfleisch hacken. Zu den Bohnen geben, würzen und einige Minuten dünsten.

❸ Kasseler in Streifen schneiden, untermischen und das abgezupfte, nach Belieben in Streifen geschnittene Basilikum hinzufügen. Abschmecken und sogleich zu Tisch bringen.

❹ Als Beilage paßt: Kartoffeln, Brot. Als Getränk: Bier oder trockener Rose bzw. Weißherbst.

Tip: Noch feiner wird dieses Gericht, wenn Sie die Kerne der Dicken Bohnen aus den etwas ledrigen Hülsen lösen – bei den tiefgekühlten geht das recht einfach, wenn man die Haut zwischen Daumen und Zeigefinger einklemmt und die Kerne herausschnippt – trotzdem ein wenig Arbeit, zu der Sie sich Hilfe verpflichten sollten, zumal Sie in diesem Fall eher drei Pakete Dicke Bohnen brauchen.

Kartoffeltopf mit Möhren

❶ Die Kalbsknochen mit gewürfelten Kartoffeln und in Scheiben gehobelten Möhren aufsetzen – von den Möhren 50 g in ebenmäßige Scheiben schneiden und beiseite stellen. Wer mag, der kann auch noch ein Kräutersträußchen und Suppengrün hinzufügen.

❷ Auf jeden Fall das Kasselerstück obenauf betten. Etwa eine Stunde ganz leise vor sich hin köcheln lassen. Dann die Knochen und Fleisch herausnehmen letzteres warm stellen.

❸ Möhren-Kartoffel-Brühe mit dem Pürierstab oder im Mixer pürieren und mit den angegebenen Gewürzen kräftig abschmecken, eventuell den zu dicken Brei etwas verdünnen (Wasser oder Fleischbrühe hinzufügen). Während der Kochzeit die zur Seite gelegten Möhrenscheiben in etwas Butter nicht ganz weich dünsten. Das Kasseler in Würfel schneiden.

❹ Die Suppe in tiefe Teller verteilen, die Möhrenscheibchen und das Fleisch einlegen. Jeweils einen kleinen Klacks Sahne in die Teller geben und einrühren. Mit fein gehackter Petersilie überstäuben.

Tip: Nach dem Kochen die Brühe mit trockenem Wein oder mit Zitronensaft frischsäuerlich abschmecken. Auch paßt Basilikum oder grüner Koriander prima dazu.

Für 4 bis 6 Personen:
4 Kalbsknochen, 250 g mehlig oder auch mehlig-festkochende Kartoffeln, ca. 300 g Möhren, 750 g Kasseler, gemahlener oder zerstoßener Kreuzkümmel (Cumin), etwas abgeriebene Zitronenschale, frisch geriebene Muskatnuß, Pfeffer, Salz, 20 g Butter, 2 bis 4 EL süße Sahne, 1 Bund Petersilie, fein gehackt

Klarer Nudeltopf mit Kasseler und Tomaten

❶ Tomaten vierteln, samt Schale und Kernen in einen Topf geben dazu die geachtelte Zwiebel und die drei zerdrückten Knoblauchzehen (nach Belieben auch gleich ein paar Zweiglein Basilikum).

❷ Fleischbrühe darübergießen und alles eine Stunde köcheln lassen. Alles in ein feines Sieb schütten, den Saft auffangen. Die Rückstände durch eine Gemüsemühle passieren – das Püree für ein anderes Rezept vorsehen. Den Tomatensud beiseite stellen.

❸ Spaghetti in Salzwasser knakkig-gar kochen. Die restlichen Tomaten überbrühen, abschälen und entkernen. Das Fruchtfleisch ganz fein würfeln. Schnittlauch in Röllchen, Rindfleisch in recht kleine Scheiben schneiden.

❹ Den Tomatensud wieder aufkochen und mit den angegebenen Zutaten abschmecken.

❺ Danach abgetropfte Nudeln, Tomatenwürfel, Fleischwürfel und Schnittlauch hineinrühren, erneut vollkommen erwärmen – aber nicht mehr kochen! Sofort auf den Tisch bringen.

Für 4 bis 6 Personen:

1,5 kg festfleischige, vollreife Tomaten – vorzugsweise Eier- oder Flaschentomaten aus Italien, 1 Zwiebel, 3 Knoblauchzehen, 1 l kräftige Rinderbrühe aus 500 g gutem Suppenfleisch, 300 g dünne Spaghetti, 300 g Kasseler, etwas Salz, 2 Bund Schnittlauch, Pfeffer, Worcestershiresauce, Cayennepfeffer, je nach Geschmack auch jeweils etwas Basilikum und Safran

Kasseler Rippespeer mit Gemüsen

❶ Bestellen Sie bei Ihrem Metzger ein schönes gepökeltes Stück Kasseler vor, und zwar ausgebeint, umschnürt und nicht zu stark gesalzen.

Für 6 bis 8 Personen:

1,5 kg Kasseler Rippespeer, 6-8 kleine Möhren (geschält), Herzen von 2 Selleriestauden, halbiert, geviertelt oder geachtelt, das Weiße von 2 Lauchstangen und 1 Bund glattblättrige Petersilie, 3 bis 4 geviertelte Zwiebeln, 1 geviertelte Fenchelknolle, 1 Zweiglein Thymian, 1 Zweig Rosmarin, 2 längs halbierte Knoblauchzehen, 1 TL Korianderkörner, 1 TL schwarze Pfefferkörner, 1 Wacholderbeere, 1 Nelke, 1 Lorbeerblatt, 5 Pimentkörner, 1 Sternanis, 1-3 Chilischoten

Für die Sauce:
1 Schuß trockener Weißwein, 3 Eigelb, 1 TL Butter

❷ Das Kasseler in einem passenden Topf mit allen Gemüsen und Gewürzen aufsetzen – nicht salzen, es dürfte salzig genug sein. Mit Wasser eben bedecken und fast bis zum Kochen bringen. Dann die Hitze reduzieren, alles 1 1/2 Stunden – ohne zu kochen – gar ziehen lassen.

❸ Das Kasseler dann dünn aufschneiden und mit den Gemüsen umlegt auf einer vorgewärmten Platte anrichten.

❹ Für die Sauce etwas Sud abseihen (1/3 bis 1/2 l), mit den Eigelb aufschlagen und mit der Butter abrunden. Kräftig abschmecken.

❺ Dazu: Salzkartoffeln oder Püree, grüner Salat und Weißwein.

Graupensuppe

❶ Die Graupen einige Stunden in kaltem Wasser einweichen.

❷ Den Speck von der Schwarte trennen und in kleine Würfel schneiden.

❸ Auch die verschiedenen Gemüse gleich vorbereiten – die Würfel sollen wirklich winzig klein sein! Graupen abtropfen lassen. Die Speckwürfelchen in 30 g Butter anschwitzen, bis sie ganz leicht kroß (aber auf keinen Fall hart) werden. Nun die Zwiebel- und Lauchwürfel hinzufügen, ebenfalls leicht glasig werden lassen.

Anschließend die Möhren- und Selleriewürfel dazugeben, auch diese andünsten.

❹ Die Graupen hinzufügen, Bouillon angießen und die Speckschwarte einlegen. Leise köcheln lassen, bis die Graupen mit ein wenig Biß gar sind – das kann 20 bis 40 Minuten dauern. Sahne halbsteif schlagen. Mit den restlichen 50 g Butter unter die Suppe schlagen, sie damit leichter machen und verfeinern. Mit Salz und Pfeffer abschmecken.

❺ Mit Petersilie oder Schnittlauch bestreut servieren. Ganz zum Schluß erst die ebenfalls kleinen Kasselerwürfel unterrühren und einige Minuten ziehen lassen.

Für 4 bis 6 Personen:
125 g Graupen, 50 g
durchwachsener Speck
mit einem schönen Stück
Schwarte, je 50 g feinst
gewürfelte Zwiebeln,
Möhre, Lauch und
Sellerieknolle, 80 g
Butter, 2 l kräftige
Bouillon, 1/2 l süße
Sahne, Salz, Pfeffer,
2 EL sehr fein gehackte
Petersilie oder Schnitt-
lauch, 250 g Kasseler

Pfannkuchen mit Kasselerfüllung

Von Pfannkuchen können manche Menschen geradezu Unmengen verdrücken – daher liefert das Rezept gleich eine entsprechend großzügig bemessene Portion. Wenn etwas übrigbleibt, ist das kein Malheur: Pfannkuchen lassen sich wunderbar im Dampf wieder erwärmen (auf einem Teller in einen Topf setzen, in dem zweifingerhoch das Wasser kocht), ohne daß man es ihnen groß anmerkt. Zudem schmecken sie, in feine Streifen geschnitten, als »Flädle«

oder »Frittaten«, vorzüglich als Einlage in einer klaren Bouillon. Damit sich die Pfannkuchen in so feine Streifen schneiden lassen, wie sich das für richtige Flädle gehört, müssen sie übrigens immer schon am Vortag gebacken sein.

❶ Die Eier gründlich verquirlen, dann Mehl, Wasser und Milch hinzufügen und energisch mit dem Schneebesen zu einem schön glatten und sehr flüssigen Teig

Für 4 bis 6 Personen:

6 Eier, 1 Eigelb,
375 g Mehl, knapp
1/4 l Mineralwasser,
1/2 l Milch, Salz,
Butterschmalz oder
eine Speckschwarte
zum Backen

schlagen, dabei salzen. Es tut dem Teig gut, mindestens eine halbe Stunde zu ruhen. So quillt das Mehl besser auf und entwickelt seinen Kleber – die Pfannkuchen werden dadurch duftiger und zarter.

❷ Gebacken werden Pfannkuchen am besten nach guter Großmutter-Methode in einer Eisenpfanne, die ausschließlich zu diesem Gebrauch benutzt wird (allenfalls ein paar Spiegeleier oder Rühreier dürfen Sie noch darin braten): entweder in etwas Butterschmalz oder – das ist die klassische Methode – nur in dem bißchen Fett, das am Pfannenboden haftet bleibt, wenn Sie ihn mit einer Speckschwarte ausreiben. Das gibt den Pfannkuchen herzhafteren Geschmack. Gut geeignet ist natürlich auch eine beschichtete Pfanne.

❸ Jeweils eine kleine Schöpfkelle Teig in die sehr heiße Pfanne gießen; Pfanne sofort drehen und schwenken, damit sich der Teig rasch von selbst überall hin verteilt. (Wenn Sie mit einem Löffelrücken nachhelfen müssen, ist der Teig zu dick! In diesem Fall mit einem Schuß Mineralwasser verdünnen.)

❹ Sobald der Pfannkuchen sich an den Außenkanten kräuselt, ist er genügend gebräunt (überprü-fen Sie das dennoch!) und kann gewendet werden: entweder durch einen eleganten Schwung, den Sie dem Pfannkuchen mit einem kurzen, aber energischen Stoß am Pfannenstiel versetzen, so daß er in die Luft befördert wird, oder mit Hilfe einer Palette oder eines hölzernen Spatels. Ganz Ängstliche lassen den Pfannkuchen auf einen flachen Deckel gleiten und befördern ihn dann mit leichtem Schwung gewendet zurück in die Pfanne.

❺ Die Pfannkuchen aufeinandergestapelt im 80 Grad heißen Ofen warm halten, bis alle fertig sind – vorausgesetzt, man ißt sie Ihnen nicht direkt aus der Pfanne weg.

Pfannkuchen mit Kasseler-Creme

Klingt verrückt, schmeckt aber einfach unwiderstehlich gut!

❶ Das Kasseler, den Speck, die geputzten Pilze und gepellten Kartoffeln durch den Fleischwolf drehen.

❷ Inzwischen die Zwiebel würfeln, in einem Topf im heißen Öl andünsten und die Fleisch-Pilz-Mischung hinzufügen. Nun mit Tomatenmark, Salz, Pfeffer, Cayenne, Muskat und Delikateßpaprika kräftig abschmecken. Mit Fleischbrühe und Sahne auffüllen, etwas einkochen, damit eine cremige Sauce entsteht. Die fein-gehackte Petersilie einrühren.

❸ Jeweils einen großzügigen Klecks von der Kasseler-Creme auf einem Pfannkuchen verstreichen, den Pfannkuchen aufrollen und sofort servieren.

Dazu schmeckt ein säuerlich angemachter Salat.

Für 4 bis 6 Personen:
400 g Kasseler, ausgelöst und gekocht, 100 g grüner Speck (ungeräuchert!), 200 g frische Champignons, 2 mittelgroße, frisch gekochte Kartoffeln, 1 große Zwiebel, 1 EL Öl, 1 EL Tomatenmark (Tube), Salz, Pfeffer, Cayennepfeffer, Muskat, Delikateßpaprika, 1/4 l Fleischbrühe, 1/8 l Sahne, 1 Bund Petersilie, 1 Grundrezept Pfannkuchen

Tip: Wenn Sie für viele Gäste dieses zubereiten wollen, schichten Sie die gefüllten Pfannkuchen am besten in eine Auflaufform. So läßt sich alles prima vorbereiten, und bevor die Gäste sich hungrig um den Tisch versammeln, schieben Sie die Form für eine halbe Stunde noch einmal ins heiße Backrohr. Damit sie nicht austrocknen, mit Brühe beträufeln und mit Alufolie zudecken!

Pfannkuchen mit chinesischer Gemüsefüllung

❶ Die Pfannkuchen wie beschrieben backen und warm stellen.

❷ Möhre, Sellerie, Lauch und Champignons auf einem Gemüsehobel in streichholzfeine Streifen hobeln, wo nötig auf etwa 5 cm kürzen. Die Sojakeime waschen. Den Chinakohl quer in ebenso schmale Streifen schneiden. Knoblauch, Ingwer und Schalotte fein hacken.

❸ Im Wok das Bratöl erhitzen. Erst wenn es raucht, etwas Knoblauch und Ingwer hineinstreuen und die Gemüse nacheinander hinzufügen, in der Reihenfolge wie oben genannt. Unermüdlich rühren und wirbeln, dabei die Gemüse sofort salzen – so behalten sie ihre leuchtende Farbe. Die restlichen Knoblauch-, Ingwer- und Schalottenwürfel ebenfalls mitbraten.

❹ Schließlich die Gemüse, wenn sie von einem glänzenden Ölfilm überzogen sind, mit Zucker bestreuen.

❺ Erst jetzt das in Streifen geschnittene Kasseler hinzufügen. Sojasauce, Sherry und Fleischbrühe hinzufügen. Einmal aufkochen, nochmals rühren.

❻ Eine gute Portion davon jeweils auf eine Hälfte eines Pfannkuchens setzen, die andere Hälfte darüberklappen und sofort servieren.

Für 4 bis 6 Personen:
1 Grundrezept Pfannkuchen, je 150 g geputzte Möhre, Sellerie, Lauch, Champignons, Sojakeime und Chinakohl, 2 Knoblauchzehen, 1 Stück frische Ingwerwurzel (1 cm lang), 1 Schalotte, 4 EL Öl, Salz, 1/2 TL Zucker, 400 g Kasseler, 4 EL Sojasauce, 3 EL Sherry, 4 EL Fleischbrühe

Stichwortverzeichnis

Rezeptverzeichnis

4. SALATE

5. GEMÜSE

6. NUDELN, KARTOFFELN, MEHLSPEISEN

7. GEFLÜGEL

8. FISCH

9. FLEISCH

10. REISGERICHTE

11. EIERSPEISEN

12. KÄSE

13. BEILAGEN

14. DESSERTS

15. BROT, GEBÄCK, KUCHEN

16. GETRÄNKE